主编简介

吴树罡 山东博兴县人，中共党员，副教授，法学硕士。现任滨州职业学院党委委员、滨州应用科技研究院院长。组建滨州职业学院现代职业教育研究工作室（集体笔名“鲁彬之”）承担了职业教育活动周全国logo设计、海报和连续3年的网络宣传，在《中国教育报》开辟“之言职语”专栏，获国级家教学成果奖二等奖2项、三等奖1项。

高校校园文化建设成果文库

崇德尚能 责行天下

——滨州职业学院校园文化建设实录

吴树罡◎主编

光明日报出版社

图书在版编目（CIP）数据

崇德尚能　责行天下：滨州职业学院校园文化建设实录 / 吴树罡主编．-- 北京：光明日报出版社，2018.4

ISBN 978-7-5194-4162-3

Ⅰ．①崇…　Ⅱ．①吴…　Ⅲ．①高等职业教育—校园文化—建设—研究—滨州　Ⅳ．①G718.5

中国版本图书馆 CIP 数据核字（2018）第 081711 号

崇德尚能　责行天下——滨州职业学院校园文化建设实录

CHONGDE SHANGNENG　ZEXING TIANXIA——BINZHOU ZHIYE XUEYUAN XIAOYUAN WENHUA JIANSHE SHILU

主　　编：吴树罡

责任编辑：曹美娜　朱　然　　　　责任校对：赵鸣鸣
封面设计：中联学林　　　　　　　责任印制：曹　净

出版发行：光明日报出版社
地　　址：北京市西城区永安路 106 号，100050
电　　话：010-67078251（咨询），63131930（邮购）
传　　真：010-67078227，67078255
网　　址：http：//book.gmw.cn
E - mail：caomeina@gmw.cn
法律顾问：北京德恒律师事务所龚柳方律师

印　　刷：三河市华东印刷有限公司
装　　订：三河市华东印刷有限公司
本书如有破损、缺页、装订错误，请与本社联系调换

开　　本：170mm×240mm
字　　数：253 千字　　　　　　印　　张：15.5
版　　次：2018 年 6 月第 1 版　　印　　次：2018 年 6 月第 1 次印刷
书　　号：ISBN 978-7-5194-4162-3

定　　价：68.00 元

本书编委会

大学是一个文化机构，精神和文化是大学最核心的价值、最耀眼的特色和最大的竞争力，文化建设是大学发展的最高阶段。因此，我们要把大学文化与大学精神建设放在重要位置，凝练滨职精神，弘扬滨职文化，树立滨职形象。

滨州职业学院党委书记　杨光军

目　录

CONTENTS

第一章

培得根深花自茂

——总论

大学文化是一所高校在长期办学过程中凝练积淀形成的为广大师生所共同遵循的理想信念、价值取向、精神人格、行为规范和物化形态的总和。因此,大学文化是一种精神、一种气质,可以展示师生形象,展现校园品位,是学校核心竞争力的重要内容;大学文化是一种氛围、一种认同,可以凝聚人心,汇聚力量,是推动学校持续发展的强大动力;大学文化是一种教育、一种资源,可以春风化雨,润物无声,是提升学校人才培养质量的重要载体。

学院党委始终将文化建设放在突出位置,推动文化建设与学院改革发展同频共振,注重在党的建设、教育教学、科学研究、学生教育管理、行政管理与后勤服务等各方面融入文化基因和文化内涵,凝练文化特色,铸造文化品牌,持续用力、久久为功,形成了特色鲜明的工作理念和卓有成效的工作模式,为学院各项事业科学发展、快速发展、持续发展注入了强大的能量和蓬勃的动力!

一、坚持理念引领,凝练校园文化品牌

在办学实践中,学院党委深刻体会到积极向上的校园文化是凝聚人心、鼓舞斗志、催人奋进的旗帜,是提高教育教学质量和水平的内在要求与重要体现。基于这样的认识,学院将"文化兴院"作为办学指导思想,以"责任"为核心理念,融合地域文化和职教文化,使校园文化建设与学院整体建设同步规划、同步部署、同步实施,形成了独特的文化理念和文化体系,积极打造黄河三角洲文化高地。

(一)以校训"责任"为核心理念,统领学院精神文化体系建设

在广大师生多年来教育教学实践的基础上,学院积极开展整体形象策划,凝练形成了校训"责任"和"知行垂范"的教风、"博知敏行"的学风、"崇德尚能"的校

风，确定了“与市场共舞，助群雁起飞”的基本办学理念，以及“着眼发展，优化服务，明晰责权，注重绩效”的管理理念和“知行并重，学做合一”的教学理念，坚定了“服务区域经济，贴近产业发展，培养雁型人才，助推社会进步”的办学定位。

在校训“责任”的统领下，学院的精神文化体系逐步形成完善，校园文化建设取得了一系列成果：先后以优异成绩通过山东省高校工委组织实施的校园文明建设评估和德育评估，获批“山东省文明校园”“山东省德育工作优秀高校”荣誉称号，成为山东省第一所顺利通过双评的职业院校；在中央教科所举办的首届全国大中小学校歌、校训、校徽展评活动中，学院校训“责任”荣获一等奖；《高扬“文化兴院”旗帜，搭建“文化育人”平台，全面实施校园文化建设“七大工程”》荣获首届全国高校校园文化建设优秀成果三等奖；《创新办学基本理念 提升办学文化品位》荣获全国高校校园文化建设优秀奖。

（二）以滨州历史先贤和我国职教先驱的优秀思想为主线，推进校园环境文化体系建设

“兵圣”孙武出生于滨州，一代名相范仲淹少年时期曾在滨州学习成长。他们一武一文，一将一相，为滨州乃至世界留下了宝贵的精神财富。著名教育家陶行知是我国近现代职业教育事业的主要创始者之一，对中国职业教育的发展具有开拓之功。学院以展示传承孙武、范仲淹、陶行知艺术形象和优秀思想为主线，对校园环境进行统一规划布局，以“崇德尚能”为主题，对院内道路进行统一命名，积极营造以景化人、以文化人的育人环境，逐步形成了“一轴二山三区四湖六场九园”的校园环境建设格局。

今日之滨职校园，生态环境优美，人文气息浓郁，职教特色鲜明。范公文化园、孙武文化园、行知广场、太阳广场，文化古韵与职教新风相得益彰。琴湖公园、剑湖公园、启圣园、聚贤园，人文景观与自然景色浑然一体。楼群林立，道路齐整；林木郁郁，草坪葱葱；溪流潺潺，水系贯通；小桥别致，亭榭玲珑；奇石点缀，广场阔通；一步一景，美不胜收！学院先后荣获“全国绿化模范单位”“全国职业院校魅力校园”等多项国家级荣誉称号，连续十二年保持山东省文明单位荣誉称号。

二、推行文化治理，提升办学治校品位

为深入贯彻落实习近平总书记有关社会主义核心价值观、高校思想政治工作等重要讲话精神，学院党委提出了“文化育人常态化”工作理念，进一步挖掘和丰

富文化育人资源及平台，优化育人环境，拓展文化育人途径，以文化治理提升办学治校层次，不断凝聚学院发展力量，振奋全院师生精神。在院党委的积极引导和全院师生的共同努力下，学院的教育教学设施进一步改善，后勤管理服务进一步加强，师生的思想道德水平和文化文明素质有了较大提高，校园文化氛围、学术氛围更加浓郁，环境育人功能更加突出，为人才培养目标的实现创造了良好的条件。

(一)渗透文化气息，拓展思政育人新途径

深入贯彻落实全国高校思想政治工作会议精神，大力推进领导干部上讲台，组织举办形势与政策大讲堂系列讲座。党委书记杨光军率先垂范主讲专题讲座，拉开了“形势与政策大讲堂”的序幕。这不仅有利于我院广大青年学生正确认识世界和中国发展大势，进一步明确自己肩负的时代责任和历史使命，而且有利于教育引导学生担大任、行大道，燃亮了青年学子的信仰之炬。

思政课教学是教育和引导当代大学生培育和践行社会主义核心价值观的主渠道。学院思政课主动对接高职生的成长特点和心理需要，从不同专业、不同视角出发，深入挖掘中华优秀传统文化、红色革命文化、社会主义先进文化、企业文化等丰厚资源，进一步丰富思政课教学内容，增加文化气息。在专业知识与思政教育的结合中让思政课“活起来”，在历史和时政的对比中让思政课“接地气”。把校园文化引入思政课，使思政课与丰富多彩的、大学生喜闻乐见的校园文化活动链接和贯通起来，搭建思想交流的立交桥，让学生在思政课上有所感、有所思、有所悟。

思政课教师坚持“三贴近”，积极创新教学方法手段，用自身良好的道德修养潜移默化地影响感染学生，争做教书育人示范标兵。在课内组建思政学习小组，组织全班开展讨论学习；在课外加强相关理论社团建设，凝聚骨干精英扎实做好课外自学，并通过小组研讨、班级汇报、社团活动、“思政论坛”等形式加强交流互动。通过课内课外共同发力，极大地提升了思想政治教育的实效性，助力课内教学作用的持续发挥，确保了教学资源效能的最大化。

(二)注入文化活力，探索专业育人新方法

挖掘和提炼专业知识、专业技能中蕴含的德育内涵，在专业知识教育教学中融合、传授德育内容，引导学生培养高尚的道德情操和良好的精神素养。积极推进“产业文化进教育，工业文化进校园，企业文化进课堂”，把工匠精神、企业文化溶入职业教育的基因和血液，打造职业教育文化品格，让灰领和工装成为校园中最靓丽的风景。

教育广大教师坚守“四有好教师”标准，以教风带学风，以师德育生德，将德育内容融入人才培养各环节。引导专业教师恪守师德，并通过担任班主任、生活导师、社团指导员、心理咨询师等渠道密切联系学生，做学生良师益友，实现“润物细无声”。

邀请企业优秀员工担任实习实训学生兼职辅导员，参与学生日常教育管理全过程，宣讲企业文化和职业精神，帮助学生更快融入职场，适应岗位。开展“我与劳模面对面”等活动，先后邀请全国劳动模范、全国“五一劳动奖章”获得者许振超、郭丰梁、李振平、许红梅等来学院分享他们的奋斗故事，激励学生奋发图强。大力推进创新创业教育，举办“创业大讲堂”，组织企业经营实战模拟沙盘训练、创业培训报告会、大学生创业培训班等，培育学生“双创”意识，激发学生“双创”热情。

（三）充实文化内涵，挖掘文化育人新资源

坚持以社会主义核心价值观为引领，以中华优秀传统文化为基础，以创建全国文明单位和全国文明校园为抓手，充分发挥大学文化的导向规范、审美陶冶、传播辐射等功能，为培养德智体美全面发展的社会主义合格建设者和可靠接班人提供强大的精神动力。

2016 年 4 月，学院党委提出了创建全国文明单位的新目标，要求通过 3 年的文明创建，实现党风、政风、校风、教风、学风和校园秩序、校园环境、校园风尚全面提升，确保学院政治文明建设、精神文明建设、物质文明建设和生态文明建设综合协调发展，并辐射校园周边社区和企事业单位，为学院文明建设打造新的靓丽名片。随着全国文明校园创建工作的启动，学院及时调整创建思路，积极争创省级和国家级文明校园。目前，学院师生正以饱满的工作热情投入到文明校园创建工作中去。

积极开展有品位、有水准的宿舍文化、教室文化建设活动。在宣传片、宣传画册、宣传橱窗、宣传栏等文化载体上，用学生的视角、学生的形象来展现学生风采和学校风采，让学生真正成为校园文化的主体。深入开展文明礼仪教育和行为规范教育，培养学生的社会责任感和自信心，促进守规、节俭、整洁、环保等优良习惯的养成。深入开展“中华诵·经典诵读”和箴言诵读活动，依托全省首批高校“孔子学堂”定期举办“琴湖讲坛”青年学子讲座。组织开展庆祝党的生日、庆祝香港回归、纪念长征胜利等系列主题教育活动，对社会主义核心价值观进行生动诠释。对学生开展国防教育和军事训练，增强学生国防意识，帮助学生树立爱国主义思想和远大理想信念。丰富校园文化活动，启动校园文化项目化管理，调动二级学院在文化育人方面的积极性、主动性和创造性。目前，部分二级学院已结合产业背景，凝练打造了护士节、海洋文化节、“互联网 +”文化节、《弟子规》学习等专业文化品牌。

（四）培育文化阵地，拓展实践育人新载体

学院党委坚持围绕中心抓党建、抓好党建促发展，认真落实全面从严治党主体责任，有效地发挥了基层党组织战斗堡垒作用和党员先锋模范作用。创新基层党组织建设，在重点专业、实习工作站、合作企业、工程项目、学生公寓建立党支部、党小组、党员工作站和临时党支部，设立党员示范岗，使基层党建工作融入到项目建设中，使党旗飘扬在教育教学第一线。在全国全省技能大赛中，党员干部靠前指挥，党员教师靠上指导，学生入党积极分子刻苦训练，使我院大赛成绩实现了质量和数量上的全面突破。党委主编《大学生廉洁教育读本》，以通俗的语言向大学生普及廉政基本知识。

院领导和各教学单位、管理部门负责人定期与师生面对面交流，不定期深入教室、公寓等一线场所讲课、听课、检查、调研，及时了解师生思想动态，解决存在的各种难题，带头做好学生德育工作，注重实践创新，寓管理、教育于服务之中，争做学生益友。教辅管理人员以学生为中心，疏通学生心理，指导学生生活，坚持原则，严格制度，引导学生成长成才。

建设“四有五讲”基层讲堂、道德讲堂等，打造师生精神文明建设阵地，经常性开展多姿多彩的主题教育活动。在渤海革命纪念园、滨城区杨柳雪镇怀周祠等地建立道德教育实践基地，引导青年学生成为社会主义核心价值观的积极传播者和忠实践行者。开展大学生“三下乡”暑假社会实践活动，积极构建含盖专业见习、实习、思想政治理论课实践教学和大学生社会实践活动在内的大实践教育体系。充分发挥工会、团委、社科联、文联、科协、妇委会和各类学生社团作用，利用学院教职工文艺人才聚集的优势，组织开展形式多样的校园文化活动，积极打造我院文化特色，形成优势文化品牌。

三、体现文化担当，打造滨州文化名片

区域是大学根植和发展的土壤，区域文化所承载的厚重历史和人文资源必然

在一定程度上影响着大学文化的形成。而大学作为文明传播的基石，其所拥有的文化资源、承载的精神力量，必然会成为影响当地区域文化建设发展的一支不可忽视的推动力量。深入挖掘区域历史文化，用以教育引导师生、提升市民素质，是强化大学文化建设、提升城市文化品位的战略选择。作为一所扎根滨州的地方高校，必须以高度的文化自信和文化自觉，主动承担起厚植城市文化底蕴的使命，推进区域文化事业发展，努力打造滨州文化名片。

（一）展示文化形象，创建校园文化标志性符号

学院抓住60周年校庆契机，对校史资料进行抢救性挖掘征集，建设了校庆展览馆，全方位、多角度展示学院办学历程和办学成果，同时作为学院的历史博物馆、荣誉展示馆和学生的品德教育基地及人文教育基地。开设《滨州民俗文化》等校本课程，帮助学生了解滨州当地社会习俗，更好地融入滨州的建设和发展。规划建设知名校友文化长廊，以优秀校友的先进事迹激励学生奋发有为、敢于担当。编辑校园景观"故事会"，对校园景观进行系统文化包装，实现了校园文化景观的再提升。

（二）推动文化传播，培养学生"责承天下"的家国情怀

2016年10月，组建成立了文学艺术界联合会，为学院文艺工作者提供学习交流机会和展示能力的舞台。成立了大学生艺术团，组织学生艺术骨干定期开展活动。与滨州地税局合作，编辑出版《优秀传统文化系列丛书》。开设中华优秀传统文化选修课和必修课，聘请校外兼职教师，开展茶道、剪纸、太极拳、书法、酿酒和中医文化赏析等教育活动，加深学生对中华传统文化的认同感和对中华传统艺术的欣赏能力。组建了学院摄影协会、书法协会和美术协会，丰富师生课余生活。总之，学院通过成立各级各类的文体组织，开展多种多样的教育活动，不断加强道德引领，丰富师生学养，引导师生积极面向社会、面向未来，培养其自觉的责任担当意识和"责承天下"的家国情怀。

（三）体现文化担当，打造地方区域精神文明建设高地

学院充分发挥文化资源优势，积极推动校政企多方联合，共建文化场馆，增添校园文化亮点，服务地方文化事业发展，努力打造黄河三角洲精神文明建设的思想高地、文化高地和人才高地。与滨州市政协合作共建山东省首家市级政协文史馆，并使之成为全院师生学习我国基本政治制度的教育基地、政协发展历程与成就的展示窗口、政协委员与群众联谊的交流平台、政协文化与文史资料的研究中

心。与山东海瓷集团校企合作共建海瓷艺术展馆，全面生动展示海瓷文化的博大精深和艺术魅力。与瑞鑫集团有限公司合作，建设瑞鑫地毯文化展馆。与向尚服饰文化有限公司、魏桥嘉嘉家纺有限公司合作，建设服装设计展览馆。与滨州市新华书店共建滨州职业学院校园书店，并于当年就被授予“山东省最美校园书店”荣誉称号。筹建黄河三角洲区域文化研究中心，建设民俗艺术大师工作室和非遗传承人工作室，邀请民俗文化专家和大师担任兼职研究员，为传统文化的研究、传承提供载体。策划编排具有浓郁地域文化特色和历史文化特色的文艺演出，运用舞蹈、歌曲、戏剧、曲艺、诗朗诵、舞台情景剧等多种艺术表现形式，反映滨州和黄河三角洲地区的历史区域文化，打造地方演艺精品，展示学院文化担当。

四、本书篇章结构

学院借助光明日报出版社组织出版《高校校园文化建设成果文库》的良好契机，对前期的校园文化建设进行了全面回顾和认真总结。本书以校园文化建设和文化育人为主题，以创新和发展为灵魂，分为总论、校史之源、大学之魂、党建之光、德育之花、教学之果、廉政之道、创新之路、青年之声、园林之美、军营之梦、点睛之论、名家之风、校友之窗、媒体之眼等十五个篇章，全面展现了学院深入开展校风建设，大力加强科学精神和人文素质教育，精心组织校园文化活动，积极拓展校园文化建设载体等校园文化建设发展进程，真实反映了学院文化建设的基本面貌、鲜明特色、核心精神以及取得的丰硕成果和建设经验。

文化建设任重而道远！谨以此书与各兄弟院校相互交流、相互学习，促进共同进步、共同提高，携手推动全国高校校园文化建设再上新台阶，再创新辉煌！

第二章

源头深处细追寻

——校史之源

一、四校一所初创，积淀创业底蕴（四校一所创建—2001年）

（一）滨州农业学校

1954年，省政府批准筹建惠民地区农业学校，校址建于惠民行署驻地滨县北镇街中区。1956年首届招生，1971年由市区迁到北郊重建。1991年被农业部认定为“A等三级学校”。1992年通过了国家教委办学条件和办学水平评估，被省政府命名为省部级重点普通中专学校。

先后赢得山东省“花园式单位”“文明单位”和“卫生先进单位”等称号。在优美的环境中，该校形成了“团结、紧张、严肃、活泼”的校风，“教书育人、为人师表、诲人不倦”的教风，“遵纪、守法、刻苦、成才”的学风。该校还被授予滨州地区“社会治安综合治理示范单位”“文明建设示范单位”和“计划生育示范单位”称号。

1956年，山东省惠民农业学校正式成立，学校隶属于山东省农业厅。1957年，设立农田水利专业，同年招收农田水利专业2个班。此时，在校生达到320人。1958年，8月学校由中专改为大专，更名为山东省北镇农业专科学校，隶属于山东省农业厅。同年，招收农学专业普通班8个，培训班4个，普通班为大专班。1959年，隶属关系由山东省农业厅移交给淄博专区。1961年，学校隶属关系划归惠民地区，地区农业局为主管局。

1971年冬，由北镇街中区迁至现址。1972年5月，学校恢复招生。1976年10月，学校各项工作开始走上正轨。1977年，全国恢复统一招生考试制度，学校改招高中毕业生，学制三年。同年，恢复农田水利专业。当年共招收农学专业2个班、植保专业1个班、林果专业1个班、水利专业2个班，共240名学生。

1978 年,特别是党的十一届三中全会后,学校走上了健康发展的轨道。1979 年,在全省中等农校中率先设立农业经营管理专业,当年从全省招收 1 个班,学生 40 名。1986 年 10 月,报经上级批准,学校更名为山东省滨州农业学校。1991 年至 1992 年,学校顺利通过了农业部办学水平评估和国家教委、省教委办学条件和办学水平评估,分别被定为"A 等三级学校"和"省部级重点普通中等专业学校"。截至 2001 年,学校建筑面积已达 8 万平方米。所有教师全部具有本科学历,并有 5 名获硕士学位;54 名教师有高级职称、73 名教师有中级职称。图书楼建筑面积 2500 平方米,藏书量达 18 万册,中外文期刊 600 余种。音像室 9 个,实验室仪器设备总值 1200 万元,建成了设施先进、装备齐全的电教中心和计算中心。学校有校内外实习基地 22 个。其中,滨州农业高科技示范园,是全省首批 20 家引进国外智力示范园区之一。

学院坚持"借梯上楼、筑巢引凤"的思路,多元筹措资金,与政府企业共建实训基地。服务经济建设开展科技下乡和"校村互助"等活动,科技示范和推广网点遍布黄河三角洲地区,仅指导的保护地蔬菜栽培面积就达 20 余万亩,养殖场、饲料加工厂达 38 个。在坚持技术指导的同时,加大服务力度,丰富服务形式,又开展了"校企联姻""校乡拉手"等活动。设计的"连栋式双层膜加温温室",与进口设施效果相同,但成本仅是进口和国内其他厂家产品价格的 1/8 和 1/3。对以色列青椒的组织培养,对美国棉花种质资源的收集、研究和利用,对台湾的黄金西瓜、日本的旱稻等的选育试验,都获得了成功。1998 年成功筹办全国省部级以上重点农业院校现场会。麻时宽同志曾担任惠民地区棉花顾问团团长,窦玉笈曾担任惠民地区果树顾问团副团长。纪象平发明"鲁北菜神",叶智民荣获"全国劳动模范"称号,参加全国劳模大会。

(二)滨州卫生学校

滨州卫生学校创建于 1958 年 9 月,先后被评为"山东省优秀中专学校""省部级重点中专学校""山东省教育先进集体"称号。顺利通过了省教委对省部级重点中专学校的复评,再次被省人民政府命名为省部级重点中专学校,并通过了全省中等中学教育专业设置的评估检查。

1958 年 9 月 1 日,滨州卫生学校前身"惠民地区人民医院附设护士学校"成立,成立初期,在既无校址又无设备的情况下,借用惠民军分区礼堂供新生食宿、上课。后上级拨款征地 26 亩建校。1960 年 7 月 6 日,学校与医院分设,改称"山东北镇卫生学校”,建立“中共北镇卫生学校支部委员会”。1972 年恢复招生,招收护士专业学生 120 人,学制两年。1976 年,医士专业招生 200 人。新设放射专业和卫生医士专业。1978 年,招生人数上升到 280 人。1979 年,设护士、中医士、药剂士、放射医士四个专业,每个专业招生 80 人。1985 年 12 月,滨州卫校校刊创刊号出版。年底,教职工总数为 159 人,其中教师 112 人(含讲师 6 人,主治医师 4 人)。1993 年,学校被评为“山东省优秀中专学校”“省部级重点中专学校”“山东省教育先进集体”称号。1994 年,招生 930 人,在校生达 2385 人。学校被评为“地区十佳文明单位”“地区综合治理先进单位”“全区青少年工作先进单位”。学校全面推行目标教学,效果明显。1996 年,学校开展“树文明新风,创规范学校”活动,被评为全区示范学校。9 月,地委、行署授予“全区教育系统精神文明建设先进单位”荣誉称号。

早年,学校投资 12 万元安装了校内电话,投资 10 余万元为所有教室安装了教学闭路电视。1998 年,新建 3400 平方米学生宿舍楼一幢,改善了学生的住宿条件同时,动土兴建 4500 平方米教工宿舍楼一幢,改善了教师的住宿条件;紧接着投资 60 万元,建立了第一个微机室,使教学逐步现代化。

1999 年,成立“滨州卫校综合服务公司”,接着校“药用真菌研究所”和学校服装厂纷纷建立,校办产业发展有了新的突破。学校被授予“巾帼建功先进集体”“国有资产管理先进单位”“社会综合治理先进单位”“第二预算先进单位”“地区优秀领导班子”等荣誉称号。

(三)滨州经济学校

山东省滨州经济学校创建于 1972 年,期间几易其名,1990 年 2 月经山东省人民政府批准,成为一所普通中等专业学校。被评为“省部级重点中专”“模范管理学校”。

1972 年,滨州经济学校创建,时名为滨县北镇高中(同时招收初中班),隶属滨县人民政府管辖。1977 年更名为滨县第十中学(完全中学)。1980 年北镇人民政府成立后,划归镇政府管辖。1982 年更名为滨州市第五中学(初中)。1984 年 10 月,滨州市人民政府决定在第五中学的基础上筹建职业中学,1985 年正式命名为滨州市职业中学,隶属滨州市人民政府管辖。1990 年,经山东省人民政府批准,升格为滨州经济学校。1993 年,被山东省教委命名为“普通中等专业学校合格学校”,当年珠算队代表地区参加省普通中专组“通讯杯”珠算比赛,获团体第二名;

同年,幼师专业获地区中小学艺术节舞蹈比赛第一名。1995 年,顺利通过省中专专业评估,被山东省人民政府授予“山东省中等专业学校优秀学校”称号。

滨州经济学校早年投资 18 万元建设标准机电实验室 1 个,投资 15 万元增加 25 台 BT-686 型号的微机。投资 5 万元购置图书。投资 60 多万元新建、改建了档次较高的多媒体教室、电子阅览室和语音室。投资 35 万元,购置实验设备。投资近 10 万元建设宽带网。

学校还建立为民服务点四个,与军分区干休所结为军民共建单位。还以电视中专幼师班为主,参加了省组织的技能技巧比赛,其中 3 人拿下舞蹈比赛前三名,2 人获得优秀奖,荣获团体总分第三名的好成绩。1992 年设立培训科,首开中专函授教育。设立“山东经济学院滨州函授站”。

早年与中共中央宣传部全国宣传干部培训中心合作,“中共中央宣传部全国宣传干部培训中心滨州经济学校餐旅专业实习实训基地”挂牌。1989 年,与省电视大学联合开办电视中专班。1998 年,与政府职能部门联合建立了旅游、计算机、装潢等劳动技能证书培训站点。与北京北大方正金山顶尖公司、金安特电脑公司等签订了代理合同,当年培训人员 1000 多人次,承接软件开发项目 4 个,大型安装维修项目 7 个。设立劳动部的计算机定级点及省营销员、工程预算员、文秘、珠算定级等 10 个培训中心、鉴定中心或定级点,学生毕业时全部取得计算机初级证书,有 80% 以上的学生考取相应“岗位准入资格证书”。培训科校外办班 16 个,在校生 600 余名。

(四)滨州工业学校

滨州工业学校前身是惠民地区纺织职工中专,始建于 1982 年,隶属于惠民地区纺织工业局。1989 年,获山东省纺织厅“双文明建设先进单位”称号,省职教办“招生工作先进单位”称号。1990 年 2 月改为普通中等专业学校,是惠民地区唯一的一所工科类中专学校。先后获“全国纺织教育先进单位”“山东省职工教育先进单位”“山东省青少年工作先进单位”称号。

1983 年秋季招生,设棉纺、机织两个专业,同时招收电大班(棉纺织专业)1 个。当时在校生 113 人,其中中专生 83 人。教职工 15 人。1984 年,增设中专针织专业和电大染整专业。年底荣获纺织工业部“全国纺织系统职工教育先进单位”称号。1985 年,增设企业管理专业。是年被山东省职工教育管理委员会授予“山东省职工教育先进集体”。1986 年,首创“小专业定向培养”人才培养模式。

成立惠民地区纺织职工中专思想政治研究会。1987 年,增设纺织厂空气调节专业。成立学校教务委员会,筹建实习工厂。

1990 年 6 月,经山东省人民政府批准,学校更名为滨州工业学校,当年招收第一批普通中专生,两个班共 90 名学生。1991 年,被省人民政府命名为“职工教育先进单位(1981—1991)”。

1992 年,增设化工、机械专业。创办《滨州工校报》,第一期于 5 月 26 日出版。从 9 月 1 日起将原“惠民地区纺织职工中专”更名为“滨州地区纺织职工中专”。1993 年,增设电气专业。1994 年,被省委省政府授予“全省青少年工作先进单位”称号。1996 年,增设服装设计专业,是年被命名为省级重点职工中专学校。

1996 年,成立教育董事会。10 月承办“山东省中专教育学会企业管理专业委员会成立大会暨第一届学术年会”。学校的办学方针确定为“从严治校、精心教学、面向企业、开拓前进”。面向新疆、福建招生,开创“教学、生产、技术服务”三结合办学新路。

(五)滨州市农业科学研究所

滨州市农业科学研究所创建于 1956 年,与原惠民农业学校合署办公。设行政科室办公室 1 个,内设后勤、财物、政工、情报资料、科技管理等组;设专业研究科室 4 个分别为:作物组、土肥组、植保组、农具组。

1958 年,省政府批文正式建所,业务上受山东省农业厅、山东农科院指导,党政由地委、行署领导。1962 年春,与原北镇农校分制,所址仍在原农校院内。1964 年,撤销农具组。1966 年,张敏任党支部书记、所长。1967 年,随专区改地区,改称山东省惠民地区农业科学研究所。1968 年,迁址于渤海五路 710 号,即原渤海五路试验农场。1992 年,随原惠民地区更名为滨州,改称滨州地区农业科学研究所。

1978 年,获国家科学大会奖 1 项。获山东省科学大会奖 1 项。1986 年,获国家科技进步一等奖 2 项。1989 年,马振泉、单德安、曲耀训完成的“豆田天敌资源调查及保护利用”获国家科技进步二等奖。1999 年,《滨州农业科技》创刊,至合并时停刊,共编辑出版 3 期。2000 年 7 月,开工建设良种奶牛繁育场和乳制品加工场。2000 年,增设黑豆研究中心和乳品研究中心。10 月,投资 1300 万元、建筑面积 14000 平方米的沿街科技开发楼动工建设。自 1991 年起,先后有马振泉、黄滋康、曲耀训、单德安、吕明春、高孝华、孙本普被批准享受国务院政府特殊津贴。

二、整合校区资源，开启高职教育(2001—2002 年)

2000 年 1 月，国务院办公厅发出《关于国务院授权省、自治区、直辖市人民政府审批设立高等职业学校有关问题的通知》，教育部印发了《关于加强高职高专教育人才培养工作的意见》。3 月，教育部发布了《高等职业学校设置标准(暂行)》。滨州地委、行署抓住有利时机，做出合并滨州农业学校、滨州卫生学校、滨州经济学校、滨州工业学校和滨州市农业科学研究所，成立滨州职业学院的决定。

2001 年 7 月，山东省人民政府下发《关于同意建立滨州职业学院的批复》(鲁政字〔2001〕223 号)，同意在四校一所实质性合并的基础上建立滨州职业学院；滨州职业学院系专科层次的全日制普通高等学校，实行省市双重领导并以市为主的管理体制。学院成立后，学院党委及时提出了由分散办学向集中办学转变、由中专教育向高等职业教育转变的办学方向。

(一)加强制度建设，规范内部管理。先后制定了《中共滨州职业学院委员会会议议事规则》《滨州职业学院院长办公会议议事规则》，印发《滨州职业学院机构设置及人员安排方案》，学院设六系一部和 17 个办事部门。出台了各系、各部门岗位职责。在此基础上，制订了党务、行政、教学、学生教育管理、后勤服务、科研、校办产业等方面的规范性文件近百个，为规范办事程序，依法治校，促进政治文明奠定了制度基础。

(二)加强教职工学习教育，提高教职工素质。为提高干部和广大教职工素质，使其尽快适应转变，学校组织了“管理月”活动，并提出实现“由分散办学向集中办学的转变，由中专教育向高等教育的转变”。此外，学校四次聘请教育专家、知名企业家做报告，组织干部到山东理工大学、渤海活塞集团、华纺股份有限公司参观学习。通过“管理月”活动，有力促进了学院快速、深度融合，有力促进了学院由中等职业教育向高等职业教育的转变，为学院发展打下了重要基础。

(三)强化基本建设，促进校园环境提升。在建设资金异常紧张的情况下，自 2001 年起，学院采取“带资建设”的方式，历经 24 个月先后建成了主教学楼、学生公寓、图书办公楼和实验楼，建筑面积 21.7 万平方米，植树造林 3 万株。市领导称赞学院建设“创造了滨州的深圳速度”“带资建设”也成为滨州市新区开发广泛借鉴的成功模式。

（四）狠抓师资队伍建设，改善师资结构。学院坚持培养与引进相结合，鼓励教师读研和参加社会实践。有3名同志晋升为研究员，2名同志晋升为教授，333人通过认定获得高校教师资格。同时，攻读学位的风气初步形成。

（五）突出特色，走产学研结合道路。加强"两高一双"的师资队伍建设，明确提出高等职业教育需要的是既是讲师、又是工程师的"双师型"教师，制订政策，鼓励教职工提高学历层次和理论水平，深入实践参加锻炼。充分挖掘和利用已有的三大实训基地，并在充分论证的基础上，以筑巢引凤、招商引资的形式，建设其他专业实训基地。营造教学研究氛围，各系都努力探索适合各自特点的产、学、研结合形式。抓科研、教研，棉花新品系"滨9108"和大豆新品系"95－20"被推荐参加国家农作物品种区试验。

（六）校园活动多姿多彩，校园文化蓬勃开展。抓党团活动：政治学习、志愿者服务、形势报告、团课党课等形式多样、富有成效的党团活动拉动了校园文化建设。抓信息交流：出版《滨州职业学院报》，编印《院情通报》《教育文摘》《信息情报参考》《学生工作简报》，设立宣传橱窗，开办学院广播站，形成了校园信息传播的网络。抓文化娱乐活动：组织科技文化艺术节，歌咏比赛、篮球比赛、排球比赛等赛事。

（七）招生就业相得益彰，在校生规模破万。学院提出"教学质量是学院的生命线，招生工作是学院的生存线，就业工作是学院的磁力线"的"三线"观。以就业拉动招生，初步形成了多渠道的就业指导和"一条龙"式的就业服务模式。全院当年招生4090人，达到在校生万人规模。

通过上述措施，学院建设发展的组织管理体系、物质环境体系、教学科研体系和校园文化体系基本建成，学院基本扎起了建设发展的框架。

三、转变办学模式，提升办学层次（2002—2005年）

建院之初，学院根据四校一所合并创建职业学院的实际，提出了打基础、创特色、上水平的发展战略。在打基础中，主要围绕五项工作带动全局：狠抓基本建设，每期8个月，三期24个月完成了建筑面积21.7万平方米，基本扎起了学院的框架。狠抓教师队伍建设，外引与内培并举，使教师队伍得到进一步优化，学院副高以上职称教师达到268人，博士、硕士73人，在读博士、硕士105人。狠抓就业工作，实行"订单教育"，连续三年毕业生初次就业率均达96%以上。狠抓制度建设,建院以来,共制定规章制度203余项,逐步实现了制度化、规范化、科学化管理。狠抓教育观念的转变,深化教学改革,提高教学质量。

2001年起,学院为实现高技能型人才培养目标,立足学院实际条件,努力在"文化兴院"和"筑巢引凤"建设实训基地上创造特色,打造品牌。

(一)"文化兴院",实施文明养成工程。

在文化兴院中,坚持重点突破,全面提高,构筑特色,务求实效,组织实施了师德育成、文明养成、精品生产、载体建设、平安创建、特色铸成、形象策划7大工程。挖掘校园文化底蕴,请专业公司就理念识别系统、行为识别系统、视觉识别系统进行了总体规划,全体师生员工牢记"责任"(校训),形成了"知行垂范"的教风、"博知敏行"的学风、"崇德尚能"的校风。建成了2个广场、2个公园、6个文化园,建设了适合学生学习休闲的人文景区。发挥学生社团的生力军作用,建设院系两级学生社团36个,吸纳会员9000余人,学生社团贴近学生开展了丰富多彩、寓教于乐的活动,在丰富学生业余生活的同时,对学生的文明养成起到了很好的作用。发挥学生宿舍的阵地作用,党团组织进公寓、学生社团进公寓、班主任辅导员进公寓,文化生活进公寓,增强学生的自我教育、自我管理意识,把学生宿舍建设成"温馨家园"。2006年,教育部评选出26个大学校园文化建设优秀成果,学院是其中唯一的高职院校。

(二)"筑巢引凤",建设产学一体基地。

为突出产学研结合的职业院校办学特色,自2001年,学院从教学基地建设、双师型教师队伍建设和教学改革三方面入手抓突破。

在教学基地建设上,"筑巢引凤""借水行舟",依托或吸引地方政府、企业以及社会各界参与,实现科研实训基地的共建、共管、共用、共享、共同收益,实现了"多赢"。根据滨州拉长纺织产业链、打造中国"家纺之都"和国际家纺基地的部署,设立家纺学院,成立滨州市家纺研究中心,并联合亚光集团、春晓集团建设了家纺工业实习园,与青岛海珊成套设备公司共建滨州春苑服饰有限公司;根据滨州市延长汽车零配件产业链的部署,和海德曲轴共建了机械工业实习园;与市农业局、渔业局等部门共建的滨州农业高科技示范园,不仅为师生提供了科研和实践基地,还办成了黄河三角洲的农业科技辐射源和农业产业化龙头企业;根据发展高新技术产业的部署,成立了软件工程学院,多元投资1000万元组建了产学研紧密结合的新烽火国际技术有限责任公司;与来自美国硅谷的海外博士及京博集团合作,建成全省一流的大规模集成电路实验室,多元投资1000万元注册了滨州芯科微电子有限责任公司,LVDS接口芯片达到了国内领先水平,填补了国内空白;与黑龙江鹤王集团联合,对奶牛场进行改制,成立了奥纳特乳业有限责任公司,扩大了营销网络。

(三)专兼结合,不断加强内涵建设。

师资队伍建设,在培养渠道上,坚持外引与内培结合、专职与兼职结合;在建设内容上,理论提高、科技创新、技能训练并举,突出技能训练。在引进10多位"双师型"教师的同时,派出大批教师到企事业单位、基层农村兼职、挂职,使2/3以上的专职教师成了"双师型"教师。聘请学历层次高、理论修养深、实践经验丰富的几十名国内外党政机关、企事业单位的专家任客座教授,为师生做学术报告,指导教师开展教学、科研活动等。推行"骨干教师导师制",带动了学术氛围、实践风气的形成,带动了教学改革,也加速了青年教师科研、实践、教学水平的提高。

以就业为导向,以专业建设为龙头,以课程建设为核心,以职业能力训练为重点,以素质教育为目标,构建学生"大雁型"素质结构,努力培养适应滨州乃至山东社会进步、经济建设需要的高素质的高等技术应用性专门人才。对原有传统专业进行了优化调整。现代纺织技术、高等护理2个专业被确定为山东省教学改革试点专业,计算机及应用和电子数控专业被确定为主体专业,《植物与植物生理》《药理学》《统计学基础》《健康评估》被评为省级精品课程。深化教学改革,采用理论与实践、感性认识与理性认识螺旋上升的课程设计与内容编排,在工业实习园建了教室,前车间后教室,边学习边实践,通过实践教学全程化、技能化、多样化、多元化"四化",完成了基本技能、综合能力、创业创新能力"三个层次"职业素质的培养,实现了工业实习园教师教学实践、学生技能实训、企业人才培训、产学研结合创新"四大功能"。医学类专业实行"2+1"教学模式,生物工程类专业分解能力模块,艺术系建起了师生工作室。充分利用教学设施和现代化教学手段,改进教学方法,推广直观形象的现场教学、多媒体教学,以及激发学生思考的案例教学、讨论式教学、研究型学习等;探索进行教学评价的改革,实现评价主体多元化、评价内容丰富化、评价手段多样化。

《中国教育报》、教育部《工作简报》《中国新闻》《齐鲁晚报》、山东电视台等多家新闻媒体对学院"文化兴院"和"筑巢引凤"建设实训基地、实现理论实践零距离进行了报道。

截至2005年,学院设立了42个高职专业涵盖了农林牧渔、生化与药品、土建、制造业、电子信息、轻纺食品、财经、医药卫生、旅游、艺术设计传媒等10个专业门类,初步形成了适应黄河三角洲地区社会进步与经济发展的专业群,其中2个专业被确定为省级教学改革试点专业、2个专业被确定为省级主体专业、1个专业被评为省级特色专业,1个实训基地被确定为国家财政部、教育部重点支持的实训基地,4门课程被评为省级精品课程。取得各类科研成果200余项,在公开发行的期刊上发表论文1100余篇(其中中文核心期刊200余篇),出版教材、编著90余部,获得国家专利12项,通过国家审定品种1个,研究开发的LVDS芯片接口填补了国内空白。三届12600名毕业生,有912名中专同学考取了高职,791名高职学生考取了本科,有3名同学后又考取了研究生,10797名毕业生就业。

到2005年,学院办学条件和办学综合效益指标实现了4个3倍、2个翻番:总资产5.5亿元,在校生14000人,仪器设备总值6320万元,图书馆藏书110万册,均是合院时的3倍多;占地面积3832亩,建筑面积41.6万平方米,比合院时翻了一番。获得全国“五四红旗团委”等5项国家级荣誉称号、职业教育先进集体等19项省级荣誉称号、集体二等功等21项市级荣誉称号,成功跻身全省一流职业学院的行列。2005年3月被省教育厅确定为山东省骨干示范性职业院校建设单位,2005年5月被评为山东省最受企业欢迎的职业院校。

四、转变发展方式,聚焦内涵建设(2006—2010年)

学院在实现由中等职业教育向高等职业教育转变、由分散办学向集中办学转变的基础上,2006年,又提出并实施由外延式发展向内涵式发展转变、由规模扩张型发展向质量效益型发展转变。

(一)以内涵建设为抓手推动学院发展方式转变

2006年起,继续实施“打基础,创特色,上水平”发展战略,全院教职工鼓足干劲争一流,锁定目标进百强,正确处理规模、质量、效益的关系,教学工作抓质量,管理服务抓规范,校园环境抓提升,队伍建设抓素质,干部作风抓落实,安全稳定抓预防,培育形成了“筑巢引凤、校企一体”的办学模式和“产学研一体、教学做融合”的人才培养特色;形成了知行垂范的教风、博知敏行的学风、崇德尚能的校风。2006年,通过了人才培养工作水平评估,在办学思路、教学改革上积累了经验,实现了从规模扩张向内涵建设的重大转变。

学院坚持教学工作的中心地位，以《关于实施国家示范性高等职业院校建设计划，加快高等职业教育改革与发展的意见》（教高〔2006〕14号）《关于全面提高高等职业教育教学质量的若干意见》（教高〔2006〕16号）《教育部财政部关于进一步推进"国家示范性高等职业院校建设计划"实施工作的通知》（教高〔2010〕8号）《关于确定"国家示范性高等职业院校建设计划"骨干高职院校立项建设单位的通知》（教高函〔2010〕27号）等教育部关于高职教育教学改革的一系列文件为指导，以创建国家示范（骨干）高职院校为目标，贯彻落实学院第一届和第二届教学工作会议精神，以校企合作和工学结合为根本途径，推动内涵建设和质量发展，深化教学改革，加强专业建设、课程建设、师资队伍建设、实训基地建设，促进了教学工作的全面发展。

（二）坚持教学中心地位实现教学工作精细化管理

2006年5月，学院召开首届教学工作会议，系统地总结了建院来教学工作取得的成绩和存在的问题，明确学院教学工作的基本思路、任务目标和措施，确立了建设全国百强职业学院的奋斗目标。围绕创建国家示范性高职院校的工作目标，持续推进内涵建设，先后建成一大批国字号、省字号的质量工程品牌，提升了学院的知名度和影响力。

2009年7月，学院召开第二届教学工作会议，形成了《关于深化教育教学改革，全面提高人才培养质量的意见》（滨职院证字〔2009〕82号），明确了教学改革的方向，坚定了深化工学结合、校企合作，推进内涵建设的工作思路。

（三）以优异成绩通过省高职高专人才培养工作水平评估复查

2006年12月，学院以优异成绩通过省高职高专人才培养工作水平评估复查。自2005年10月，省教育厅对学院开展高职高专人才培养工作水平评估以来，学院根据专家组提出整改意见和建议，认真进行整改，整改成效得到了专家的高度认可。2007年6月，山东省教育厅公布了2004年11月至2006年12月参加人才培养工作水平评估的高职院校和成人高校的评估结论，确定滨州职业学院等6所高职院校为优秀。

（四）以全省第一被定为首批国家骨干高职院校建设单位

2010年6月1日，教育部、财政部《关于进一步推进"国家示范性高等职业院校建设计划"实施工作的通知》正式下发，滨州职业学院成立专门组织，开始准备《申报书》《建设方案》等申报文件。2010年8月5日，山东省公示"山东省省级示范性高职院校建设计划”名单，滨州职业学院位列第一。并以第一名的位次推荐申报国家骨干高等职业院校。2010 年 8 月 27 日，滨州市委书记、时任市长张光峰，滨州职业学院院长石忠参加教育部、财政部组织的“国家示范性高等职业院校建设计划”骨干高职院校建设项目答辩并顺利通过。2010 年 11 月 23 日，教育部、财政部正式公布全国 100 所骨干高职院校立项建设院校名单，其中首批建设单位 40 所，滨州职业学院以山东省第一名的成绩跻身其中。

五、彰显办学实力，引领职教发展(2011 年至今)

自被确立为国家骨干高职院校建设单位以来，在市委、市政府的正确领导下，在上级业务部门的精心指导下，学院提出了“改革、创新、完善、提升”的总体思路，全面推进各项工作，全力打造全国一流骨干高职院校。学院工作呈现出全方位、立体化、快节奏、高效率的新格局。

(一)优化师资结构，加大师资队伍建设投入力度

学院积极加强师资队伍建设，积极引进青年教师，完善青年教师导师制，提升新进教师的教学业务能力。目前，专任教师 880 人，师资队伍专业技术职务、学位学历、年龄结构、专任青年教师数量及硕士以上学位等较为合理，双师素质教师比例较高。2016 年，2 个教学团队被评为省级教学团队，1 名教师被评为山东省高等职业院校教学名师。已建成省级教学团队 10 个，6 名教师被评为省级教学名师。实施全员培训工程，开展寒假、暑假教职工集中培训，累计培训 1400 余人次。派出 137 名专任教师参加国家级、省级高职师资培训，16 名教师参加新加坡培训、交流，选派 4 名教师参加国内访学，2 名教师参加省政府公派加拿大留学；教师寒暑假参加企业研修 73 人次。学院充实、完善兼职教师资源库，校外兼职、兼课教师达到 618 人(见表 16)，校外兼职、兼课教师的年龄结构、职称结构较为合理，校外兼职、兼课教师人数占教师总数的比例占 41.39%。

(二)办学成绩突出，通过骨干校验收和人才培养水平评估

2013 年 10 月，学院国家骨干高职院校建设以优秀等级顺利通过“两部”验收，在全国首批 40 所迎验院校中，成绩名列前茅；多次在全国、全省会议上代表高职院校发言；市委书记张光峰、教育厅厅长左敏等领导先后到学院做专题调研，被教育部鲁昕部长点名表扬。这一系列成果的取得，标志着学院经过三年骨干校建设，真正步入全国一流高职院校行列。同年 11 月份又以优异成绩通过省教育厅

人才培养水平评估,在2013年全国高职高专校长联席会广州会议上做经验介绍。

(三)多元共建共享,教学实训条件明显改善。

2012年2.4万平方米的“黄河三角洲高技能人才实训广场”建成投用,2013年6万平方米的“黄河三角洲高技能人才培训中心”建成启用。其中实训广场通过校企共建、企业投资等多种方式,除可满足在校生开展实验实训外,还可以进行75项技能鉴定,承担近100项社会培训,被省教育厅批准为全省首家职业教育公共实训基地。在多年的办学实践中,形成了“校政交互,多元共治”的办学体制,企业和社会力量积极参与办学,办学主体单位增至10个,合作办学单位93个,规模以上合作企业221家,企业为学院提供兼职教师715人。中国建筑科学研究院建筑工程软件研究所为学院捐赠150万元PKPM软件,共建了“中国建筑科学研究院PKPM建筑工程软件实训基地”。此外,学院还与魏桥创业集团共建了滨州向尚服装家纺设计研究所;与蓬莱嘉信染料化工有限公司共建了染整研究中心,企业捐赠设备和资金达到7050.15万元。

(四)狠抓技能大赛,促进教育教学改革

学院确定了“国赛求突破、省赛争第一、市赛夺全能、院赛常态化”的工作思路,出台了《技能大赛奖励办法》,构建起了国家、省、市、院四级技能大赛体系。截至2016年,获得全国职业技能大赛一等奖5项、全国职业院校技能大赛二等奖7项、全国职业院校技能大赛三等奖11项、省职业院校技能大赛一等奖11项、省职业院校技能大赛二等奖26项、省职业院校技能大赛三等奖25项、省大学生科技创新大赛1项。2012年8月,承办全国第一届护理技能大赛。通过技能大赛,激发学生参与技能训练的积极性,提高实践技能,更重要的是通过全国大赛在滨州举办,进一步宣传滨州,宣传滨州职业学院,为学院快速发展奠定基础。2017年5月21日至25日,全国职业技能大赛高职组护理赛项在滨州职业学院举办。这是该赛项在开赛以来第2次走出天津比赛,并且这两次的赛场都设在滨州职业学院。

(五)试点现代学徒制,推动人才培养模式创新

2015年开始,学院积极与山东魏桥铝电有限公司、山东京博控股股份有限公司、滨州盟威戴森汽车轮毂制造有限公司、富海集团有限公司、中国万达集团、开泰集团等企业合作,深化“企校联盟、一体育人、学训交替、岗位成才”现代学徒制试点,促进双主体育人。机械制造与自动化、应用化工技术2个专业被确定为现

代学徒制国家级试点专业，机电一体化技术、口腔医学技术2个专业被确定为现代学徒制省级试点专业，实施“校企一体、教师师傅一体、学生学徒一体、教室岗位一体”育人，在“学习、实训、实习”交替循环中提升技术技能，在“识岗、融岗、跟岗、顶岗”的岗位育人进阶中，促进“学生、学徒、准员工、员工”身份转变，实现学生成长成才。

（六）特色办学走在全国前列，牵头成立职业院校培训工作委员会

被教育部遴选为现代学徒制试点单位、诊改改造试点院校，全省信息化试点单位。《2017年中国大学及学科专业评价报告》显示，学院在全国1346所高职高专院校中位居第28位，在山东省75所高职高专院校中位居第4位。建有3门国家精品课程、3门国家精品资源共享课、64门省级精品课程，2个教育部、财政部支持高等职业学校建设的重点专业，7个教育部立项建设专业、3个省重点专业，8个省高校特色专业点、1个国家财政支持的实验实训基地、10个省级教学团队。学院有省级有突出贡献的中青年专家2人、享受国务院政府特殊津贴专家8人、山东省教学名师5人、省职业教育青年技能名师1人、黄炎培职业教育奖“杰出教师奖”1人、滨州市有突出贡献的专业技术人员38人次；获国家级教学成果奖二等奖3项，省高校教学成果奖17项；学生在省级以上技能大赛获奖155项。被确定为全国高校第三年龄大学联盟职业院校工作委员会牵头单位。受教育部委托，承担了全国职业教育活动周标志和宣传海报设计工作，其中活动周标志被永久使用；承担了全国人大职业教育法实施检查各省（市）职业教育述评工作，为中国现代职业教育网策划了“大国名匠”系列宣传，与教育部信息中心共同制作了2016年职业教育活动周专题网站，“鲁彬之”在教育部领导和全国职业教育圈内已经形成影响力。从2017年4月开始，《中国教育报》周二第十版《职教周刊》开辟专栏，刊登学院关于职业教育的评论文章。多次作为高职院校代表在全省职业教育工作会议、全国高职高专校长联席会议等上做交流发言。2017年2月，时任山东省委常委、常务副省长的孙伟对学院《山东省高等职业教育与产业发展适应性调查研究》报告作出专门批示。3月，省教育厅牵头，会同省编办、发改委、财政厅、人社厅等有关厅局，召开专题调研座谈会，听取学院调研情况汇报，研讨省职业教育改革发展的对策建议。5月，滨州职业学院牵头全国25个省市自治区直辖市的106家单位成立了中国护理职业教育联盟，并当选理事长单位。7月《2017中国高等职业教育质量年度报告》发布，我院成功入围“高职院校服务贡献50强”榜单。8月，

光华国际教育联盟会议在鄂尔多斯卫生学校举行，党委书记杨光军率队出席会议并作主旨演讲。9月初，入选第一批山东省优质高等职业院校建设工程拟立项学校。近年来，我院招生形势持续火爆，生源结构不断优化。文理科、春季高考计划一次性投满，录取分数不断提高，生源素质持续好转。我院加强学生就业、创业教育，2017届毕业生总体就业率98.82%。

2016年10月14日，中国职业技术教育学会职业院校培训工作委员会成立大会在滨州举行，来自全国各地的116家职业院校和8家专业培训机构、行业协会及大型企业，共215名代表参加会议。中国职业技术教育学会常务副会长兼秘书长刘占山、山东省教育厅原副厅长张海泉、滨州市人大常委会副主任宋振华等领导出席会议并讲话，当选主任委员单位滨州职业学院党委书记杨光军讲话。

学院现已发展成为占地3832亩，设有12个二级学院，2个教学部，40多个招生专业，在职教职工1090人，兼职教师101人，在校生20000余人的全日制高职院校。学院在全省第一家被评为全国魅力校园、全省第一家被授予全国语言文字示范校、全省第一家获得全国高校校园文化建设优秀成果二等奖；实训广场是山东省第一家、也是目前唯一一家职业教育公共实训基地。2010年，学院以山东省第一名成绩进入国家骨干校建设行列；2013年成为国家首批优秀骨干高职院校，正式步入全国第一方阵。2016年跻身第二批职业院校数字校园建设实验校。曾先后荣获国家技能型人才培育突出贡献奖、全国职业教育先进单位、全国教育系统先进集体、全国职业院校技能大赛突出贡献奖等国家级荣誉称号30多项。

第三章

自古根深枝叶繁

——大学之魂

一所大学灵性之所在，魂魄之所系，是这所大学的精神力量。她如同“明亮而不刺眼的光辉、圆润而不逆耳的声响”，是一种厚实而不张扬的存在，却又使身处其中的人们能时时处处感受到她带来的力量和成长！她或许是在建校之初，由创始人所做的一种有意识的培养；又或许是在长期的建设发展历程中，由历届师生在集体无意识中达成的一种精神共识。但是，无论是哪一种成长历程，她一定都曾接受过历史的熏染和文化的磨洗，她的身上都一定会留有岁月积淀的馨香！

学院在60年的办学历程中，留下了一串串闪光的足迹，取得了一个个丰硕的成果。她用她的慈爱、睿智和包容，培育了一代代国家栋梁，并在他们每个人的身上都打下了深深的、不可磨灭的滨职烙印！

一、理念引领，明确奋斗目标，坚守做人准则

作为一所建校60周年、合院15周年的市属高职院校，学院在合院伊始，就着眼于学生的全面发展，把“高素质技术技能型人才”作为人才培养目标，深入挖掘、充分发挥理念教育对学生成长成才的引领作用，为学生创业就业、素质提升打下了坚实的思想基础。

（一）上下求索，多方论证，确定文化育人方向

学院是经山东省人民政府批准，在原滨州农业学校、滨州卫生学校、滨州经济学校、滨州工业学校和滨州市农业科学研究所基础上合并成立的。“四校一所”最早的成立于20世纪50年代，最晚的成立于20世纪80年代，都有几十年的办学历史，都曾在行业内取得过辉煌的办学业绩，都有自己成型成熟的办学理念和办学经验。要在这样的基础上形成一个统一的文化认知、打造一个完整的文化体系，

其难度之大不言而喻。

同时，对于大学的文化建设，教育界和文化界一直有两种不同的声音。一种声音是，文化的形成是一个逐步积累的过程，是在长期办学历史中形成的一种集体无意识。新兴院校所谓的“文化”，其实是生搬硬套、牵强附会的，没有任何文化沉淀和历史底蕴，因此也就不能称之为“文化”。还有一种声音是，文化的形成是一种有意识的培养，必须要有正确理念的引领，而不是无拘无束、毫无章法的“自然生长”。在“自然”状态下生长孕育的文化，不仅需要漫长的过程，而且无法把握文化的建设发展方向，是不负责的，是不理智的。

面对现实的困难和激烈的争论，学院党委经过慎重考虑和反复研讨，确定了理念引领、文化育人的校园文化建设方向，把建设培育大学文化作为凝心聚力、提升品位、展示形象的重要措施，自觉整合和提升“四校一所”原有文化资源，将大学文化建设与学院整体建设同步规划、同步部署、同步实施。在认真学习上级文件的基础上，最终确定了“方向正确性、传统继承性、时代前瞻性、整体统一性、学院特有性”的文化建设原则，以及“立足当前，着眼长远；全面规划，夯实基础；整体推进，重点突破；逐步提升，构建特色”的大学文化建设总体思路。2004 年 3 月 17 日，学院决定引入 CIS（Corporate Identification System）理念对学院整体形象进行策划设计；7 月份，经过招投标程序，正式邀请校外第三方策划机构承接了这个项目。

（二）立足实际，面向未来，确定学院校训“责任”

校训，是学校办学传统的核心内容，是学校师生群体价值观的精华，是校园文化的灵魂。确定校训，对于坚持正确的办学方向和办学指导思想，统一师生认识，凝聚发展力量，构筑办学特色，树立品牌形象，促进办学目标的顺利实现，具有十分重要而深远的意义。

1. 校训的征集和确定过程

2004 年 3 月，学院校训的征集、讨论、论证和初步确定等工作全面启动。经过近一年的商讨研究、外出学习、专家咨询，2015 年 1 月，在征求院内部分领导、专家意见的基础上，学院遴选出七个校训备选方案并逐个进行初步诠释，在全院师生中广泛征求意见。一时间，“一石激起千层浪”。在短短六天的时间中，就收到了以院部为单位提交的意见 24 份，师生个人意见百余份，部分师生还提出了备选方案之外的新方案。

3 月 7 日，院党委召开专题会议，研究确定学院校训。院党委认为，“责任”内涵丰富、简练凝重,蕴含着朴素而深刻的含义,具有强烈的感召力和鼓舞力,通俗易懂、简洁易记,具备校训应有的特征和功能,且有别于其他院校的校训,避免了雷同、晦涩、浮浅,将其确定为学院校训是适当的。因此,建议将之确定为学院校训,并提请院第一届教代会第二次会议审议通过。

3 月 10 日,学院第一届教代会第二次会议审议并全票通过了将"责任"正式确定为学院校训的决议草案。教代会结束后,学院将校训"责任"镌刻于泰山石上,放置在图书楼前的花园之中,时刻提醒师生牢记"责任",不忘初心!

校训石

2. 校训"责任"的基本内涵

把"责任"确定为校训,体现了学院的办学指导思想。作为一所新型的高等职业院校,学院担负着培养中国特色社会主义事业合格建设者和可靠接班人的神圣职责。以"责任"为校训,充分体现出学院对党和人民负责、对社会负责、对学生负责的严谨办学态度,集中昭示出学院的办学理念和办学思想。

把"责任"确定为校训,反映了学院教职工的群体价值观。作为学院建设的主人和育人的主导力量,教职工肩负着完善自我、发展学院、培养人才的重大责任。以"责任"为校训,可以警示全院教职工依法办学,勇于负责,敢于担当;激励教职工立足本职,克尽职守,爱岗敬业;启迪教职工文明修身,严以律己,为人师表。

把"责任"确定为校训,体现出学院对学生的基本要求和殷殷期望。作为中国特色社会主义事业的建设者和接班人,学院培养的学生承担着完善自身、建设学院、报效祖国的重要责任。以“责任”为校训，可以启迪历届学生时刻牢记社会责任，树立健康向上的人生观和价值观，热爱集体，关心他人，完善人格，自觉担当社会责任；时刻教育学生以加强道德修养、学好专业知识、锻炼健康体魄、全面提高素质的实际行动，为个人发展负责，为学院声誉负责，为就业创业负责，为社会进步负责。

2008 年 1 月，由中央教科所举办的“首届全国大中小学校歌校训校徽展评”活动结果揭晓，校训“责任”荣获一等奖。《职业教育研究》等媒体进行了宣传报道。

（三）统一思想，扩大共识，深化学院办学理念

在确定了校训的基础上，学院趁热打铁，迅速统一思想、扩大共识，紧锣密鼓地对校风、教风、学风以及学院的文化精神和办学理念进行策划和设计。

1. 以校风带教风正学风，丰富学院精神内涵

结合办学目的、教育特点和人才培养目标，学院最终将“崇德尚能”确定为校风。“崇”，意为推崇、尊崇；“德”，意为道德、德性、德望。“崇德”，即是推崇高尚的品德。“尚”，意为尊重、喜欢、爱好；“能”，意为技能、才能、学术。“尚能”，即是重视学习和技能。以“崇德尚能”作为校风，对全院师生的德性培养和动手能力提出了明确的要求，分别在精神层面和实践层面体现了学院师生的价值追求。院党委认为，只有在学院内积极提倡德才并重，逐步形成“崇德尚能”的良好风气，引导广大师生会做人、能干事、干好事、干成事，才能更加准确地、有针对性地为培养社会主义合格建设者和可靠接班人营造良好的校园文化氛围，从而达到预期的教育目标和教育效果。

“教师个人的范例，对于青年人的心灵，是任何东西都不可能代替的最有用的阳光。”19 世纪俄国教育家、被称为“俄罗斯教育心理学奠基人”的乌申斯基曾这样指出。教师作为学生学习理论、掌握技能、付诸实践的教育者、引导者和帮助者，必须在政治思想、道德品质、意志情感、性格爱好等方面为学生做出好的榜样。因为教师的工作态度、处事原则、文化素养、治学精神等，往往会在学生的心灵上和行为中产生重大而深远的影响。学院对教风的确定非常慎重。经过深入分析、反复思量，最终将“知行垂范”确定为教风。“知”，是指知识、理论、学说；“行”，是指行动、实践、动手。将其确定为学院的教风，就是希望和要求学院广大教育工作者，在日常的学习、教学中，做到闻道于先、授知于精、传技

于巧，认真践行陶行知先生“学高为师、德高为范”的格言，真正成为学生学习、工作、为人的榜样和表率！

理论学习是实践的基础，实践是对理论知识的应用、检验和丰富。要实现两者的有机统一，必须在“实学实做”的结合中练就“实本领”，在“真刀真枪”面前展示“真功夫”。因此，学院将“博知敏行”确定为学风，作为学院的治学精神、治学态度和治学原则，教育引导广大师生在治学过程中切实做到“知识要渊博，行动要敏捷”，展现出良好的精神风貌、端正的学习态度和浓厚的学习风气。

此外，学院还把“坚韧不拔的自强精神”“敢为人先的进取精神”“和衷共济的合作精神”“精益求精的务实精神”“甘于奉献的敬业精神”和“与时俱进的创新精神”作为学院的文化精神，教育和引导广大师生身体力行。

2. 明确办学定位，凝练学院办学理念

教育部2005年一号文件明确指出：“高等学校要根据国家和地区、行业经济建设与社会发展的需要和自身特点，科学定位，办出特色，办出水平。”可以说，进行科学的办学定位是高校提高办学水平的重要前提。

学院党委经过认真考量、集体讨论，提出了学院办学定位等的初步方案，并于2008年4月召开《学院办学理念体系表述方案》专家论证会，邀请滨州市政府、市发改委、市委办公室、滨州日报社等单位的专家学者对初拟的办学理念体系表述方案进行论证。6月，经学院党委审议，将“服务区域经济，贴近产业发展，培养雁型人才，助推社会进步”作为学院办学定位。这个办学定位，一方面要求学院主动了解当地产业结构及其调整变化和需求，合理设置专业课程，确定教学内容、教学手段、教学方法，不断提高专业建设水平；另一方面，把服从和服务于滨州市及黄蓝两区建设发展确定为学院的服务方向，凸显了学院的社会服务功能，增强了学院社会服务的针对性、有效性和持久性。

在此基础上，学院提出了学生“大雁型”素质结构模式，体现了“德育为首，能力为本”的人才培养思想。

确定了“与市场共舞，助群雁起飞”的基本办学理念。院党委认为，作为“以就业为导向”开展办学活动的职业院校，其角色应该是“市场”的“共舞者”。因此，要认真研究不断变化着的各类市场主体（用人单位）对学院所提供的人才、技术、科研成果等的需求状态，以及学生、学生家长对学院所提供服务的需求状况，立足当前,着眼长远,树立终身教育理念。学院既要教会学生"善飞"的本领(品德、知识和技能素质),为其提供"起飞"的机会(就业),又要引导学生树立"远飞"的志向(职业理想),为其奠定"高飞"的基础(潜在素质),帮助学生身心健康发展,为社会提供适销对路人才。

确定了"着眼发展,优化服务,明晰责权,注重绩效"的管理理念。要求一切管理活动都必须体现以人为本,以学院的科学发展和师生的全面发展作为出发点和落脚点,充分体现现代管理的人性化、柔性化、科学化和制度化,增强管理活动的效率和效能。

确定了"知行并重,学做合一"的教学理念。使之与教风、学风和办学基本理念相互呼应、相互支撑,推进学院教学改革,提高教育教学质量。

2008 年 12 月,学院"与市场共舞,助群雁起飞"的基本办学理念获得教育部高校校园文化建设优秀成果三等奖,是 26 个获奖院校中唯一的高职院校;《创新办学基本理念 提升办学文化品位》荣获全国高校校园文化建设优秀奖。

至此,学院的理念设计全部完成。

二、视觉传达,培育文化特色,增强文化自信

理念设计的完成为学院的建设发展指明了方向,理清了思路,然而要内化于心、外化于行,落实于师生的一言一行中,体现在学院的一草一木上,真正成为学院的文化特色和师生的行为自觉,还需要一个过程,还需要一定的宣传推广路径。为此,院党委决定,引入视觉识别系统,首先在形象设计和环境建设上下功夫,让师生耳中所听、眼中所见皆文化,在耳濡目染、潜移默化中接受学院理念的熏陶和浸染。

视觉识别系统属于 CIS 中的 VI(Visual Indentity),致力于用完整、系统的视觉传达体系,将学院理念、文化特质、服务内容、部门规范等抽象语意转换为具体的符号,塑造出独特的学院形象。视觉识别系统主要分为两大部分,即包括校名标准用字、标准色、校标、校徽等在内的基本要素系统和包括交通工具、衣着制服、旗帜、水杯等在内的应用要素系统。大而扩之,还包括学院的校园建筑、景观、布局等。

(一)设计学院视觉形象,确定基本要素系统

1. 标准色

颜色系统是形象识别系统的重要组成部分。院党委认为,确定并正确使用学院标准色,能够有效体现学院形象的独特性,利于形成和传播学院整体视觉识别形象。学院的标准色包括主色系和辅助色系两部分。主色系包括桔黄(CMYK 值为 C:10 M:60 Y:100)、蓝绿(CMYK 值为 C:70 M:30 Y:40 K:10)、银灰(K:30)三种颜色。桔黄色(又称滨职黄)代表青春、希望、活力、尊严和权威,寓示着学院的腾飞;蓝绿色(又称滨职青)既有蓝色的博大悠远,又蕴含了绿色的生命力,象征着学院无限的发展潜力;银灰色(又称滨职灰)代表团结、智慧、谦逊、稳重和优雅,是学院人精神面貌的写照。它们和绿色(CMYK 值为 C:100 Y:90 K:10)、蓝色(CMYK 值为 C:100 M:60)、黑色(CMYK 值为 K:100)、黑黄色(CMYK 值为 C:40 M:40 Y:84 K:8)、黄色(CMYK 值为 M:10 Y:100)、红色(CMYK 值为 M:100 Y:100)等辅助色系一起,将学院的文化建设描绘得五彩斑斓、绚丽夺目!

2. 校标

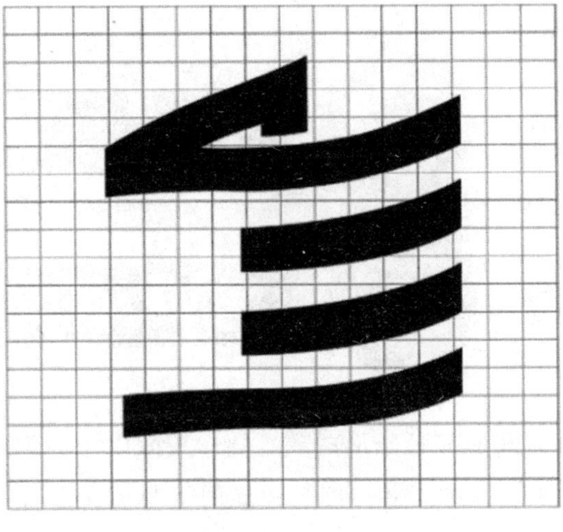

校标网络制作图

学院的校标以手、书作为基本图形元素,巧妙结合变异而成。它似手又似打开的书卷,既不乏文化气息,又具有职业化的表现张力,表达了学院作为职业院校注重理论与实践结合、注重动手能力培养的育人特点。同时,一只伸出的手,既表现了学院的友好热情和开门开放办学的理念,流露出把握机遇的勇气和友好合作

的真诚，又直观表达出学院是在“四校一所”基础上建立起来的办学历史，寓含着团结就是力量的哲理。富有职业化气息的、粗壮有力线条的组合，体现了学院培养高素质高技能人才的育人目标。这个校标的设计，充分表现出学院寓繁于简、大巧若拙的文化和艺术品位。

3. 校名标准用字

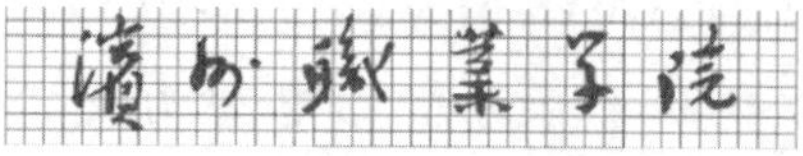

中文校名标准用字网格制作图

学院名称中文的标准字体，是塑造学院整体形象，造就学院个性化识别符号的又一重要组成部分。学院的校名标准用字采用的是鲁迅书体集字。鲁迅先生是我国现代著名的文化名人，其书法朴质而不拘挛，洒脱而有法度，刚毅而有个性，自成一体。集鲁迅书体字为学院校名标准用字，意在启迪师生张扬个性、质朴不凡、立志修身、报效国家。

4. 校徽

教工校徽

学生校徽

学院的校徽分为圆形和长条形两款。圆形校徽以校标为中心图形，外加圆环，圆环内嵌学院鲁迅书体集字的校名标准用字及英文名称“Binzhou Polytechnic”。长条形校徽的左侧为校标，右上侧为学院鲁迅书体集字的校名标准用字，下侧为英文名称“Binzhou Polytechnic”。教工校徽的底色为桔黄色，学生校徽的底色为蓝绿色。

5. CIS 手册

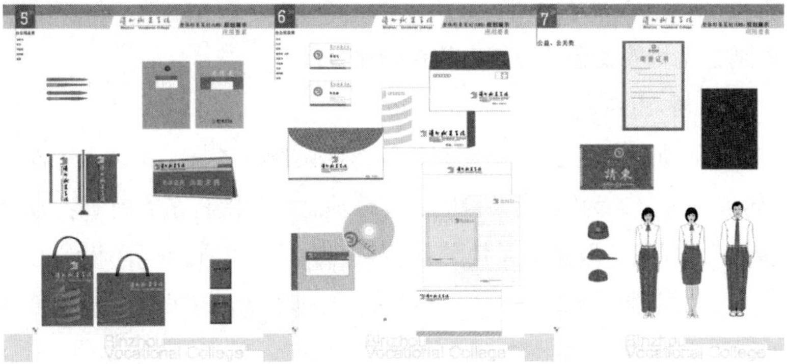

日常用品设计图样

学院还对名片、信封、制服、T 恤、备课本、毕业证书、传真纸、档案袋、记事本、聘书、荣誉证书、入学通知书、文件夹、胸卡、纸杯、桌签、桌旗、CD 封套、手提袋等日常用品进行了形象设计,体现出浓郁的滨职特色。

(二)提升校园文化品位,开展校园景观命名

“健康优美的校园环境就像是一部立体的、多彩的、富有吸引力的教科书,它有利于陶冶情操、美化心灵、激发灵感、启迪智慧,更有利于师生整体素质的提高。”学院为了提升校园文化品位,充分发挥环境育人功能,对原有校园景观进行统一命名。学院景观命名,秉承了中华优秀文化之精髓,以办学宗旨为核心,以办学价值观为主题,遵循层次化、序列化、规范化的通则,科学合理地构建名称结构体系,体现出各类命名的整体一致性和综合教育性,体现出学院地理、历史和当代科学文化特征。

1. 广场命名

学院有两个大型广场。一个位于主教学楼前,呈环状;另一个位于学生公寓楼群中,呈长方状。两个广场前后呼应,蕴含着天圆地方的良好寓意。

(1)太阳广场。学院将环状广场命名为“太阳广场”,象征着学院是一所充满希望与朝气的新兴高校,寓意为学院蒸蒸日上、前程似锦,也象征着青年学生是祖国七八点钟的太阳,健康向上、风华正茂。同时,太阳普照大地,寓意着学院的发展在党的阳光抚育下所焕发出的勃勃生机。

(2)行知广场。学院在长方状广场上铸造了我国著名教育家陶行知先生的塑

像，并将之命名为“行知广场”，用以大力弘扬陶行知先生提倡的“教学做合一”的教育思想，时刻警示广大学子牢记“知行合一，实践成才”的责任，昭示出理论与实践的紧密结合是培养社会适应能力的正确途径。

2. 湖、亭、桥、山命名

(1)琴湖剑湖。合院之初，学院在校园东西两侧各挖掘了1个人工湖，以水作为载体，体现学院以人为本、崇尚自然的设计理念。学院将东侧湖命名为“琴湖”，西侧湖命名为“剑湖”，取意于元代学者吴莱《寄董与几》诗句“小榻琴心展，长缨剑胆舒”。“琴心剑胆”意指既有情致又有胆识，寓意为希望全院师生文武兼备、智勇双修，展现了学院高素质技能型人才的育人目标。

(2)步闲桥。琴湖上有一座汉白玉小桥通往湖心岛，该桥被命名为“步闲桥”，取意“不管风吹浪打，胜似闲庭信步”。一方面希望师生在繁重的课业负担之余，可以人走桥上如信步闲庭，怡然自得，舒适惬意；另一方面，也希望学院师生面对人生挫折和挑战，能够拥有开阔的胸襟和坦然的心态，平和从容，波澜不惊。

(3)聆风亭。琴湖湖心岛上建有一座八角亭，被命名为“聆风亭”，取意“拾级而上，倚亭小憩，聆琴湖风低过，享远天山翠”，给人以“琴湖聆风”的舒畅、灵气和优雅之感。这里的“风”，既指湖面吹过的自然之风，让人感觉清新雅然，又指“风雅颂”之“风”，有文化寓意于其中。

(4)毓秀亭。在琴湖北侧建有“木栈桥”和“毓秀亭”。“毓”意为集中，谐音“育”；“秀”意为优秀人才。“毓秀”寓意学院是培养优秀人才之地，精英荟萃、人才济济，是学校之本、教师之责、学子之愿的集中体现。

(5)魁山。为与坐落于学院西南角、位列滨州八景的砂亭雨霁遥相呼应，学院在校园北部修建了魁山。“魁”谐音同“奎”，意为“居首位，第一”，同时象征着在儒士学子心目中具有至高无上的地位，主宰文运的北斗七星第一星魁星，寄托体现着学院打造全国一流高职院校的壮志豪情。

(6)起凤湖。起凤湖位于魁山脚下，取意于唐朝王勃《滕王阁诗序》“腾蛟起凤，孟学士之词宗；紫电青霜，王将军之武库”，寓意英才俊杰从这里成长，又寓意学院建设发展的壮丽景象。

(7)泰然亭。起凤湖中的湖心亭被命名为“泰然亭”，寓意着学院摒弃浮华，处之泰然，全心全意培养高素质高技能人才。同时，也警示学生珍惜学习机会，微笑向暖，安置若泰，昭示出事物否极泰来的发展规律和价值趋向。

(8)云浦龙生。学院将图书楼叠水假山景观命名为“云浦龙生”。“云浦”形象地描绘出喷泉喷涌而出的美丽景象,“龙升”则是指龙升此地,寓意着学院景色美丽、人才辈出,富龙凤呈祥之意。

3. 文化园区命名

建设高品位、深内涵的文化园区,是校园文化建设的重要内容。建院伊始,学院共有 6 个文化园区。按照将地域文化、历史文化、学院文化、企业文化统一于自然的命名原则,学院分别将这 6 个文化园区命名为范公文化园、孙武文化园、吉祥物文化园、企业文化园、文化名人园、校友名人园。

(1)范公文化园。范公文化园位于图书楼南侧,东依“琴湖”,内设范仲淹塑像,取义“琴心”。其设计灵感源于范仲淹“先天下之忧而忧,后天下之乐而乐”的著名诗句,突出体现了滨职师生先忧后乐、奋发有为、报效祖国的拳拳情怀,集中展现了集地域文化、历史文化、学院文化于一体的特色校园文化风貌。

(2)孙武文化园。孙武文化园位于实验楼南侧,西临剑湖,内设孙武塑像,取义“剑胆”。其设计灵感在于,在充分感悟古老璀璨的中华兵学文化基础上,重点体现了孙武“不战而屈人之兵”的智慧文化,培养学生高贵的品质,锤炼其坚强不屈的意志、坚韧不拔的毅力、不畏艰难险阻的勇气和百折不挠的精神,昭示出真才实学必须在“动手动脑”“真刀真枪”的实践锻炼过程中才能练就的理念。

(3)其他园区命名。为了大力弘扬学院的吉祥物文化,推进校企深度融合,培养学生的创新精神和创业能力,用身边的榜样激励青年学子成人成才,学院分别在图书楼北侧、实验楼北侧、教学楼北侧和体育场北侧、学生公寓南侧规划建设了吉祥物文化园、企业文化园、文化名人园和校友名人园,引入与学院相关的知名企业,与学院专业设置相关的中外文化名人和有一定成就的知名校友,将他们的先进理念、生平事迹、伟大功绩等用多种形式在园区中展现出来,使学生们接受熏陶和教育。

4. 道路命名

大学校园的道路是校园文化的物质载体,对其进行科学而系统的命名,既是彰显校园文化的具体体现,又方便师生的工作、学习和生活。学院的道路规划相对齐整,均为南北走向或东西走向。根据人们的生活习惯,学院将东西走向的道路称为“道”,南北走向的道路称为“路”,并对校园道路进行了统一命名。

进入学院后遇到的第一条大道是“崇德大道”,蕴涵着教书育人、德育为首的理念。自学院东大门至西院墙的中心路被命名为“树人大道”,意喻学院各项教育教学活动的根本目的在于培养德才兼备的合格人才。所谓“十年树木,百年树人”。以此命名学院贯通东西的主干道,能够突出学校的办学目标,也有助于激励学生奋发成才的热情。位于学生餐厅南侧的大道是“求真大道”,意为“弘扬求真务实精神,倡导求真务实之风”。校园最北端的大道是“尚能大道”,与“崇德大道”南北呼应,充分体现出学院重视技能培养的办学特色和培养德才兼备人才的办学理念。学院四条主干道,在整体布局上,将“德”与“能”统一于“树人”“求真”,形成了一个完整的框架体系。

学院南北主路,与其相毗邻的文化园区命名相应,分别按东、西、南、北方位直接命名。如太阳广场东西两侧的路分别被命名为阳光东路和阳光西路。行知广场东西两侧的路分别被命名为行知东路和行知西路。吉祥物文化园南部和东部的路分别被命名为吉祥南路和吉祥东路。此外,学院分支道路还有立业路、建功路、琴湖路、剑湖路、范公路、孙武路等。

5. 林区命名

为加大学院绿化面积,做好环境绿化工作,学院分别在院东门树人大道以北和求真大道以北、建功路以西的两片区域内种植了大量的杨树、白蜡、香花槐等,形成了两个独立林区。学院将之分别命名为报春林和风华林。报春林取典于唐朝诗人杜甫《百舌》诗句:“百舌来何处,重重只报春”,寓意学院生机盎然,捷报频传。风华林寓意着青年学生风华正茂,象征着学院发展生机蓬勃的景象。

三、行为养成,提升文化品位,增强行动自觉

行为是学院办学理念的具体体现和动态实施,表现于学院内部的管理、教学、科研等工作以及对外的社会服务和文化传播中;行为是师生思想状态、道德修养的外在表现,体现于师生日常生活、待人接物中,对于社会公众识别、了解、认同学院和学院师生,树立学院的良好社会形象具有非常重要的、不可替代的作用和影响。为此,学院积极探索并开展具有滨职特色的校园文化活动,为师生量身订做具有滨职特色的语言、行为等表达方式,取得了一定的成效,获得了上级主管部门和社会各界的广泛认可。

(一)注重整体规划,实施校园文化“七大工程”

自2004年开始,学院大力推行校园文化“七大工程”。这是学院在办学前期,对校园文化建设形成的整体设计方案。在这“七大工程”中,除“形象策划”工程和“载体建设”工程以外,其它五项工程都是从行为养成方面入手,致力于提高师生素养和学院文明建设水平。

1. 瞄准着力点,有效实施“师德育成”工程。教职工是校园文化建设和校风建设的主导力量。学院坚持把师德建设作为教风建设、校风建设的着力点来抓,在组织教职工深入学习和讨论的基础上,制定了教职工职业道德规范和文明从业守则,明确了教职工特别是教师的言行规范;制定了教师师德考评细则,严格师德建设管理,把教职工特别是教师的师德表现与其切身利益结合起来,进一步完善激励机制、约束机制和评价机制;加强教师思想品德和学术道德教育,宣传师德建设先进典型,积极建设“知行垂范”的优良教风。

2. 选定切入点,强力实施“文明养成”工程。以思想道德建设为切入点,以职业素质培养为着眼点,在学生中大力开展主题为“修身育能”的“基本道德、基础文明”教育活动,从具体事情抓起,从一日常规管起,从一言一行做起,引导学生养成文明行为,培养学生良好的道德情操。依据国家法律和新修订的大学生管理规定,完善大学生行为规范,严格管理,开展诚信教育,营造良好的学习氛围。不断整合教育资源,挖掘孙武、范仲淹、陶行知的文化思想,提升学生的人格、气质、修养等内在品质,培养学生的创新创业精神,教育引导学生正确处理好人与人、人与社会、人与自然的关系,自觉参与到和谐校园建设中去,努力形成“博知敏行”的良好学风。

3. 抓住兴奋点,组织实施“精品创建”工程。适应青年学生的心理特点,坚持寓教于乐原则,精心设计和组织开展内容丰富、形式新颖、吸引力强的思想政治、学术科技、文娱体育等校园文化活动,把德育、智育、体育、美育渗透到校园文化活动中,使学生在活动中受到潜移默化的影响,思想感情得到熏陶、精神生活得到充实、道德境界得到升华。充分利用重大节庆日和纪念日开展主题教育活动,唱响爱国主义、集体主义、社会主义主旋律。把“大学生科技文化艺术节”“大学生‘三下乡’社会实践活动”“中华诵·经典诵读大赛”等校园文化活动逐步例行化、固定化,创建精品,不断提高学生的综合素质。

4. 找准结合点,认真实施“平安创建”工程。高度重视校园治安综合治理工作,建立健全责任制,加强校内的安全管理和安全保卫,积极配合公安、司法、文化、工商等部门对学院周边的文化、娱乐、商业经营活动开展专项整治,维护学院正常教学工作和生活秩序。建立校园文化建设管理规章制度,加强对哲学社会科学研讨会、报告会、讲座及社科类学术社团的管理,加强课堂教学纪律,加强网站管理,绝不给错误观点和言论提供传播渠道。坚决抵制各种对大学生有害的文化和腐朽生活方式。

5. 打造创新点,倡导实施"特色铸成"工程。积极鼓励各院各部门"各选突破口、各打优势仗、各唱特色戏",步调一致"公转",创新灵活"自转",把握校园文化建设的规律性,体现时代性,注重创新性,不断放大文化功能,凸显文化特色。

2006年4月,教育部编发第267期《加强和改进大学生思想政治教育工作简报》,全面介绍了学院实施校园文化建设"七大工程"的情况。2008年8月,学院又因该项工作荣获"全国高校校园文化建设优秀成果三等奖"。《中国改革报》《大众日报》《现代教育导报》《中国新闻》《滨州日报》以及滨州电视台等多家社会主流媒体对此进行了宣传报道。

(二)培育"务实"文化,实施校园文化挖掘工程

"十二五"期间,学院抢抓"黄蓝"两区开发和国家骨干高职院校建设重大机遇,以"问题导向"为出发点,以"科学发展"为落脚点,精心培育践行以"思想观念唯实、人才培养唯精,管理服务唯细、绩效考核唯优"为基本内涵的"务实"文化,充分激发校园文化的引导力、渗透力、感染力、向心力、凝聚力、辐射力,最大限度地发挥了文化对学院各项工作提档升级的引领促进作用。2014年,学院《培育践行"务实"文化》荣获山东省高校校园文化建设优秀成果奖。

2010年,在学生中组织开展"五重""六爱"教育实践活动,引导教育广大青年学生爱国、爱旗、爱父母,爱校、爱师、爱家乡,取得良好效果。同年,《"五重""六爱"教育管理活动的初步实践》被评为山东省高校思想政治教育优秀成果二等奖。

自2011年开始,学院每年举办"务实滨职·年度人物"评选表彰活动,树立了一大批作风深入、勤奋敬业、勇于担当、业绩突出的先进典型,在师生中掀起了学习先进、弘扬先进、争当先进的新热潮,在社会各界都引起了强烈反响和积极评价。2012年,《"务实滨职"年度人物评选活动》分别荣获全国高校校园文化建设优秀成果奖和山东省高校校园文化建设优秀成果二等奖。

2012年,学院组织实施了校园文化挖掘工程,并将之作为当年学院十大工程之首加以落实,统领各项工作的开展。该项工程坚持以科学发展为主题,以社会主义核心价值体系建设为根本,以改革创新为动力,以实施校园文化育人行动、环

境文化提升行动、文化人才培育行动、文化产业发展行动和文化服务"两区"建设行动为抓手，力争形成与时俱进、特色鲜明的精神文化、环境文化、制度文化和行为文化体系。通过一年的建设推进，学院文化育人和传承引领作用显著增强，文化服务社会和产业发展成效显著。

（三）强化顶层设计，打造"崇德尚能　责承天下"文化品牌

1. 突出地域文化，开展黄河三角洲文化研究

深入挖掘、保留和展现当地的地域文化，是地方高校服务地方文化发展，发挥文化引领作用的重要内容，也是不可推卸、不能推卸的文化职责。学院地处黄河之畔、渤海之滨，拥有独具特色的地方民俗和内容丰富的历史文化。学院在新一届党委班子领导下，致力于对地方文化的挖掘和保护，形成了黄河三角洲文化研究的热潮。

（1）黄河三角洲文化展馆建设。与市政协、无棣贝瓷等单位联合，在黄河三角洲培训中心东附楼建设黄河三角洲文化展馆，集中展示孙子文化、忧乐文化、革命老区文化、黄河三角洲民俗文化和非遗文化等。目前，政协文史馆、海瓷艺术展馆已经建成并投入使用，其他展馆正在规划设计中，并将在5年内全部建设完成。

（2）策划编排具有浓郁地方文化特色的文艺演出。紧紧围绕山东半岛蓝色经济区、黄河三角洲高效生态经济区和省会都市圈建设，依托滨州薄姑方国、龙山文化遗址等史前文化，黄河文化、齐文化等地域文化，兵圣孙武、汉孝子董永、政治家范仲淹等名人志士，渤海革命老区红色文化，"奋斗·和谐·超越"的新时期滨州精神等，运用舞蹈、歌曲、戏剧、曲艺、诗朗诵、舞台情景剧等多种艺术表现形式，策划打造充满浓郁地域文化特色和历史文化特色的文艺演出，形成文化活动特色品牌，展示学院在"两区一圈"建设发展中的文化担当。目前，文艺演出正在策划过程中，拟于条件成熟后选择合适时机初演，为师生献上丰富的文化视觉盛宴。

（3）设计建设中国职业教育活动周博物馆。根据教育部职成司相关工作部署，收集整理历届职业教育活动周全国开幕式的图文和音视频资料，以及全国各地、各院校、各大企业开展特色活动的实物、图片和音视频资料，建设中国职业教育活动周博物馆，采用现代化的展览展示技术，艺术再现职教周重要历史瞬间。目前学院正在收集整理材料，拟定设计方案，力争通过合理设计和集中展示，把博物馆建成我国职业教育活动周的资料馆和成果馆，打造宣传展示我国职业教育成果的重要平台。

2. 弘扬传统文化,增强师生历史使命感

中华优秀传统文化是中华民族的文化根源,是烙印在每一个中国人身上的独特印记,是培养民族精神和文化自信的沃土。学院新一届党委班子,积极响应党中央号召,大力弘扬中华优秀传统文化,教育并引导全院师生认真学习国史、党史、院史,国情、党情、院情,在铭记历史的同时阔步前行,不断增强历史使命感和社会责任感!

(1)编辑出版《优秀传统文化系列丛书》,发挥学院文化辐射传播功能。学院与滨州地税局合作,以社会主义核心价值观为主线,拟利用3年时间编辑出版传统文化系列丛书一套12本,收录中华优秀传统文化中最具代表性、与现实社会生活联系较为密切、对提高学生文化素养大有助益的内容。目前,丛书已经印刷出版了"爱国篇""敬业篇""诚信篇"和"友善篇"四本。"自由篇"和"平等篇"正在组稿过程中。同时,经常组织师生到学院周边社区、敬老院、儿童福利院等地,开展文化宣讲和文明传播公益活动,凸显学院的文化服务和文明辐射功能。

(2)举办系列大讲堂,培养师生家国情怀。学院依托山东省理论大众化示范点,建设了"四有五讲"基层讲堂、道德讲堂、孔子学堂等,积极打造师生精神文化建设阵地。同时,借助系列大讲堂这个文化载体,灵活安排宣讲活动,组织师生集体收看《新闻联播》,开展传统礼仪教育,举办中国书画赏析,并在活动中倡树先进典型,丰富师生学养,展现师生活力,加强道德引领,扎实推进中华优秀传统文化进社区、进校园,积极引导师生面向社会、面向未来,培养自觉的责任担当意识和"责承天下"的家国情怀。

(3)发挥校史育人功能,丰富校园文化时代内涵。高校校史是地方史和教育史的重要组成部分,也是高校校园文化建设的重要内容,具有"留史、资政、育人"的重要作用。学院抢救性挖掘、征集校史资料,拟在现有校庆展览馆的基础上建设融地域文化、历史文化、荣誉文化为一体的校史展览馆,并将其打造成学院的历史博物馆、荣誉展示馆、学生的品德教育和人文教育基地。学院深入整理挖掘具有代表性、典型性的优秀校友信息,拟在图书馆、行知广场等学生学习生活区建设知名校友文化长廊,以优秀校友的先进事迹激励学生奋发有为、敢于担当。学院拟进一步挖掘凝练校训"责任"的时代内涵,丰富校风"崇德尚能"的校本特色,强化学院标识的规范制作和使用,充分发挥校歌凝聚人心,提振士气的作用;拟编辑校园景观"故事会",对"一轴二山三区四湖六场九园"校园景观进行系统文化包装，让一山一水都含韵，让一草一木皆有情，实现校园文化景观再提升。

3. 突出文化特色，打造学院靓丽名片

（1）开展特色文化品牌建设。学院积极鼓励十二个二级学院按照“一院一品牌、一院一特色”的原则，紧紧围绕主旋律，依托专业文化，融入企业文化和职业文化，打造本院特色文化品牌，培育学生的大国工匠精神。学院每年组织特色文化评选和汇报展演活动，对优秀校园文化建设品牌进行表彰、奖励和推介。目前，已经形成海洋学院“军旅文化”品牌，信息工程学院创新能力大讲堂、网络技术论坛、国学达人比赛等活动品牌，护理学院“天使在身边”系列活动以及“Nuring One World”、护士节授帽仪式等文化品牌。

（2）创建全国文明校园。自2006年被授予省级文明单位以来，学院坚持不懈抓文明、树新风，在全院师生的共同努力下，连续十一年顺利通过省级文明单位复审。2016年4月，院党委提出了创建全国文明单位的新目标，要求通过3年的文明创建，实现党风、政风、校风、教风、学风和校园秩序、校园环境、校园风尚全面提升，确保学院政治文明建设、精神文明建设、物质文明建设和生态文明建设综合协调发展，辐射校园周边社区和企事业单位，为学院文明建设打造新的靓丽名片。由于上级政策的变化，2017年8月，学院调整创建目标，提出了冲刺全国文明校园的创建计划。目前，全院师生正以饱满的工作热情、扎实的工作作风，投入到全国文明校园的创建热潮中。

（3）创建优质高等职业院校。2017年2月19日，山东省教育厅下发了《关于实施山东省优质高等职业院校建设工程的通知》，到2020年将在山东省建设20所以上具有国内先进水平的优质高职院校。学院立即提出了面向高端，提升能力，引领高职院校改革创新，确保进入全省前20的创建目标。经过充分准备、积极申报，在山东省教育厅9月26日正式公布的第一批山东省优质高等职业院校建设工程立项建设学校名单中，我院以全省第四的好成绩名列其中。目前，学院《建设方案》和《任务书》已通过省教育厅专家论证，各项建设任务正在全面铺开、扎实推进。

校园文化建设是一项长期系统工程。在未来的文化建设道路上，学院全体师生将继续紧紧围绕在院党委周围，在院领导班子的统一、坚强领导下，高举“文化兴院”大旗，打造文化建设品牌，提升师生素质，服务地方发展，积极建设先进的、厚重的、催人上进的、富有学院特色的校园文化！

第四章

问渠哪得清如许

——党建之光

滨州职业学院现有党员805人(含离退休职工党员240人),学院党委下设党总支14个、党支部50个。近年来,学院党委坚持围绕中心抓党建、抓好党建促发展,认真落实全面从严治党主体责任,以改革创新精神全面加强党的建设,有效发挥了基层党组织战斗堡垒作用和党员先锋模范作用,为全面提高人才培养质量和办学水平、创建优质高职院校提供了坚强保证。

一、压实责任,推进从严治党

(一)落实"三个"责任,健全工作体制

学院党委牢固树立"抓好党建是最大政绩"理念,研究制定党委主体责任清单、"第一责任人"责任清单、班子成员"一岗双责"岗位责任清单,推动党委主体责任、书记第一责任、班子成员"一岗双责"及分管部门党建工作责任落实。每年初召开党建工作暨党风廉政建设会议,与基层党组织签订年度党建工作目标责任书、全面从严治党责任书,通过细化职责内容,提升基层党建工作科学化、制度化、规范化水平。年终,组织开展基层党组织述职评议考核,基层党组织书记汇报一年来党建任务完成情况,确保党建主体责任落到实处。制定《滨州职业学院基层党建工作考核办法》,推行党建工作目标责任制管理,将党建工作与关系学院发展的招生、就业、教学、科研、社会培训、校企合作、工作创新、社会服务、学生管理和校园文明建设等10大指标一起量化考核,将考核结果与基层党组织及班子成员评先树优、干部任用相结合,已收到初步实效。

(二)开展系列教育,查摆突出问题

2014年以来,学院党委按照中央、省委和市委的统一部署,组织开展了党的群众路线教育实践、领导干部“三严三实”专题教育和“两学一做”学习教育活动。学院党委对准焦距、抓住要害，认真查找影响和制约学院发展的突出问题。教育实践活动中，学院党委紧扣“四风”问题，通过背对背征求意见，面对面谈心交心，共征求教职工意见建议244条；党委成员认真开展批评与自我批评，深刻查摆问题，相互提出批评意见218条，形成了包括7大类29项具体措施的整改方案。“三严三实”专题教育中，深入查找教学、科研、学生管理、后勤服务等方面存在的15个不严不实问题。“两学一做”学习教育中，党委中心组成员围绕“四讲四有”研讨主题，认真查摆在理想信念、党的意识、宗旨观念、道德行为、精神状态等方面存在的突出问题，党委班子列出问题3项，班子成员列出问题33项。对查摆出的问题，坚持边学边改、边查边改、即知即改的方法，到目前为止领导班子问题清单已全部整改到位。通过系列教育，较好的解决了党员干部中存在的理想信念淡薄、联系服务群众意识不强、管理水平和工作效率不高、先锋模范作用不突出等问题，为学院健康有序发展营造了风清气正的良好氛围。

（三）聚焦重点任务，推动工作落实

2016年，学院党委按照省委、市委要求，对省委部署的基层党建重点任务进行全面督查调研，对党员组织关系、党代会代表和党员违纪违法处理情况、基层党组织按期换届、党费收缴、抓党建促脱贫攻坚和抓严抓实党员干部学习教育管理等6项基层党建重点任务进行了全面检查，对3名超过6个月不缴纳党费且不参加组织生活的党员给予自动脱党处理，对2名党员材料不全的党员在充分调查核实基础上完善了相关手续，对2008年4月以来正式组织关系在我院的党员党费缴纳情况进行了认真核查，全院721名党员补交党费50余万元。2017年5月，学院党委按照中央、省委和市委关于推进“两学一做”学习教育常态化、制度化的安排和部署，召开了由全体党员和副科级以上干部参加的全院“两学一做”学习教育常态化、制度化推进会议，制定实施方案和学习教育计划，明确了要围绕“在学上深化拓展、在做上知行合一、在改上聚焦聚力、在带上示范引领、在建上用功发力”五大重点任务，扎实推进学习教育常态化、制度化。2017年7月，根据中组部、省委组织部和市委组织部安排部署，按照“准确、全面、规范、按时”要求，完成14个党总支、50个党支部、778名党员基本信息的采集录入，进一步加强了基层党组织建设和党员队伍管理。

二、增强素质，强化履职尽责

（一）落实党委领导下的校长负责制

坚持和完善党委领导下的校长负责制，严格落实党委会、院长办公会、党政联席会议事规则要求，进一步加强“三重一大”决策制度的落实。2016 年，学院党委研究编制《滨州职业学院“十三五”发展规划》，确定了“建成国家优质高职院校，努力争创应用技术大学”的发展目标，明确了“十三五”期间学院办学定位、发展目标、实现路径。启动优质校创建工作，全面推进学院人才培养、信息化建设、国际交流与合作、内部质量保证体系建设和重点建设专业群建设，巩固学院在全省的领先地位。健全学院现代治理体制，《滨州职业学院章程》顺利通过山东省教育厅审核，成立第一届学院理事会。每年召开教代会、工代会，充分调动广大教职工参与民主管理、民主决策和民主监督的积极性、创造性。认真实行党务、政务、事务公开，防止决策失误和行为失范。

（二）加强干部选拔任用及管理考核

建立完善以“德”为核心、以业绩为重点的干部培养、选拔、考核和监督机制，以及靠制度管人、用典型感人、以指标“压”人、凭实绩用人的干部管理体制，使一批政治坚定、能力突出、群众公认的干部得到提拔重用，进一步树立了正确的用人导向。近五年来，11 名正科级干部被提拔为副县，15 名科级干部被提拔为中层副职，32 名副科级干部被提拔为正科，29 名干部被提拔为副科。每年年底对内设机构班子、副科级以上干部进行年终考核，将考核结果作为干部选拔任用、监督管理的重要依据。对考核测评中优秀或称职得票率达不到 2/3、经考核认定为不胜任现职岗位的干部，进行诫勉谈话或组织调整；对考核测评中不称职得票超过 1/3 的干部，视具体情况分别做出免职、责令辞职、降职或调整岗位等组织处理。2017 年 6 月，根据《中国共产党章程》和《中国共产党基层组织工作暂行条例》有关规定，成功召开中国共产党滨州职业学院第一次代表大会，按照干部队伍“四化”方针、德才兼备原则和上级党组织要求，选举产生新一届党委和纪委领导班子，为推进学院党的建设和各项事业快速和谐发展提供了坚强保障。

（三）推进学习型党组织建设

学院党委认真贯彻落实中央、省、市关于推进学习型党组织建设有关精神，深入开展建设学习型校园活动，探索实施“完善三项机制、办好三大课堂、做好三个结合”的“三三三”模式,提升了党员领导干部、广大师生的理论水平和业务素质。

一是完善三项机制,即:面上抓“总”、点上抓“带”、日常抓“督”。出台《关于建设学习型校园的意见》,建立完善了学院、二级单位、班级和个人四个层面的学习网络。坚持每月1次的党委中心组学习制度,开展“领导干部读书月”活动,落实领导干部“四个一”要求(每人精读1本好书、记写1万字读书笔记、撰写1篇调研报告和悟出1条加快学院发展的好思路),定期评选出优秀读书笔记、调研报告。出台《教职工理论学习量化考核细则》,对学习情况进行量化考核,考核结果纳入年度绩效考核,增强了党员干部学习的自觉性。

二是办好三大课堂,即:专家讲坛、网络学堂、实践课堂。邀请国内外知名专家学者,就习近平总书记系列重要讲话精神、党的十八大、十九大精神等内容作专题辅导报告。举办形势与政策“百场讲堂”,院领导班子成员、相关职能部门和各教学单位主要负责人及部分专家教授每学年至少1次上台宣讲,党委书记杨光军同志带头宣讲,深受师生欢迎。引导广大党员干部、教职工充分利用“山东干部学习平台”“灯塔—党史在线”党员教育网等网络学习资源进行自主选学。先后组织一线教师、基层管理人员、领导干部等各层面人员500余名,到全国70所先进院校学习。利用寒暑假组织党员领导干部赴红色教育基地、廉政教育基地、政德教育基地学习培训,接受现场教育。

三是做好三个结合,即与学院改革发展实际相结合,与师生素质提升相结合,与创先争优活动相结合。2011年,学院开展了以“建设国家骨干院,我们应该怎么干”为主题的解放思想大讨论活动,广大教职工的思想观念进一步转变,全院上下迅速掀起国家骨干高职院校建设热潮。2015年3月至4月,开展以“站在新起点,引领新常态,谋求新作为,实现新跨越”为主题的大讨论活动,全院教职工按照“以深化改革凝聚发展新动力,以内涵建设树立学院新品牌”的工作思路,确定了符合区域经济发展的8大重点专业群,解决了影响学院发展的21个深层次问题,形成了全院上下思发展、谋发展的工作态势。2016年11月,组织开展“教学质量提升”调研活动,10个院领导牵头10个专题调研组,围绕体制机制、教师队伍、信息化建设等10个方面全面开展调研,广泛听取意见,提出了加快推进我院科学发展、创新发展的思路和办法。实施教职工素质提升工程,每年寒暑假分全体教职工、行政后勤人员、一线教师、学生教育管理人员四个层面,进行应知知识和应会技能的集中培训。以创先争优推进学习型党组织建设,以学习型党组织建设推动创先争优活动深入开展。每年评选表彰优秀共产党员、优秀党务工作者和先进基层党组织，激发了各基层党组织、党员干部和广大师生干事创业、创先争优的工作热情。《积极探索“三三三”工作模式，推进学习型党组织建设》被评为“全市学习型党组织建设优秀典型案例”。

案例1　实施教职工素质提升工程

为提高教职工的政治素质和业务能力，自2010年起，学院实施教职工素质提升工程，每年寒暑假分全体教职工、行政后勤人员、一线教师、学生教育管理人员四个层面，进行应知知识和应会技能的集中培训。培训采取专家报告、现场教学、交流研讨、部门业务培训等多种方式。培训结束后，学院组织统一考试，成绩公示，充分调动了广大教职工的学习积极性。寒暑假教职工集中培训已形成常态化制度化。

（四）加强干部队伍作风建设

2011年，学院组织开展了思想、纪律、作风三整顿活动，认真查摆并整改党员干部在工作作风、执行力等方面存在的问题35项，为师生办实事10项；2013年组织开展“作风改进年”活动，围绕“改作风、提效能、优环境、促发展”，通过“四破、四树、四提升”，全院党员干部和教职工进一步改进了工作作风，提高了工作效率。建立党建工作“三个一”联系制度，即：每个院领导和中层干部联系一个班级，每学期上一次主题班会，作一次国际国内和学院发展形势报告；每个党员教师联系一个班级、一个学生宿舍、一名家庭经济困难学生，对学生的思想、学习、创业就业等提供指导与帮助，用实际行动助推学生成长成才。严格落实领导干部办实事制度，院领导班子成员保证每周1/3的工作时间在分管单位，帮助基层解决实际问题。持续对公款吃喝、公款旅游、公车私用以及出入私人会所，收受礼金、礼券和购物卡，利用婚丧喜庆敛财等不良行为进行监督检查，构建长效机制，严防“四风”问题反弹。严格落实滨州市委要求，针对违反八项规定精神的公务接待、会议管理、办公用房、公款餐饮和购物等重点问题组织常态化监督检查。严格坚持财务例会制度、公车节假日集中停放制度、公务接待审批制度等，“三公”开支明显降低。

三、夯实基础，筑牢战斗堡垒

（一）创新基层组织设置

2012年，学院党委紧紧抓住“基层组织建设年”的有利契机，全面推进和加强基层组织建设。对全院基层党组织进行了调整、充实、完善，全院设置13个党总支（内设31个党支部）、21个直属党支部、103个党小组。先后在重点专业、实习工作站、合作企业、工程项目、学生公寓建立党支部、党小组和党员工作站23个，设立党员示范岗120个，在骨干教师出国（境）培训团组中设立临时党支部，使基层党建工作融入到项目建设中、党旗飘扬在工作第一线，实现基层党组织的全覆盖、项目建设与党建工作“双丰收”。将科技示范园改造为基层党组织和共产党员创先争优示范基地，设立30个示范区，广大党员和入党积极分子参加义务劳动近2万人次，为基层党组织和共产党员搭建了创先争优平台。2016年，在全国全省技能大赛中，党员干部靠前指挥，党员教师靠上指导，学生入党积极分子刻苦训练，使我院大赛成绩全面实现突破，其中学生国赛成绩排名全省第5位，省赛成绩排名全省第8位；教师省赛成绩排名全省第1，并被授予全国职业院校技能大赛突出贡献奖。基层组织建设年活动经验得到省委高校工委和市委的充分肯定，并在全市推广。推进基层党组织标准化建设，围绕思想建设、组织建设、作风建设、制度建设、责任体系建设、保障机制建设等方面，全面规范党的组织生活，进一步增强了基层党组织活力。

案例2　创新基层党组织设置

后勤管理处党支部结合基层组织建设年活动，积极探索创新基层党组织设置，激发基层组织活力。2012年以来，党支部紧紧围绕校园环境改造提升、黄河三角洲高技能人才培训中心建设、后勤服务保障等重点工作，在重点建设项目中建立党小组，将党组织建在项目上、党旗插在工地上，使项目成为创先争优、劳动竞赛的阵地和舞台，形成了“项目党建”新模式。通过创新基层党组织设置，实现了重点项目党组织的全覆盖，促进了党建工作与业务工作的深度融合，充分发挥了基层党组织的战斗堡垒作用和共产党员的先锋模范作用，为国家骨干高职院校建设提供了坚强保障。

（二）深化创先争优活动

坚持把创先争优活动作为有效载体，鼓励基层党组织和广大党员干部立足岗位作贡献、创先争优当先锋，把创先争优形成常态化、制度化。每年“三八”节评选“巾帼建功标兵”“三八红旗手”“和谐文明家庭”；“七一”评选优秀共产党员、优秀党务工作者和先进基层党组织；教师节评选优秀教师、优秀教育工作者；年终评选年度先进单位、优秀个人。2013 年 11 月，开展了“抓落实、干实事先进典型”倡树活动，挖掘 47 名先进典型在全院广泛宣传。自 2011 年起，连续六年开展“务实滨职”年度人物评选活动，受到了全院师生的广泛关注和社会各界的高度评价，荣获“2012 年全国高校校园文化建设优秀成果奖”。2017 年 5 月，组织开展“学习身边典型，营造清风正气”主题活动，选树一批为人师表、敬业奉献、教书育人、科技创新、管理服务等方面业绩突出的先进典型，激励全院教职工攻坚克难、争创一流。制定党员积分量化管理实施办法和考核标准，重点围绕党员参加组织生活、履行义务、服务群众、发挥作用等方面，对党员现实表现情况进行量化，并确定相应等次。

案例 3　“务实滨职·年度人物”评选活动

近年来，在国家骨干高职院校建设和学院改革建设发展中，在教学科研、学生教育管理和行政后勤等工作岗位上，涌现出了许多默默无闻被师生公认、广受赞誉的先进典型。为充分发挥先进人物的示范引领作用，激励、鼓舞全院师生为建设国家骨干高职院校，推动学院改革发展提供强大精神动力，自 2011 年起，学院每年举办“务实滨职·年度人物”评选活动。评选活动采取自下而上的推荐方式和教职工投票、评委会综合评审的办法，评选出 10 名“务实滨职·年度人物”，学院在元旦新年晚会隆重表彰，并由滨州市电视台全程录播。六年来，评选活动影响广泛、深入人心，受到了全院师生的广泛关注和社会各界的高度评价，曾荣获“2012 年全国高校校园文化建设优秀成果奖”，不仅成为了学院文化育人的品牌项目，也成为了高校文化建设育人活动的典范案例。

案例4　“学习身边典型　营造清风正气”主题活动

为进一步激发全院教职工攻坚克难、争创一流的干事创业热情，营造学习先进、争当先锋、崇尚实干的浓厚氛围，2017年5月，学院组织开展了“学习身边典型　营造清风正气”主题活动。经部门推选、广泛征求意见、学院组织推荐、党委研究，确定现代职教研究工作室、基础护理教研室、海洋学院大一中队学生管理团队等3个集体为先进典型集体；确定建筑工程学院教师赵霞等14人为先进典型个人。学院举办先进事迹报告会，通过网站、院报、微博、微信等媒体，开设专版专栏，大力宣传先进典型感人事迹，营造干事创业的浓厚氛围。

（三）严格学生党员发展

一是严把“入口关”。加强对入党积极分子的培养教育，每年举办两期入党积极分子培训班，对入党积极分子进行党的基本知识培训，近五年培训入党积极分子5000余名。二是实行学生党员发展“一票否决”制。出台《关于严格学生党员发展的意见》，对以下情况者，发展学生党员实行“一票否决”：（1）入党积极分子教育培养时间不满一年者；（2）未经团组织“推优”者；（3）未经预审和公示者；（4）违背入党程序者；（5）未经党校集中培训，或党校培训未结业者；（6）在校期间累计旷课达5课时、事假达30课时者；（7）考试作弊者；（8）考试成绩不及格者；（9）无正当理由，故意拖延学费者；（11）受学院通报批评及以上处分者。三是严格落实“三推二审四全程”制度。“三推”是指学生入党积极分子所在党支部全体党员、所在班级全体同学、任课教师以票决形式推荐；“两审”是指党委及所在党总支（直属党支部）进行审查；“四全程”是指党员发展工作中，实行全程公开、全程记实、全程审核、全程问责制度和责任追究制。通过以上措施，进一步严格党员发展程序标准，提高了学生党员发展质量。近五年发展党员514名，其中学生党员491名。

（四）搭建发挥作用平台

结合“作风改进年”活动，在全体党员中开展“亮身份树党员形象、亮职责树党员标杆、亮承诺树党员品牌”“三亮三树”活动，并建立“三比三评”（比能力、比作风、比实绩，领导点评、党员互评、师生测评）工作机制，教育引导党员立足岗位、履职尽责、创先争优。扎实开展“承诺、践诺、评诺”活动，基层党组织和广大党员干部围绕落实学院发展规划、服务广大师生、国家骨干校建设等方面积极承诺，全院

30个基层党组织承诺147项,440余名在职党员干部承诺1337项。每年“七一”,组织党员干部开展重温入党誓词、“中华诵·经典诵读”、评选表彰先进典型、走访慰问建国前老党员、党员志愿服务等活动。以创建全国文明城市、全国文明校园为活动载体,引导各级党组织和广大党员、师生在文明创建中争当先锋、做出表率。组织436名党员参加居住地城市社区党组织报到活动,报到率97%。出台《关于建立“主题党日”制度的实施意见》,将每月5日、25日确定为“主题党日”,结合党员思想实际,通过开展党性分析、民主评议党员、民主议事、志愿服务、帮扶慰问、交纳党费等活动,促进党内组织生活经常化、制度化、规范化。严格领导干部讲党课制度,学院党委班子成员每季度到分管单位讲1次党课,各基层党组织书记每季度为本单位党员干部讲1次党课。开展党委班子成员党建示范点创建活动,每位党委班子成员结合分管工作创建1~2个党建示范点。落实市委关于党委书记抓基层党建突破项目的任务要求,建立学院党委抓党建工作的有效机制,推动党建工作与学院改革和教学、科研等业务工作有机融合。

四、倾情服务,发挥“五老”作用

(一)落实两项待遇

坚持每月28日集中阅文制度,认真组织形式多样的学习活动。每年重阳节、春节组织召开学院发展情况通报会,向老干部通报学院发展新动态。每年春节、重阳节、“七一”开展走访慰问老干部和建国前老党员活动,帮助老干部解决实际困难。2012年、2014年分别组织200余名老干部到多地参观考察,让老干部领略祖国大好河山,感受祖国新变化。坚持“一看一帮一庆”制度,即老干部生病住院必须及时看望;老干部遇有生活、医疗等方面困难必须及时帮助解决;重大节日必须表示庆贺。坚持为老干部健康查体,组织学院南丁格尔志愿服务队为老干部测血压、按摩、咨询等服务,深受老干部欢迎。

(二)开展文体活动

成立门球、麻将、台球、象棋、书画、艺术团等团体协会组织,有序开展各项文体活动。老年门球队在山东省第23届、24届、25届、27届“院校杯”老年门球赛以及市老年体协组织的体育赛事中均取得优异成绩。2012年12月,在滨州市举办的以“诗书画影抒情怀、喜迎党的十八大”为主题的书画展活动中,老干部多个作品荣获二等奖和三等奖。2016年,在全市老干部书画摄影大赛中,我院荣获大赛

"组织奖"荣誉称号。

(三)积极发挥余热

成立关心下一代工作委员会,发挥老干部"传、帮、带"的教育作用。成立"五老"志愿协会,定期组织志愿活动,助力全国文明校园创建。定期召开老干部座谈会,征求意见和建议,鼓励他们荐言献策、发挥余热。积极开展"慈心一日捐"活动,鼓励离退休职工奉献爱心。2012 年以来,学院先后荣获全市敬老模范单位、全市老干部工作先进集体、全市老年体育工作先进集体等称号。

五、服务社会,彰显社会价值

(一)扎实做好精准扶贫和"第一书记"村帮扶

自 2012 年起,根据市委组织部选派基层党组织"第一书记"工作要求,学院先后选派 4 名党员干部任职基层党组织"第一书记"、1 名党员干部任职市委常委"联村为民"工作组成员。学院精心制定实施方案和帮扶计划,成立领导小组及工作机构,扎实做好对接帮扶工作。通过驻村帮扶、为民服务,加强农村基层党组织建设,帮助基层群众改善生产生活条件等方面,全面完成帮扶任务。学院党委定期走访帮扶村老干部、老党员和特困户,把学院党委的关怀与温暖送到帮扶户的心坎上。开展"一对一"结对帮扶活动,每名党员干部都有自己的联系户,每家农户都有党员干部联系,真正做到党员干部全联系,每家农户全覆盖。组织 80 名副处及以上党员干部先后 3 次参加对接帮扶邹平县青阳镇青阳村、西董村 38 户困难家庭活动,为困难家庭送去关怀和温暖,对他们进行力所能及的帮助,形成了党员干部联系群众工作的常态化、长效化。

案例 5　扎实做好精准扶贫和对接帮扶工作

为做好精准扶贫和"第一书记"村帮扶工作,学院成立精准扶贫暨"第一书记"村帮扶工作领导小组,研究制定实施方案和帮扶计划,精心组织实施。2012 年,学院投入资金 15.1 万元、协调项目资金 200 万元,为"第一书记"村——滨州经济开发区沙河街道办事处南段村铺设自来水管道 8320 米、污水管道 1.1 万米,硬化村内道路 5000 米,解决了村民多年"吃水难""排水难""出行难"的问题。《滨州职业学院对南段村全员帮扶实施意见》被滨州基层组织建设年活动简报全文转发,时任市委书记邓向阳、市委组织部部长张凯分别作出重要批示，在全市予以推广。2014 年，学院为“第一书记”村——阳信县水落坡镇张先生村，铺设“两横两纵”柏油路 1832 米，修筑村内主干道两侧排水沟 2600 米，协调资金近百万元完成农电升级改造工程，使张先生村成了远近闻名的先进示范村。2016 年，学院积极协调资金 1400 多万元，为“第一书记”帮扶村—无棣县小泊头镇郭马村开展旱厕改造、水利灌溉设施建设、高低压线路升级改造、生产技能培训、林下经济发展等精准扶贫项目 13 个，受到良好效果，郭马村旧貌换新颜，先后被评为山东省生态文化村、山东省旅游特色村。

（二）积极服务“黄蓝”两区建设

学院抢抓“黄蓝”两区开发的重大历史机遇，发挥专业优势、人才优势、科技优势，积极服务“黄蓝”两区建设。2012 年，出台《滨州职业学院服务“两区”行动计划》，通过科技服务、社会培训等形式为“两区”经济建设服务。2013 年，在继续深化服务“两区”行动的基础上，出台《滨州职业学院实施服务对接滨州“转调创”工作方案》，启动服务对接滨州“转调创”专项工作，69 个项目先后与驻滨及周边市地规模以上企业对接。广大党员教师在服务社会中提升了能力，在奉献社会中赢得了尊重。服务“两区”行动计划、服务滨州“调转创”工作方案相继被市委、市政府转发，市委书记张光峰、时任副市长祁维华给予充分肯定。学院把社会培训作为开放办学的重要途径，积极开展再就业培训、“三农”培训、企业服务培训、学生创业培训、社会公益培训、职教服务培训。2012 年以来，完成社会培训 47.21 万人次，实现收入 6732.41 万元，成为黄河三角洲地区培训工作的主战场。2017 年 8 月，为贯彻落实市委“千名干部联千企”活动要求，学院启动“双联双促”活动（即“院领导、相关部门及二级学院联系企业，促进工作作风转变，促进校企深度融合”活动），10 名院领导带相关部门及二级学院联系对接 10 家企业，开展联企活动，引导领导干部进一步转变工作作风，深入推进校企合作，为聚力内涵发展、创建优质高职院校提供了坚强保障。

案例6　“双联双促”活动

2017年4月，中共滨州市委印发《关于深入开展“千名干部联千企”活动的实施意见》。为贯彻落实市委“千名干部联千企”活动要求，2017年8月，学院启动“双联双促”活动，即“院领导、相关部门及二级学院联系企业，促进工作作风转变，促进校企深度融合”活动。学院印发“双联双促”活动实施方案，制定了活动目标责任书。10名学院领导根据分工，带相关单位联系对接滨州市范围内一家企业，围绕加强党建共建、推动政策落实、服务企业管理、强化安全服务等方面，开展联企活动。通过活动开展，进一步转变干部作风，服务企业发展，推进校企合作深度融合。

第五章

映日荷花别样红

——德育之花

“德者本也”。德育是学校教育的重要组成部分，把德育摆在首位，与智育、美育、体育等彼此渗透、密切协调，共同完成立德树人的根本任务，对学生健康成长和学校事业发展具有导向、动力和保证作用。滨州职业学院历来高度重视德育工作，“以德为先”是滨职优良办学传统的重要组成部分，在学院60多年办学实践中发挥了重要作用。近年来，我院紧紧围绕立德树人根本任务，以社会主义核心价值观为引领，坚持“唱响主旋律，念好创新经，做实基本功，打好主动仗”方针，大力实施课堂教学、校园文化、社会实践“三位一体”的育人模式，构建完善以学生为主体、学生工作人员、思政课教师和专业教师为主力、教职工和家长为支撑的育人有机体，建立健全培育与养成、课内与课外、校内与校外、线上与线下紧密结合的育人体系，全力推动全员育人、全方位育人、全过程育人，形成了“育人为本、德育为先，以生为本、传承创新”的良好局面，培养了一大批高素质技术技能型人才，涌现出一批见义勇为积极分子、拾金不昧好青年等时代楷模。学院荣获全国职业教育先进单位、全国教育系统先进集体、全国五四红旗团委、全国师德建设先进集体、全国先进班集体等荣誉称号，连续11年保持“省级文明单位”称号，2次被授予“富民兴鲁”劳动奖状，多次被中央电视台、人民日报、光明日报、中国教育报等多家中央媒体宣传推介。

一、承载时代使命　强化责任担当

每个时代都蕴藏着每个时代的精神理念，每个时代都呼唤着全体成员的价值追求。作为支撑中华民族独特精神世界、体现中国特色社会主义文化符号与内核的社会主义核心价值观，是中华民族自立于世界的思想前提，是中国梦的价值愿景。培育和践行社会主义核心价值观是全社会的共同责任，高校更应责无旁贷地肩负起这一光荣使命。

（一）准确把握核心要义。习近平总书记旗帜鲜明地指出社会主义核心价值观“是一种德”的重要思想。他在2014年“五四”青年节到北京大学与学生座谈时说：“核心价值观，其实就是一种德，既是个人的德，也是一种大德，就是国家的德、社会的德。”“在当代中国，我们的民族、我们的国家应该坚守什么样的核心价值观？”“我们提出要倡导富强、民主、文明、和谐，倡导自由、平等、公正、法治，倡导爱国、敬业、诚信、友善，积极培育和践行社会主义核心价值观。”在这里，习近平总书记特别谈到社会主义核心价值观是“培育什么样的公民的重大问题”，阐明了立德的核心要义是培育和践行社会主义核心价值观。这明确告诉我们，在当今时代、当代中国、今日高校，所立之德的核心要义是社会主义核心价值观；积极培育和践行社会主义核心价值观，是高校德育工作的主要内容。

（二）准确把握德育目标。学校德育目标其实就是“培养什么人”的问题。职业教育对于推动新动能发展和产业转型升级、带动扩大就业和脱贫攻坚、促进社会和谐稳定具有基础性作用。职业院校学生毕业后踏入社会，不仅可以带着一技之长就业创业，还可以带动家庭脱贫，有效切断贫困代际传递、保护公民的受教育权利、促进教育公平和社会公正，这充分体现了“自由、平等、公正、法治”的社会价值取向。而作为一种职业精神大力倡导的“工匠精神”，其精益求精、持之以恒、爱岗敬业、守正创新的基本内涵，在本质上同“爱国、敬业、诚信、友善”要求高度契合。

建成优质高职院校、全国文明单位，是学院“十三五”时期奋斗目标和主要任务。要实现这一目标，就必须要坚持以学生成人成才为根本目标，牢牢抓住全面提高人才培养质量这个核心，培养德技双高、全面发展的高素质技术技能型人才。在德育工作中就是要努力培养社会主义核心价值观的践行者、示范者和传播者，培养中国特色社会主义共同理想的坚定信仰者和实践者，使青年学生成为德智体美全面发展的社会主义事业建设者和接班人，这也是持续推动学院发展的动力源泉和价值所在。

（三）准确把握内容要求。青年时期正是价值观的形成和确立时期，抓好这一时期的价值观养成十分重要，高校有责任帮助青年学生“扣好人生第一粒扣子”。针对高校师生的不同特点，习近平总书记在与北大学生座谈时特别指出，青年要勤学、修德、明辨、笃实，使社会主义核心价值观成为自己的基本遵循；在视察北京师范大学时，又明确提出广大教师要做有理想信念、有道德情操、有扎实学识、有仁爱之心的“四有”好老师，帮助学生筑梦、追梦、圆梦。

加强培育和践行以社会主义核心价值观为中心的高校德育工作，应主要在六个方面聚焦发力：一是开展理想信念教育，包括马克思列宁主义、毛泽东思想和中国特色社会主义理论体系教育，党的路线方针政策和时事形势教育等。二是开展爱国主义教育，包括中国梦教育，国史教育特别是近现代史教育，世情、国情、省情、市情教育，民族团结教育，国防教育和国家安全教育等。三是开展公民意识教育，包括权利义务教育、责任意识教育、民主法制教育、生态文明教育以及社会公德、职业道德、家庭美德和个人品德教育等。四是开展中华民族文化教育，包括中华优秀传统文化、红色文化和时代精神教育等。五是开展创新创造教育，包括劳动教育、科学精神教育、创新创业教育、团队意识和奉献精神教育等。六是开展心理健康教育，包括生命教育、心理健康知识教育、个性心理品质教育和心理调适方法教育等。

二、强化工作合力　夯实组织保障

高校德育工作是一项长期的系统性、综合性工程，涉及各个领域、各个方面，需要协同联动、精耕细作、持续推进，需要持之以恒、常抓不懈、久久为功。因此，必须要建立一套综合保障体系，整合各方资源，形成工作合力。

（一）建立健全德育组织机制。学院成立由党委书记、院长任组长，其他院领导任副组长，党委组织人事部、党委宣传部、团委、学生工作处、教务处、各教学单位等主要负责人为成员的德育工作领导小组，研究制定德育工作总体规划和年度计划，明确工作职责和要求，统一协调、组织、指导、检查、督促、考评全院的德育工作。各院各部门也成立了德育工作领导小组，根据统一安排部署，各司其职，各尽其责，协调配合，无缝衔接，把德育工作任务要求具体落实到教学、科研、管理和服务工作中，形成了党委统一领导、党政群团齐抓共管的工作机制。同时，结合学院实际，聚焦突出问题，完善制度设计，制订完善了《滨州职业学院德育大纲》《关于对二级学院德育工作进行检查评估的意见》等制度体系，确保了各项工作科学、规范地推进落实。

目前，学院已形成全员育人、全方位育人、全过程育人的良好局面。院领导和各院各部门主要负责人在担负起德育政治责任和领导责任的同时,定期与学生面对面交流,不定期深入教室、公寓等讲课听课、检查调研,了解学生思想动态,解决存在问题,带头做好学生德育工作。学生工作人员强化日常工作,注重实践创新,寓管理、教育于服务之中,争做学生益友。思政课教师坚持"三贴近",积极创新教学方法手段,用自身良好的道德形象影响感染学生,争做教书育人的示范标兵。专任教师恪守师德,课上以"润物细无声"的方式将德育融入人才培养各个环节,课下通过担任班主任、社团导师等密切联系学生,争做学生良师。教辅人员坚持以学生为中心,坚持原则,严格制度,以疏导指导为主,帮助学生成长成才。广大学生遵纪守法,勤奋学习,尊敬师长,热爱集体,积极参与文明创建、社会实践、志愿服务等,培育阳光心态,培养自律意识,思想政治素质和学习创新能力不断提升。

(二)建立健全队伍保障机制。打造高水平的思政课教学团队。一是严把教师聘用政治关,坚持把政治立场作为思政课教师聘用的首要标准,按照教育部1:550-600的师生比配足、配强思政课专职教师。二是健全培养培训体系。通过全员培训、骨干研修、在职攻读学位、项目带动等多种形式提升教师的理论素养和业务能力。成立青年教师理论学习研究会,组织青年教师参加社会实践,不断深化青年教师对党的理论、国情社情的认知认同。三是构建开放灵活的人才配置机制。鼓励在行政管理岗位的思政教师兼职上课;遴选部分党政干部和辅导员为兼职教师。贯彻实行领导干部讲党课制度,开设形势与政策课"百场讲堂",各基层组织主要负责同志轮流为学生上党课或形势政策课,引导学生识大势、知大局、行大道。聘请知名专家学者、先进模范人物担任特聘教授,全国劳动模范、全国五一劳动奖章获得者许振超、郭丰梁、李振平、许红梅等来学院与师生开展"我与劳模面对面"活动,分享奋斗故事,弘扬劳模精神,增强职业道德,激励学生奋发图强。目前,思政课教师队伍已由单兵作战变为兵团作战,专兼结合、优势互补,造就了一支政治强、业务精、作风正、品行高的思政课教师队伍,形成了德育工作的强大合力。

(三)实施辅导员素质提升计划。一是配足配齐人员。鼓励符合条件的专任教师、行政管理人员担任兼职辅导员或班主任,要求新聘任的青年教师要从事三年辅导员工作,晋升高一级技术职务要有三年辅导员工作经历。我院现有辅导员数量已达到教育部"辅导员比例不低于1:200"的规定。二是完善辅导员职称职务体系。专职辅导员实行职称指标单列、评审单列,并优先聘用;专职辅导员岗位设科员、副科和正科三个级别,分别享受院内副科级、正科级津贴和政治待遇;把优秀辅导员列入学院后备干部和人才库优先培养选拔。三是提升工作能力。支持攻读相关专业硕士学位，提升学历层次；开展辅导员职业能力大赛，设专题讲座、主题班会大赛、辨识学生等赛项，综合考察辅导员的语言表达能力、活动组织策划能力、思想政治教育和心理辅导能力、日常事务及突发事件处理等多方面的知识和技能。近年来，1 名辅导员获全国高校“辅导员年度人物”提名奖；1 名辅导员被评为“全省高校优秀辅导员”；获全省高职院校辅导员技能大赛一等奖 2 项、全省辅导员职业能力大赛三等奖 1 项；5 篇论文获山东省高校辅导员论坛一等奖。

（四）建立健全考评激励机制。坚持完善德育评估制度。一是实施二级学院德育评估制度。依据中宣部、教育部《全国大学生思想政治教育工作测评体系（试行）》要求，按照全面具体、重点突出、注重效果的标准，坚持定期考评与日常考评相结合、定量考评与定性分析相结合，设计德育评估体系，从体制机制、制度建设到队伍建设、经费保障；从教书育人、管理育人、服务育人等有效实施载体，到日常教育和特色活动开展；从思政课育人主渠道作用发挥及社会实践活动开展到校园文化、宣传舆论阵地建设实效；从学生入学教育到毕业离校等等，项项有指标、条条有规范，增强了工作的系统性、科学性。注重过程考核，实施日查、周报、月考核制度，形成“督查 - 通报 - 诊断 - 改进”的长效机制，做到周周有督查通报，次次有反馈落实，强化了日常德育工作力度。二是实施年度基层党建工作述职暨德育工作汇报制度。每年底，各党总支（直属党支部）书记分别就各自履行基层党建工作进行述职、开展德育工作情况进行汇报，总结成绩、提炼经验，分析不足，制定措施，院领导、师生代表现场评议打分，考评情况纳入考核，强化了全员育人意识和合力。

德育目标的实现和效果的彰显，有赖于广大师生的积极参与和主动作为。因此，加强对考评结果的使用，建立健全奖惩制度，发挥导向激励作用，尤为重要。将德育工作纳入各级各类先进典型的评选表彰体系，通过评选学院德育工作先进集体和个人、务实滨职·年度人物、十佳学生干部和大学生等院内先进典型，推荐评选全国高校“辅导员年度人物”、全省高校师德标兵、全省高校优秀辅导员、感动滨州·年度人物等，挖掘典型事迹，树立身边榜样，使广大师生学有榜样、做有标杆。对于工作开展较好的单位，在年终考评、先进推报中予以重点考虑。对于实绩突出的师生，在教学工作量统计、职称评聘、职务晋升、科研立项、入党入团、实习就业等方面予以适当倾斜，如任职满三年并考取心理咨询师、职业规划师等资格证书的，学院承担全部学费。

（五）建立健全多方衔接网络。建立健全以学院为主、家庭配合、社会支持、行业企业参与的协调机制，发挥放大教育合力的叠加效应。一是构建家庭与学校的教育合力。通过开展辅导员家访、“校园喜讯传万家”等，送信息、访学情、听意见，使家长及时了解学生在校情况，增进学院与家庭、辅导员与家长的联系和理解。二是构建行业企业、社会与学校的教育合力。校企紧密合作，延伸德育链条，组建“双师型”专兼职德育队伍，选派既熟悉企业文化又熟悉德育工作的教师到企业实践锻炼，提高师生服务社会的意识和能力；邀请企业优秀员工担任兼职辅导员，参与学生日常教育管理，宣讲企业文化、职业精神，开展创业创新教育，帮助学生快速成长；在实习实训任务中嵌入“工匠精神与工作业绩”“社会需求与职业兴趣”等内容，让学生在“工作”过程中感悟、体验、升华。三是创新关工委合力育人机制。将关工委德育和教学督导工作队伍合二为一，帮助青年思政教师快速提升业务水平，掌握德育工作规律；全面跟踪督查专业课程设置、教师授课质量、学生学习主动性等工作开展情况；组建老干部宣讲团，开展德育宣讲。

三、融入教育教学强化认知认同

立德树人，关键在于教育引导青年学生在正确认识、科学认知基础上实现真心认同。“办好中国特色社会主义大学，要坚持立德树人，把培育和践行社会主义核心价值观融入教书育人全过程。”习近平总书记对全国高校党建工作的指示，对高校培育和践行社会主义核心价值观具有很强的指导性、针对性。

（一）加强通识教育。通识教育是培养大学生拥有共同的价值认知、文化共识和精神素质的重要途径。学院以提升大学生思想文化素质为目标，强调人格养成、价值塑造、理性思维和精神素质发展，创新教学内容和教学方式，扎实做好通识课改革和建设。一是在公共基础课程平台引入职业核心能力课程，各专业根据专业特点和培养要求，在《职业沟通能力》《团队合作能力》《自我管理能力》《解决问题能力》《信息处理能力》模块中任选两个开展教学，增强学生职业能力素质。二是在公共选修课中引入“慕课”教学，遴选《科学启蒙》《儒学与生活》《文化地理》《世界建筑史》等20余门网络通识课程，实行网络在线教学测评，丰富了优质教学资源，拓展了学生知识视野。三是在课程教学中融入党情市情、民俗文化，将《中共滨州历史》《滨州民俗文化》等纳入公共选修课，促进优秀传统文化、革命历史进课堂、进头脑。四是将《美术鉴赏》《音乐鉴赏》课作为限选课纳入公共选修课体系，充分发挥美术、音乐等艺术形式的教化、美化功能，提高大学生文化素养和道德修养。

（二）加强课程建设。充分发挥思政课的主渠道、主阵地作用，紧紧围绕教材、教师、教学等方面，坚持价值塑造、能力培养、知识传授有机结合的教学观念，深入推进思政课建设。一是优化课程体系和教学内容。把建设反映马克思主义中国化最新成果的教材体系作为基础性工作，组织专业教师和科研人员共同攻关，创建了面向不同对象、辐射各个层次、涵盖多样内容的立体化教学体系。目前，建成省级精品课程1门、院级精品课程群1个，创新《思想道德修养与法律基础》课程模块化教学，构建了“思政课三课一体教学体系”。二是提炼各门课程独具特色的教学方法。根据教育教学规律和大学生接受信息的特点，积极探索学生乐于接受，教学效果好的教学方法。目前各门课程基本上都形成了具有自身特色的有效教学方法，如《思想道德修养与法律基础》主要是运用案例式教学法，《毛泽东思想和中国特色社会主义理论体系概论》采用“问题主线式”教学方法，《形势与政策》采用混合式教学方法等，都取得了良好效果。三是充分运用现代教育技术手段。借助“优学院”等线上平台，把最优质的教学资源呈现给学生。搭建“向上吧”“心灵花海”“自律零距离”等移动媒体教育平台，通过网络空间研判学生思想动态，借助网络平台主动发声发言，教育引导学生，打破时空限制，形成工作合力。开辟思政教育网络空间，建立开通QQ群、微信群、博客、网站等，拍摄中国梦主题微电影《启梦·滨职》，独家图解《关于在各级各类学校推动培育和践行社会主义核心价值观长效机制建设的意见》等20余部作品，录制“我的价值观　我的中国梦”精彩课堂展播视频等，扩大教育覆盖面，教育实效显著增强。

（三）加强专业渗透。专业是高职院校人才培养的主要载体，德育贯穿于人才培养的全过程，所有课程都具有德育的职责和功能。学院深入挖掘各门课程蕴含的德育内容，初步建立起相对完善的科学与人文、德育与智育相结合的教学体系，实现能力、素质培养的双轮驱动。结合各专业课程特点和实际，将德育融合到教学内容，教师在传授知识、教授技能的同时，有的放矢地对学生开展教育，此外还通过作业、辅导、考试、技能竞赛、实习等教学活动，培养学生良好的道德品质。如，在专业课程教学时，通过介绍国家在本专业领域所取得伟大成就、发展概况和前景及行业企业人才需求等，培养学生的民族自豪感、自信心，明确前进方向和奋斗目标，激发报效祖国、服务社会、实现自我的内在动力；结合教材中的定理、定律、科学发现、科技发明和工艺技术等内容，介绍本专业劳动模范等有杰出贡献的人物，为追求真理、服务国家而坚韧不拔、顽强拼搏的意志品质，使其树立远大理想和抱负，增强不怕困难、勇于进取的精神。

四、坚持知行合一　致力德技双高

培育和践行社会主义核心价值观，"贵在知行合一、坚持行胜于言，在落细、落小、落实上下功夫"。作为职业院校而言，坚持工学结合、知行合一、德技并修，注重以文化人，强调实践探索，引导学生从自我做起、小事做起，在文化实践活动中亲身体验、感悟社会主义核心价值观，才能真正做到内化于心、外化于行、固化于性。

（一）创新文化育人。注重以文化人、以文育人，在潜移默化中教化学生追求真善美、明辨假恶丑，是落实立德树人根本任务的必经之路。一是培育大学精神。实施精神文化培育行动，开展校园文化 CIS 形象策划，大力传承弘扬中华优秀传统文化、地域特色文化和学院优秀文化，提炼形成了校训"责任"、校风"崇德尚能"、教风"知行垂范"、学风"博知敏行"，培育凝练了"求实求真、知行合一，以生为本、以人为本，兼容并包、多元共生，服务社会、引领发展"的新时期滨职精神，建设了孙武文化园、范公文化园等文化园区和校史馆、滨州政协文史馆、海瓷文化馆、地毯文化展馆等文化场馆，系统命名桥、亭、湖、路、广场等，塑造了体现时代特征、职教特色和学院特点的大学文化。二是优化校园环境。实施环境文化提升行动，坚持以科学规划为引领，突出"生态优美、人文和谐"主题，挖掘、凝练、提升校园物质文化和精神文化，整体谋划、建设、提升校园文化景观整体布局，形成了"一轴二山三区四湖六场九园"格局。创新开展一小时校园文化游览，按照导向明确、主题鲜明、内涵丰富、行程得当的原则，规划设计校园游览路线，感受体验浓郁的校园文化氛围，已成为校园开放交流、新生入学教育、社会培训等活动的必备体验项目之一。三是打造文化品牌。实施文化品牌铸造行动，培育践行以"思想观念唯实、人才培养唯精、管理服务唯细、绩效考核唯优"为基本内涵的"务实"文化，并与学院整体战略、内涵建设、队伍建设、学生工作、党建工作等有机融合。一年一度的"务实滨职"年度人物评选表彰活动是务实文化培育践行成效的集中展现，在全院树立了一大批作风深入、勤奋敬业、勇于担当、业绩突出的先进典型，不仅在广大师生中掀起了学习先进、弘扬先进、争当先进、创先争优的新热潮，而且引起了社会各界的强烈反响和积极评价。此外，还打造了"中华诵·经典诵读"、"书香滨职”读书月、“5·12”国际护士节、青年志愿者服务等一批品牌活动。四是突出专业特色。实施优秀企业文化进校园行动，积极推进产教融合、校企合作，吸引山东海瓷集团在校建立实践教学基地和海瓷文化馆，组织学生参观，参与体验活动，展示海瓷文化的博大精深和独特魅力，让学生在历史的积淀与文化的体味中提升文化素养；校企共建黄河三角洲高技能人才实训广场，营造仿真“职业环境”，学生身着统一职业装、工作服，使学生在“真实”的职业环境中学习技术；在专业教学中，注意体现职业道德、产业文化和优秀企业文化的有关内容要求，在教学管理、学生管理中，注重借鉴5S管理、ISO9000管理、军事化管理等先进管理文化，提升文化育人水平；依托“技能大师工作室”，组建技能大师工作团队，通过大师的言传身带，传承大师的优秀品质、工匠精神和精湛技能；结集出版现代职业教育研究工作室部分成果《精彩职教　出彩教师——职教百事通》和学生职业素质训练读本《将作大匠》《大匠之门》，组织参编或主编高职高专规划教材《护理心理学》和中职《职业道德与法律》两本专业文化教材，开发《大学生就业与创业指导》《大学生廉洁教育读本》《大学生心理素质训练》《优秀传统文化系列丛书》等系列校本文化教材。五是文化建设成果丰硕。学院荣获2012年全国职业院校“魅力校园”称号。微电影《启梦·滨职》荣获第七届全国高校校园文化建设优秀成果二等奖，是全省乃至全国职业院校获此殊荣为数不多的高职院校之一。“与市场共舞　助群雁起飞”办学理念、“务实滨职”年度人物评选活动先后获全国高校校园文化建设优秀奖；校训“责任”获首届全国大中小学校歌校训校徽展评一等奖；“校园文化一小时游览活动”等优秀成果获全省高校校园文化建设优秀成果奖。

（二）创新实践育人。强化实践育人的价值观导向，不断增强学生的社会责任感、创新精神和实践能力，是落实立德树人根本任务的有效举措。一是建立道德实践基地。充分利用区域独特的传统文化、民俗文化、红色文化、企业文化等人文资源，在渤海革命纪念园、滨城区杨柳雪镇怀周祠、滨州市养老服务中心、滨州市儿童（社会）福利院、滨州市特殊教育学校以及魏桥创业、京博集团等企事业单位建立道德实践基地，定期组织学生开展参观体验、专题调查、清洁家园、爱护环境、低碳环保、文明交通等道德实践活动，引导青年学生成为社会主义核心价值观的积极传播者和忠实践行者。二是搭建道德实践平台。开办道德讲堂，举办全国道德模范故事汇基层巡演滨州专场、全省“中国梦·我们的价值观”百姓宣讲团报告会、“时代楷模”朱彦夫先进事迹报告会等活动，邀请全国劳模、见义勇为好青年等英模人物作专题报告,广泛宣传凡人善举,引导和鼓励学生积极投身助人为乐、见义勇为、诚实守信、敬业奉献、孝老爱幼等道德实践,不断提升自身文明素质。完善"孔子学堂"建设,作为全省首批高校"孔子学堂",定期邀请非物质文化遗产传承人等来院开展文化漫谈,进行布老虎、剪纸、书法等传统艺术的欣赏与指导;结合清明、端午、中秋、重阳等传统节日,举办传统文化庆典活动,通过祭扫先烈、登高赏菊等活动,将"爱国""感恩""团圆""孝行"等传统美德教育融入其中,引导学生内化于心,外化于行;广泛开展"国学达人"、经典诵读比赛等活动,弘扬传承中华民族优秀传统文化,培育学生人文情怀。组建南丁格尔志愿者服务队、雷锋 IT 服务队、推拿按摩医疗队等青年志愿者组织,每年组织无偿献血、网络文明宣传、社会服务活动,弘扬传播志愿服务精神。三是组织道德实践活动。开展"我为社会主义核心价值观代言""我的中国梦"主题教育等系列主题教育,强化行为养成,引导和鼓励广大学生形成修身律己、崇德向善、礼让宽容、知行合一的道德风尚。坚持开展暑假"三下乡"和寒暑假社会实践活动,依托专业优势,深入基层、深入群众,通过开展科技惠农帮扶、教育关爱服务等活动,将实用技术知识送入百姓家中,增强服务社会的积极性与使命感。四是大力推进创新创业教育。与滨州高新区"滨州众创园"和滨州经济开发区"众创空间"合作,创建省级大学生创业孵化示范基地,建设集创新创业孵化、教师科技研发、校企合作、成果转化于一体的大学生科技园,为大学生创业出台各种优惠政策,学生"拎包进驻创业",以创业带动就业;举办"创业大讲堂"、企业经营实战模拟沙盘训练、创业培训报告会、大学生创业培训班等,培育双创意识,激发双创热情;举办"创赢滨职"大学生模拟创业大赛、"互联网+"大学生创新创业大赛、大学生创业设计大赛,营造浓厚氛围。

(三)创新教育管理。初步形成以学风建设为主线、德育评估为平台、团学组织规范建设为重点,统筹实施四季关爱行动、学生教育管理工作例会制度、辅导员职业素养提升行动的学生工作格局。一是强化学风建设。搭建能力博士大讲堂、技能兴趣小组等高水平课外学习交流平台,组织开展学风建设活动月等活动,培养学生主动学习、自主学习意识。发挥学生骨干、学生党员、优秀学生引领作用,将学业成绩纳入评先树优、入党入团指标体系,举办"身边的榜样"优秀学生事迹巡回报告会,传递正能量,促进学风建设。严抓课堂纪律,深化学生工作人员听课制度、辅导员与任课教师联系制度,倡导严谨学风。从严考试制度,强化考风考纪,制订实施严格的监考制度和考场巡视、监督、检查、公示制度,强化考风建设。二是强化团学组织建设。在学生集中的实习单位成立临时团支部,在实训广场、学生公寓、社会实践活动服务队等设立共青团工作站或团支部50余个,建立12个网上团支部,形成了配套完善、全员覆盖的团组织工作体系。按照“坚持标准　保证质量　加强培养　积极发展”的原则,严格共青团员入口关,通过举办入团宣誓仪式,增强团员青年对共青团组织的认同感和归属感。实行学生会驻会轮值、学生社团固定活动日等制度,积极培育优秀学生干部,提高学生自我教育、自我管理、自我服务的能力。三是建立学生工作例会制度。各二级学院每周召开一次,学院每月召开一次,做到会前精心准备、会上集体讨论、会后认真执行,并印发工作重点供各二级学院或有关部门查阅,加强联系沟通,畅通工作信息,既提高了学生工作人员的组织观念和责任意识,又强化了工作任务的部署和调度。四是实施辅导员主题班会制度。围绕不同主题,编写教案,制作课件,每月至少召开一次所带班级的主题班会。通过举办主题班会课件大赛、参加全省辅导员工作论坛、撰写论文、课题研究等,不断提高辅导员主题班会工作和科研水平。五是加强学生事务管理。规范学籍管理,重点做好新生入学注册、学年电子注册、学历证书电子注册等“关口”工作,确保了学籍数据的准确性和日常管理的规范性。坚持学生工作人员入住学生公寓制度、学生自治制度,聘请专业物业公司管理,严格执行值班人员巡楼、晚归晚出学生登记、就寝秩序检查等制度,开展“三心四勤五沟通”共建共育活动,积极开展学生公寓文化建设,营造了和谐温馨的“家园”氛围。坚持经济资助与精神激励相结合,构建完善“奖、贷、助、勤、补、绿色通道”多位一体的资助体系。探索基于积极心理学理念的心理健康教育新模式,构建融合型的心理健康课程体系,实施积极的心理治疗与咨询,培养学生坚定意志和健康人格。通过心灵花海“5.25”心理健康教育月、新生心理健康普查,构建起以工作网络为基础、教育网络为支撑、服务网络为延伸的立体化心理健康教育格局。六是推进网络德育。开通“青春滨职”“青春赞歌”等微信平台,辅导员注册开通微博、博客、QQ空间,开展青年网络文明志愿者行动,结合重要节庆节点组织全团性主题网络活动,充分利用新媒体便捷及时的特点开展教育活动,牢牢把握网上思想引导的主动权,引领学生健康成长。学院被表彰为山东省高校大学生思想政治教育先进集体、山东省学生资助工作先进单位、山东省大学生心理健康节优秀组织奖、山东省征兵工作先进单位、全省高校先进基层党组织,在全省高校学生宿舍管理工作检查评估中获优秀等级。

扎实的德育工作不断喜结硕果,涌现出一批见义勇为、拾金不昧、助人为乐以及做好事不留名的典型,他们用自己的实际行动践行社会主义核心价值观,传递社会正能量,受到社会各界的广泛赞誉。

2009 年 10 月 27 日 21:30 分左右,205 国道沾化县大高路段突发车祸,驾乘人员被困驾驶室,生命垂危。在国家电网滨州分公司实习的 2009 级机电一体化技术专业周欢、冯术波同学与同事们正驱车路过现场,立即出手相助,展开了一场紧急救援。他们克服光线昏暗、草深路滑等困难,仅用 30 分钟就把遇险人员成功救出,并抬上及时赶来的救护车。他们虽然没有留下姓名,但是带有"国家电网"标记的头盔和工作车辆暴露了他们的身份和联系方式。

2016 年 3 月 22 日上午,在一辆滨州开往潍坊的大巴车上,一男子乱拍乱打车厢,狂躁不安,情绪异常激动。女售票员上前劝说,不要影响其他乘客,男子恼羞成怒将其踹倒在地。该男子又突然拔出水果刀疯狂刺向好言相劝的司机,司机的面部、胸部、背部、胳膊等多处被刺伤。2013 级眼视光与配镜专业李梦琦同学见状迅速扑向男子,与同班同学石成帅一起将其按到,夺下水果刀。李梦琦利用在校学习的应急救护知识,迅速拿出自己 T 恤,采取简易止血带止血法为司机止血,并迅速拨打了 120 急救电话,确保了行车和乘客安全。

感人的故事不断涌现。2017 年 3 月 23 日 23:30 分左右,2015 级机电一体化专业贾君阔同学与父亲在济南西站下车,在洗手间发现一手包,内有近万元现金及各种证件和多张银行卡。经多方联系,24 日凌晨 1 点左右,贾君阔最终通过手包内酒店退房卡单上的联系方式,在值班经理帮助下找到失主。因当时大雨磅礴,失主无法及时前往取包。于是,贾君阔与其父亲冒着大雨,于凌晨 2 点左右,辗转将物品交到民警值班警务室转交失主。

……

以社会主义核心价值观为引领的德育是教育质量中最重要的内涵,关系到人才培养质量中最根本的因素。滨州职业学院将认真贯彻落实以习近平同志为核心的党中央的部署要求,牢牢把握立德树人这一根本任务,牢牢把握高校意识形态阵地领导权,把社会主义核心价值观贯穿于办学育人全过程,创新方式方法,强化实绩实效,以新境界新担当不断开创德育工作新局面,为实现"两个一百年"奋斗目标、实现民族复兴中国梦提供有力人才支撑。

第六章

杏坛逢春日日新

——教学之果

教学工作是学校的中心工作,内涵建设是一所高校的核心竞争力,加强内涵建设,提升人才培养质量是新形势下高等职业院校发展中永恒的主题。学院服务“中国智造”,围绕“黄蓝”两区发展和滨州经济社会转型升级,深入贯彻教育部《高等职业教育创新发展行动计划(2015—2018 年)》(以下简称《行动计划》),制订《贯彻落实〈高等职业教育创新发展行动计划(2015—2018 年)〉实施方案》,开展教学质量提升调研,支持重点专业及专业群建设,持续开展现代学徒制试点,优化专业人才培养方案和课程体系,加强创新创业教育,提升信息化教学水平,积极培养创新型、发展型、复合型高素质技术技能人才,学院教学改革不断深化,内涵建设成果全面提升。2014 年,学院教务处被授予“全国职业教育先进单位”,护理学院被授予“全国教育系统先进集体”。2016 年学院获得全国职业院校技能大赛突出贡献奖。2016 年入选全国职业院校教学工作诊断与改进专家委员会委员单位并被教育部确定为国家级诊改试点单位。

一、与区域发展同频共振　专业结构持续优化

专业结构调整优化是学院深化教学改革、实现可持续发展的顶层设计,是增强服务经济社会发展能力的重要基础和根本保障。服务区域经济发展,面向生产、服务和管理第一线培养高技能人才,专业结构的调整优化,既要遵循高职教育的内部规律,又要符合经济社会发展的外部规律。建院以来,学院以服务“两区一圈”区域经济发展战略,完善专业随产业发展动态调整的机制,对接滨州市纺织家纺、装备制造、石油及盐化工等主导产业,调整优化专业结构,截止目前,形成了医疗卫生、制造、财经、土建、化工、生物、航海等优势明显、潜力较大的专业群,初步

构建了适应“黄蓝”两区经济社会发展的专业格局。

拓展专业门类，扩大专业数量。建院初期，学院根据发展规划和办学规模扩张要求，积极对接“黄蓝”区域及滨州市经济社会发展，结合合院前农业学校、卫生学校、经济学校、工业学校等四所中专学校的办学优势及师资特点，对接滨州市三次产业及纺织家纺、装备制造、石油及盐化工等主导产业，积极扩大专业数量，不断拓展专业类别。由建院初期的5个高职专业，至2011年，高职专业扩展到54个，涵盖理工、农、医、财经、信息科学、建筑、艺术、航海等多个门类，涉及60余个专业方向，形成了医疗卫生、制造、财经、土建、化工、生物、航海等优势明显、潜力较大的专业群。

完善调整机制，优化专业结构。完善专业随产业发展动态调整的机制，按照“培育新兴专业、撤销劣势专业、做强优势专业、做精特色专业”的思路，在培育和设置新专业的同时，根据专业就业情况和学生选择意愿，适应产业转型升级要求，积极停招、撤销部分劣势专业，使招生专业稳定在35个左右。2006年以来，先后停招了电子商务、房地产经营与估价、纺织品装饰艺术设计、染整技术、物业管理、畜牧兽医、资源环境与城市管理、经济管理等25个专业。同时，根据产业结构调整升级和新旧动能转变要求，适应中国制造2025、互联网+发展，新上工业机器人技术、智能控制技术、机械制造与自动化、电厂化学与环保技术等新兴专业。截止2017年，学院现有高职招生专业35个，3+2高职本科对口分段培养专业2个，高职在校生15500人。37个招生专业涵盖医药卫生、电子信息、土木建筑、财经商贸、装备制造、生物与化工、食品药品与粮食、交通运输、农林牧渔、旅游、文化艺术类、教育与体育等12个专业大类，构建了适应滨州“两区一圈”发展的专业格局。

改造传统专业，培育专业特色。学院围绕纺织家纺、装备制造等区域高效生态产业发展，推动传统专业改造，根据“专而精”的要求，调整人才培养方向，加强资金投入，推动内涵建设，提升实力，培育特色，传统专业重新焕发生机和活力。如数控技术专业根据渤海活塞集团以及区域中小机械制造企业的要求，将数控技术专业培养方向细化为数控加工和数控维修2个方向。强化数控加工中心生产性实训基地建设。以数控机床装调维修与升级改造真实生产项目为载体，融入“机械产品数控加工”技能大赛项目内容，改革课程内容，注重培养学生的实际操作能力。技能大赛多次获得省赛一等奖，毕业生深受企业欢迎，就业率达到100%。软件技术专业根据对日软件服务外包，对软件技术课程体系进行改革，增加日语课程，加大JAVA WEB、J2EE框架技术等实训课程，建立教师软件工作室，引入新闻发布平台等企业真实软件项目，吸引山东师创公司投入18万元，建设软件工厂，学生适岗、顶岗、可持续发展能力大大增强，毕业生全部进入对日软件外包企业。

推动集群发展，提升办学实力。学校主动对接“黄蓝”两区产业发展和滨州市经济社会转型升级，以“招生旺、就业好、实力强”为标准，围绕“六个一”，即1个业务指导部门、1名专业带头人、1支高素质教师队伍、1个校内生产性实训基地、1个紧密对接的合作企业、1个对外合作交流项目等六大核心指标，以重点专业建设带动专业群发展，重点打造了医药卫生、财经、土建、制造、交通、生化药品、电子信息、教育等8大专业群。学院已具有国家重点建设专业9个、国家现代学徒制试点专业2个、全国职业院校健康服务示范专业点1个、省级特色专业8个、省级主体专业5个、省级现代学徒制试点专业3个、省级企校共建工科专业1个、省级品牌专业群2个、市级重点专业4个。

二、与岗位需求互融互通　教学改革全面深化

建院以来，学院坚持教学工作的中心地位，贯彻落实教育部关于高职教育教学改革的一系列文件为指导，以创建国家示范（骨干）高职院校和山东省优质高职院校为目标，系统设计教学改革政策，深化产教融合、校企合作，强化内涵建设、质量发展，深化教学改革，不断探索人才培养模式、课程体系、教学模式、教学方法手段等诸方面教学改革，促进了教学工作的全面发展。

创建品牌，完善政策，引领学院教学改革。2006年5月，学院召开首届教学工作会议，出台《关于进一步加强和改进教学工作的意见》，明确学院教学工作的基本思路、任务目标和措施，确立了建设全国百强职业学院的奋斗目标。围绕示范校创建目标，持续推进内涵建设，先后建成一大批国字号、省字号的质量工程品牌。2009年7月，学院召开第二届教学工作会议，出台《关于深化教育教学改革，全面提高人才培养质量的意见》，明确了教学改革方向和内涵建设思路，确立了建设国家示范水平高职院校的目标。2010年11月，学院被教育部、财政部确定为首批国家骨干高职院校建设单位。围绕骨干校建设要求，出台《近期推进教学改革几项措施》，确立了专业建设、人才培养模式等8个方面的改革措施。2013年，学院以优秀等级通过教育部、财政部验收。2016年6月，出台《贯彻落实〈高等职业

教育创新发展行动计划(2015—2018 年)〉实施方案》,确定了国家交流与合作等 44 项创新发展任务和骨干专业建设等 13 个建设项目,全面推动学院深化改革、创新发展,明确了建成全国、全省优质高职院校的发展目标。2017 年 9 月,学院以第四名的优异成绩成功入选第一批山东省优质高等职业院校建设工程立项学校名单。

评建结合,提升质量,接收人才培养评估。建院以来,学院深入落实"以评促建、以评促管、以评促改、评建结合、重在建设"的指导方针,根据教育部评估指标,提升基础能力,加强内涵建设,完善规章制度,提升管理水平,先后接受两次评估。2005 年 10 月,省教育厅对学院开展高职高专人才培养工作水平评估。学院根据专家组提出整改意见和建议,进行认真整改,2006 年 12 月,接受省高职高专人才培养工作水平评估复查,整改成效得到了专家的高度认可。2007 年 6 月,山东省教育厅公布了 2004 年 11 月—2006 年 12 月参加人才培养工作水平评估的高职院校和成人高校的评估结论,确定滨州职业学院等 6 所高职院校为优秀。2013 年 11 月 19 日至 22 日,受山东省教育厅委派,人才培养工作评估专家组对学院进行了为期 4 天的现场考察评估。全部 22 项关键要素评估结论均为通过。专家组认为,学院办学指导思想明确、领导班子坚强有力、实习实训条件极大改善、内涵建设成效显著、教学管理工作规范、社会服务能力不断加强、学生管理卓有成效。

产教融合、校企合作,深化培养模式改革。学院把产教融合、校企合作作为教学改革工作的重心,积极探索校企合作办学,通过多种形式,调动政府、行业、企业参与办学的积极性,带动办学模式和人才培养模式改革。学院先后与京博集团、黑龙江鹤王乳业集团、滨州诚博针织有限公司等企业合作,引进各方资源,在校内建立了芯科微电子有限公司、澳纳特乳业有限公司等经济实体,设立了曲轴、制衣等生产车间,探索形成了"筑巢引凤、引凤筑巢"的校企合作办学模式。以此为基础,学院在骨干校建设中,发挥董事会、理事会等多元办学优势,特色专业结合自身优势和专业特点,与魏桥铝电集团、渤海活塞集团等区域大中企业深度合作,共同分析岗位需求,确定专业方向,明确人才培养目标,共同优化、实施人才培养方案,将人才培养过程与企业生产过程相对接,多途径、多形式创新"校企协同、产学互融"的人才培养模式。如,机电一体化技术专业针对滨州汽车零部件等装备制造业的快速发展,对接盟威集团等企业,确定机电一体化设备维护、维修与管理的培养方向,组建机电专业董事会,深化"厂校共育、分段实施"培养模式改革。又如,护理专业依托校企合作理事会,借助院校合作联席会议平台,健全校企合作的长效运行机制和管理监控体系,与滨州医学院附属医院、滨州市人民医院等医院深度合作,创新了“院校融通、学岗直通”的人才培养模式。

一体育人,学训交替,试点现代学徒制。2015 年,教育部办公厅下发《关于公布首批现代学徒制试点单位的通知》,学院被列为试点单位,机械制造与自动化、应用化工技术成为试点专业。山东省教育厅印发《山东省职业院校现代学徒制试点工作实施方案》等文件,开展现代学徒制省级试点。学院机电一体化技术、口腔医学技术、计算机网络技术等 3 个专业分别被列为 2015 年、2016 年、2017 年省级试点专业。按照试点方案,与山东魏桥铝电有限公司、山东京博控股股份有限公司、滨州盟威戴森汽车轮毂制造有限公司、富海集团有限公司、中国万达集团等企业合作,深化“企校联盟、一体育人、学训交替、岗位成才”现代学徒制试点,实施“校企一体、教师师傅一体、学生学徒一体、教室岗位一体”育人,在“学习、实训、实习”交替循环中提升技术技能,在“识岗、融岗、跟岗、顶岗”的岗位育人进阶中,构建了由“契约化试点平台、一体化育人机制、多维化培养体系、融合化培养标准、实岗化学徒实践”等“五化”组成的现代学徒制实践体系,促进了“学生、学徒、准员工、员工”身份转变,实现了学生成长成才。

理实一体,项目导向,促进课程体系改革。制订《专业人才培养方案制(修)订意见》,大力实施专业调研,优化课程结构,强化公共基础课和专业基础课程,构建多元选修课程,建设专业核心课程,建立“公共基础课程 + 专业基础课程 + 专业核心课程 + 专业选修课程”的课程体系。专业针对“黄蓝”两区经济社会发展,深入区域产业、行业、企业、职业院校,认真分析所对接岗位的能力要求,融入职业资格标准和企业生产标准,基于专业特点、岗位要求和工作过程,“双融、三基于”改革课程体系和教学内容,完善专业课程体系,形成了具有区域产业特点和自身专业特点的人才培养方案,体现教学内容的技能性、技术性和系统性,符合企业对于技术技能人才的要求。以职业教育教学能力培训和测评为抓手,重构教学内容,全面促进项目化课程设计。出台《滨州职业学院职业教育教学能力培训与测评实施方案》,以提高教师职业教育能力为目标,利用职业教育教学能力培训与测评活动,依据区域企业岗位能力要求,以典型项目、案例、任务为载体开发和设计课程,重构教学内容,全面推进项目化课程改革。聘请职业教育专家举办了课程改革学术报告,进行课程开发培训。组织教师按照“6 + 2”原则,根据职业岗位需求确定课程整体目标,依据职业活动的工作过程改造课程内容,设计课程的综合和单项项目,训练学生岗位能力,融合理论与实践促进教学过程一体化,以说课形式开展职业教育教学能力测评。

学做合一,线上线下,推进教学模式改革。各专业以推进课程项目化设计为契机,创设“教、学、做”为一体的学习环境,开发适合“教、学、做”为一体的教学资源,根据企业班组工作要求,实施小班化教学,利用一体化实训室,促进教师在做中教,学生在做中学,推行“教学做一体”教学模式。通过项目为载体的教学实践,在项目/任务的实训中,融入相关知识点和职业素质要求,使学生通过项目/任务实训,既锻炼了实践能力,又掌握了相关理论知识,培养了职业素质,实现教、学、做一体化。如,生物技术及应用专业与绿都安特生物集团人员互聘,全面推行小班制教学,总结出了“走出教室练、进入项目干、跟着企业走、随着季节转”的教学经验,在人才培养中实现了学生能力培养与就业岗位能力需求的深度对接。积极推行线上线下混合教学模式,将课堂教学与信息技术进行融合,通过“互联网 + 课堂”的方式,使教学过程“线下”(面授教学)与“线上”(网络教学)有机结合,师生、生生之间能够开展深度学习和深层次的互动探索,课堂上老师引导学生积极思辨、互助学习,课堂外学生根据自己的兴趣习惯,自主安排“线上”自学,并完成老师布置的学习任务,以此培养学生主动学习的能力;教学过程由“重教学任务完成”转变为“重知识内化,重吸收效果”,实现“教师少讲,学生多学”的目的,促进传统课堂向翻转课堂、智慧课堂的转变,有效培养了学生自我学习、自我发展能力。适应线上线下混合教学模式开展,以课程教学单元为单位,基于产业企业、技术工艺、设备产品、生产过程等相关信息,积极开发文本类、图形图像类、音频类、视频类、动画类和虚拟仿真类等素材数字资源;大力建设 MOOCS、SPOCS 类智能制造专业课程以及精品资源共享课程;并以专业为架构,整合形成了 7 个专业教学资源库。

三、与行业企业共建共享　实践条件明显改善

高职实训条件建设是促进高等职业教育发展,提高学生技能,培养应用型人才的关键。高职院校做大、做强,也必须具有专业特色鲜明的实训基地作保障,而且在高职院校实训基地建设中,校企合作是其中一项不可或缺且必需做好的重要环节。

多元投入，集成优化，建设校内实训基地。通过政府投入、学院自筹、企业捐赠、校企共建等多途径筹集资金，吸引中锐汽车教育集团等多元投资，共建共管，开放共享，集成优化校内实习实训室资源，新、改、扩建实验实训场地 35316 平方米，建成 24639 平方米黄河三角洲高技能人才实训广场，。新购置实验实训设备 13789 台(套)，新增实验实训设备固定资产 7083.84 万元。目前，学院教学仪器设备达到 19218 台(套)，教学仪器设备总值 15724.84 万元，校内实训基地/室 46/195 个。在实习实训基地建设过程中，各专业通过校企深度合作，与企业双向投资，紧密结合企业生产运营实际，厂校融通，建设“厂中校”3 个、“校中厂”6 个，使学院的校内外实训实习基地建设与管理水平显著提升，为学生的职业实践技能训练和服务地方经济发展创造了良好的条件。在运行中，构建了“产学研用”四位一体服务模式，建设高素质技术技能人才的培养“超市”和助推企业发展的技术“广场”，目前已拥有技术储备 400 多项，校企合作研发成果 38 项，为企业提供技术信息 120 条，开展企业技术培训 16000 人次。被山东省教育厅确定为首家“山东省职业教育公共实训基地”。

通过校企合作董事会(理事会)，惠及专业深化校企合作和工学结合，签订校企合作协议企业不断增加。汽车检测与维修专业通过董事企业牵头，与上海中锐教育集团合作，投入资金 100 余万元，利用学院“黄河三角洲高技能人才实训广场”场地和学院现有设备，引进集团汽车实训设备 30 余台(套)，建设汽车实训基地，企业同时提供师资、教学计划、就业等，并收取部分费用，校企双方共同开展汽车相关人才培养，形成了“共建、共管、共用、共享”建设管理机制。引进滨州蓝天商贸公司建设的用友 ERP 实训室、电子沙盘实训室，山东师创软件公司建设的软件工厂等，共计投入 100 余万元。引进滨威活塞有限公司建设的活塞车间、上海梦蝶公司建设的软件研发基地、蓬莱佳信染料有限公司建设的染整研究中心等，共计 200 余万元。企业捐赠设备和资金达到 7050.15 万元。

校企共建，完善标准，建设校外实训实习基地。本着“适用性、稳定性、集中性”的原则，实习实训管理处统筹规划，指导各教学单位根据各专业培养目标，积极深入滨州及周边地区行业企业进行调研，从企业资质、经济效益、设备状况、管理水平等方面进行审定，选择专业对口、能满足顶岗实习课程标准要求、对学生实习工作重视的企业，校企共建实习实训基地 241 个。其中提供住宿的基地 148 个，给学生提供实习补贴的基地 118 个。如先后与山东魏桥创业集团、滨化集团、滨州亚光集团、山东绿都生物科技有限公司、山东师创软件工程有限公司、滨州市人民医院等企业建立了长期稳定的实习实训基地。在部分重点实习实训基地设立教师研修企业工作站,研修教师在结合企业生产经营研修锻炼、合作技术研发与企业服务培训的同时,与企业兼职实习指导教师一同负责顶岗实习学生的指导与管理,形成了集"产学研用"于一体的校外实习实训基地建设与管理模式。

四、与内涵建设相济相长,教学成果不断涌现

教学研究工作是高职院校的一项重要工作,是改进教学和提高教师教育教学水平的一个重要手段。学院高度重视教师的教学研究,成立职业教育研究中心,在全院范围内营造教研、科研、教学并重的氛围,提高教研在高职教学质量中的作用和意义的认识,建立激励机制,取得了丰硕的教学成果。

课程建设成果丰硕。学院坚持以精品课程建设为引领,拉动全院的课程改革与建设,先后出台《课程建设管理办法》《内涵建设奖励办法》,将精品课程建设纳入《教师职称量化赋分管理办法》,建立了精品课程建设的激励约束机制。构建院级精品课程、省级精品课程、国家精品课程三级选拔、推荐体系,大力开展国家精品资源共享课和省级精品课程建设。各专业与行业企业密切合作,以典型项目、案例、任务为载体,积极开展课程设计,序化和改革教学内容,加强课程标准、校本教材建设,积极争创各级精品课程。现已建设 3 门国家精品资源共享课,3 门国家精品课程,64 门省级精品课程,12 门省级精品资源共享课程,入选国家职业教育"十二五"规划教材 11 种,有力促进了课程改革。

教学改革成效显著。建院以来,学院一直实行每 2 周开展一次教研活动制度。教研活动内容由教务处统一制定和各二级学院自行制定相结合,教研活动有内涵,有记录,有总结,有督导,有力的推动了教师集体备课、研究专业人才培养模式、课程建设、教学模式改革等工作。同时,学院坚持教改项目立项为切入点,促进教师针对职业教育改革发展和人才培养过程中的新问题、新情况,围绕学院专业、人才培养模式、课程、实习实训、质量监控等人才培养关键要素,开展中、微观和校本教改项目立项,通过校企联合攻关和创新实践相结合的方式,开展项目研究和成果转化,示范与引领深化专业教学改革,推动专业教学改革。2014 年,获职业教育国家级教学成果二等奖 3 项、山东省职业教育教学成果一等奖 4 项、二等奖 4 项、三等奖 2 项。2015 年,学院立项院级教改项目 25 项,其中,2 个教改项目获批山东省职业教育教学改革重大项目、6个项目获批重点资助项目,7个项目获批一般资助项目,获省财政资金支持60.5万元,名列全省第一。2017年,12项教改项目申报省级教学改革项目立项,4项获批重点资助项目,8项获批一般资助项目,申报项目全部获批。

技能大赛成绩突出。学院高度重视技能大赛工作,以技能大赛作为提高教学质量和办学水平的重要抓手,确立了“国赛有名次、省赛争第一、市赛夺全能、院赛常态化”的工作思路,建立了定期举办机制、全员参与机制、行业企业参与机制、保障激励机制,促进了技能大赛在全院迅速铺开、形成热潮。将每年6月、12月定为技能竞赛月,组织实施院赛,承办市赛(高职组)、省赛,院赛、市赛覆盖所有专业、学生和专业教师。2011年8月22－23日,承办“天堰杯”首届全国护士(英语)执业水平技能大赛,来自全国53所院校的236名选手参加比赛。2016年、2017年分别承办全国职业院校技能大赛护理技能赛项高职组比赛,全院上下通力协作,齐心办赛,大赛承办工作得到上级领导、主办单位和参赛院校的高度评价,2016年获得全国职业院校技能大赛突出贡献奖。自2012年至今,学院取得了国赛一等奖7项、二等奖7项、三等奖10项,省赛一等奖8项、二等奖18项、三等奖15项的优异成绩。学院积极提升教师信息化教学水平,加强教师信息化能力培训,促进教师积极参加全国及全省微课比赛、信息化教学设计大赛。教师参加职业院校信息化教学大赛获国家二等奖1项,山东省一等奖2项、二等奖7项、三等奖5项。

第七章

自有清风透远香

——廉政之道

学院牢固树立“让权力在阳光下运行,让学生在阳光下成长”的理念,坚持“标本兼治、综合治理、惩防并举、注重预防”的方针,经过探索实践,初步形成了以建设“阳光校园、廉洁滨职”为目标,以“廉政文化进校园”为载体,以落实党风廉政建设责任制为抓手,以建设惩防体系为基础,以正风肃纪为核心,扎实推进党风廉政建设和反腐败工作向纵深发展,把廉洁教育贯彻到“培养什么样的人、如何培养人以及为谁培养人”的顶层设计中,在全院形成了“崇洁尚廉、廉荣贪耻”的浓厚氛围,营造了风清气正的政治生态,为学院各项事业科学发展提供了坚强有力的政治和纪律保证。

一、党政齐抓共管,形成强大合力

(一)大宣教格局日臻完善。学院工作的实践证明,抓改革抓发展必须抓党风廉政建设。只有如此,才能形成风清气正的干事氛围,进一步增强党员干部和师生员工的凝聚力和战斗力,为学院健康快速发展提供强有力的保障。廉政之道在于教,更在于行。学院党委遵循高职教育教学规律和学生成长成才规律,认真落实中纪委《关于加强廉政文化建设的意见》、教育部《关于在大中小学全面开展廉洁教育的意见》要求,紧紧围绕学院实际,充分发掘和利用各种教育资源,形成了“党委统一领导,党政齐抓共管,纪委组织协调,院部各负其责,师生广泛参与”的廉政文化建设格局。

为确保“廉政文化进校园”活动取得实效,学院成立了由党委书记任组长、院长任副组长、其他班子成员组成的领导小组,制定实施意见,对工作任务做出安排部署,科学分工,明确责任,为活动的顺利开展提供了坚强的组织保障。在院党委的统一领导下，各个部门、二级学院和全体师生迅速行动起来，开展了丰富多彩的廉政文化建设活动，师生员工的理想信念、道德观念、法制意识和社会主义核心价值观不断增强，取得了实实在在的效果。充分利用宣传橱窗、校园网、广播站、电子屏、报刊、微信公众号等平台，注重因岗施教，因人施教。每年度，学院党委理论学习中心组都要开展反腐倡廉专题教育3次以上。领导干部上讲台，为学生上党课、上团课，现已举办党校、团校培训27期，累计培训学生入党积极分子15000余人次。各部门齐抓共管形成合力，积极推进廉政文化“五进”（进校园、进部门、进班级、进课堂、进头脑）活动，形成了抓党风、促教风、带学风、正校风的良好局面。

（二）压力传导机制科学规范。学院党委牢固树立从严治党的主体责任意识，进一步强化不抓党风廉政建设就是严重失职的理念，学院党委主要负责同志切实履行“第一责任人”职责，管好班子，带好队伍，当好廉洁从政的表率；院级班子其他成员按照“谁分管、谁负责”的要求，定期研究、布置、检查和报告分管范围内的党风廉政建设工作情况，责任担当和责任传导机制进一步确立，形成了“一级抓一级、层层抓落实”的工作格局。每年年初，定期召开由全体党员和副科级以上干部参加的党建专题会议，印发《滨州职业学院党风廉政建设工作要点》，制定《党风廉政建设考核办法》，建立健全党风廉政建设责任制检查考核制度，明确了评价标准、指标体系，把执行党风廉政建设责任制的情况，列为各级领导班子民主生活会和领导干部述职述廉的重要内容，督促领导干部自觉接受师生员工的监督。

（三）“一岗双责”深入实施。围绕全面从严治党要求，建立台账，逐项督查，切实把维护党的政治纪律摆在首位，严肃查处违反政治纪律和政治规矩的行为，坚决维护学院和谐稳定，以严明党的政治纪律促进其他各项纪律的贯彻执行。把党风廉政建设与教学科研、学生管理、招生就业、社会培训等业务工作紧密结合，一起部署，一起落实，一起检查，一起考核，“一岗双责”机制进一步优化。严格落实集体领导和分工负责、重要情况通报、述职述廉、个人有关事项报告、民主生活会、谈话诫勉、询问质询等制度。坚持党建工作和业务工作两手抓、两促进，科学运用检查考核成果，将其作为对领导班子总体评价和领导干部业绩评定、奖励惩处、选拔任用的重要依据，各教学单位、行政处室领导班子因未严格落实从严治党要求而受到通报批评及以上处分的，取消当事人及所在单位年度考核评优选先资格。

（四）主题教育有序开展。“思想是行动的先导”，思想建设是全面从严治党的首要任务,而理论武装则是思想建设的关键所在。按照中央、省市委统一部署,先后开展了党的群众路线教育实践活动和“三严三实”专题教育、“两学一做”学习教育。学院党委紧紧围绕“全面从严治党”这条主线,认真落实“基础在学,关键在做”的具体要求,丰富形式内容,创新培训模式,学习教育扎实有序。广大党员干部认真学习党章、党规和习近平总书记系列重要讲话精神,思想认识进一步提高,工作作风进一步转变。学院党委每月初对学习教育任务提前安排、提前部署,督促基层党组织抓好党员经常性教育。各党总支(直属党支部)认真落实“三会一课”制度,坚持单周二下午集中学习制度,利用2个小时时间组织党员集中学习。同时督促党员认真抓好个人自学,引导党员拿出足够的时间和精力,逐章逐节、逐字逐句读原著、学原文、悟原理,广大党员干部积极参与,效果良好。

二、分层推进实施,营造浓厚氛围

学院党委审时度势,紧密结合学院实际,从党员干部、教职工队伍、学生群体三个层面,分别开展了“廉洁从政、勤俭办学”“廉洁从教、为人师表”“廉洁诚信、修身立德”为主题的廉政文化教育活动,以党员干部的理想信念教育、教师的职业道德教育和学生的思想道德教育为切入点,使“廉政文化进校园”工作渗透到我院的教学、科研、管理和服务等重点工作的各个方面。

(一)“廉洁从政、勤俭办学”。在党员干部层面,将廉政文化建设与党纪政纪教育相结合,定期进行党委理论中心组成员和科级以上干部反腐倡廉教育,深入开展“恪守从政道德、保持党的纯洁性”主题教育活动,查找整改理想信念、思想作风、党性原则、廉洁自律等方面存在的突出问题。采用专家讲座、在线学习、观看警示教育片、参观廉政警示教育基地等形式开展“党员大轮训”活动,取得良好效果。组织各级党员干部认真学习上级有关反腐倡廉会议精神和党纪党规;坚持在节假日等敏感时期和关键节点,及时发布相关通知和要求,不断增强广大党员干部的廉洁自律意识。学院党委书记、纪委书记定期同党员干部进行廉政谈话和干部任前谈话,要求广大党员干部时刻紧绷廉政弦,确保警钟长鸣。

紧紧抓住领导干部这个“关键少数”,要求党员领导干部在学习教育中走在前面、深学一层,严格执行双重组织生活制度,以普通党员身份参加所在支部的组织生活,一起学习讨论、查摆问题、接受教育。党委主要负责同志认真履行职责,在党委会、党政工作例会上及时传达上级精神,安排部署重点工作,从严从实抓好学习教育。先后组织党员干部观看了《作风建设永远在路上——落实中央八项规定正风肃纪纪实》《刘贞坚腐败案件警示录》等廉政警示教育电教片20余次。适时召开严肃换届纪律专题谈心谈话会议，督促党员领导干部带头严格遵照执行“九个严禁、九个一律”要求，确保换届纪律入脑入心、换届环境风清气正。按照省、市纪委要求，学院作为全市党员干部德廉知识和党纪党规学习测试定点单位，自2013年起，先后承办滨州市科级、县级、副厅级党员干部学习测试工作共10000余人次。学习测试组织严密、规范有序，得到了省、市纪委和市委、市府的高度评价。

（二）“廉洁从教、为人师表”。在教职工队伍层面，将廉政文化建设与师德师风教育相结合。积极组织教职工学习党风廉政建设、行风建设和师德师风建设有关文件，倡导严谨治学、廉洁从教的良好风尚，把为人师表、爱岗敬业、诚信服务作为主要教育内容，实施教职工素质提升工程，学用结合，经常性学习和寒暑假集中学习相结合，逢学必考，成绩公示，多次组织优秀读书笔记评选活动，效果明显。建立师德师风领域突出问题快速办结机制，切实提高教师的职业品德修养和廉洁自律的自觉性。严格落实教育部《严禁教师违规收受学生及家长礼品礼金等行为的规定》（教监〔2014〕4号）、《关于建立健全高校师德建设长效机制的意见》（教师〔2014〕10号）规定，强化师德师风建设，对反映教师收受学生及家长礼品礼金等违规行为问题的信访、举报和投诉，优先立案、优先审查，确保在两个工作日内办理完结，进一步教育引导党员干部和教职工坚决守住底线、不踩红线、不碰高压线，倡树优良师德师风。

（三）“廉洁诚信、修身立德”。在学生层面，将廉政文化建设与德育工作相结合。把廉政文化教育纳入学院大学生思想政治教育工作体系，按照教育教学规律和大学生身心特点，全面开展各种形式的廉洁教育活动。一个人清正廉洁的素养品质并非与生俱来，需要后天持续地教化学习砥砺锤炼。“内化于心、外化于行”，只有把诚信守法、正直自律等良好道德意识内化为基本道德认同才能转化为个体的自觉行为。实践证明，廉洁诚信教育对公民个体的行为习惯养成和整个社会的健康有序发展具有重大而深远的影响。

大学时期是一个人道德意识形成、发展和成熟的重要阶段，在这个时期形成的思想道德观念对人的一生至关重要。通过新生入学教育、社会实践课、形势报告会、党课、社团活动、主题班会等形式，引导广大学生树立社会主义核心价值观；先后开展了“廉政格言警句”征集、“廉政书画作品展”、学习贯彻《准则》《条例》征文等活动，广大同学踊跃参加，有力推动了校园廉政文化建设，营造了崇廉尚洁、风清气正的育人环境。学院的橱窗、走廊、墙壁、广播、校园网等一切可以利用的媒介都体现了廉政文化教育元素，在校园内张贴悬挂英雄人物、时代楷模、校友精英、古今中外廉政勤政的人物故事和警句名言400余幅，将崇洁尚廉的思想融于浓浓的校园文化气息之中，让“每一堵墙、每一处景”成为“无声的导师”，廉洁勤俭、诚信文明在校园内蔚然成风。

三、强化廉洁教育，完善育人机制

（一）廉洁教育融入日常教育教学。廉洁教育是国民教育体系的重要组成部分，是提高公民道德素质的重要途径，也是党风廉政建设和预防腐败的基础性工作。廉洁教育的社会功能就是通过对公民进行清正廉洁方面的教育，来营造廉洁奉公，诚信守法的社会氛围，进而规范和约束公民个体行为，维护社会公平正义。我国自古以来就有敬廉崇洁、反对贪腐的优良传统，先秦时期的管子曾把“廉”提到了治国之纲的高度，认为“礼义廉耻，国之四维，四维不张，国乃灭亡”。千百年来，清正廉洁已成为人们公认的中国传统道德的一个基本规范，成为衡量公共权力人心向背的重要标尺，成为根植于广大民众内心的基本政治诉求。李克强总理曾强调，“廉洁是公信力的基石。如果不能有效遏制和解决腐败问题，政府就会失去公信力，人民就不会相信我们能把其他事情办好，我们的一切工作和努力就有可能付诸东流”。清正廉洁作为促进社会发展的保障因素，是实现社会公平正义的必然选择。“历览前贤国与家，成由勤俭败由奢”，在漫漫历史长河中，那些廉洁奉公、刚直不阿、不畏权势、正气浩然的清官名士被人们永远敬仰缅怀，而那些贪污腐化、中饱私囊、徇私舞弊、变节求荣的奸佞顽劣则被人们不断唾弃鄙夷。现实表明，在大学生中开展廉洁教育，是面向全社会开展反腐倡廉教育的重要组成部分，也是加强大学生思想道德教育的必然要求，更是实施素质教育的重要内容。

学院严格落实教育部《关于在大中小学全面开展廉洁教育的意见》的部署要求，以社会主义核心价值体系为引领和主导，加强法制和诚信教育，加强社会公德、职业道德、家庭美德和个人品德教育，组织学习党和国家关于党风廉政建设和反腐败方面的方针政策、法律法规等，引导大学生树立报效祖国、服务人民的信念，不断提高大学生的道德自律意识，增强拒腐防变的良好心理品质，逐步形成廉洁自律、爱岗敬业的职业观念。

（二）创新活动载体亮点纷呈。大学生这一特殊的青年群体，是民族的希望、国家的未来。党的十八大报告中指出：“中国特色社会主义事业是面向未来的事业，需要一代又一代有志青年接续奋斗。”大学生的廉洁教育，不仅关系到他们是否拥有正确、积极、健康的道德观念、法制意识和社会责任，更关系党和国家的未来。习近平总书记指出，“广大青年要勇敢肩负起时代赋予的重任，志存高远，脚踏实地，努力在实现中华民族伟大复兴的中国梦的生动实践中放飞青春梦想。”不可否认，当前社会上多元文化和腐败现象正深深地影响着他们，对他们的健康成长带来严峻的挑战。在大学阶段，进行及时有效的廉洁教育，提高广大青年学生对不良风气的抵御能力和廉洁自律意识，促进大学生思想政治素质、科学文化素质和身心健康素质协调发展，使其真正成为德智体美全面发展的中国特色社会主义事业的合格建设者和可靠接班人，确保党和人民的事业代代相传，具有十分重要的战略意义。

在“廉政文化进校园”工作开展中，学院涌现出了一批优秀的廉政文化建设成果，反腐倡廉原创歌曲《廉政颂》和校本教材《大学生廉洁教育读本》就是其中的杰出代表。《廉政颂》由滨州职业学院党委委员、工会主席王耀德作词，继续教育学院教师李民作曲，继续教育学院教师徐艳演唱。该作品词曲优美、磅礴大气，经过层层选拔，从全省3000余件作品中脱颖而出，成为山东省纪委、省委组织部、省委宣传部、省监察厅、省文化厅、省广播电影电视局、山东广播电视台共同举办的“齐鲁正气歌——迎接党的十八大暨全省反腐倡廉原创文艺节目展演”的13个曲目之一，2012年9月1日，山东电视卫星频道转播了该作品的演出实况，受到广泛好评。

《大学生廉洁教育读本》由滨州职业学院纪委和社会科学部牵头组织编写，由时任滨州市委常委、纪委书记葛伟作序。该读本以通俗的语言，解释了什么是腐败、腐败的种种类型、腐败发生的原因、世界各国尤其是我国防治腐败的种种战略措施，从而向大学生普及了有关廉政的基本知识。《读本》坚持实事求是，正视大学生身边的腐败现象与腐败文化，引导大学生树立正确的职业选择观，主动预防职业风险。编写组还将该校廉洁教育的研究成果——杜氏文化对当代廉政文化的启示纳入体系内容。《读本》具有导向健康、观点鲜明、信息量大、时代感强的特色，于2013年8月出版发行，共23万余字，图文并茂，资料翔实，被评为该年度市级优秀社会成果三等奖和全省高校思想政治教育成果三等奖。学院先后被评为市级党风廉政建设示范点、党务公开示范点、廉政文化建设示范点和省级廉政文化建设示范点。

四、围绕发展大局，提供坚强保障

（一）惩防体系建设扎实推进。按照中央、省委、市委关于建立健全惩治和预防腐败体系 2013－2017 年工作规划的要求和规定，制定学院《落实惩防体系建设 2013－2017 年工作规划的实施意见》，促进了学院惩防体系建设，完善了不敢腐的惩戒机制、不能腐的防范机制和不易腐的保障机制。

严把领导班子科学决策和民主决策监督关，认真贯彻落实《中国共产党普通高等学校基层组织工作条例》，坚持和完善党委领导下的校长负责制，严格落实党委会、院长办公会议事规则要求，进一步加强"三重一大"决策制度的落实，根据《滨州职业学院信息公开实施细则》规定，畅通民主渠道，认真实行党务、政务、校务、财务公开，防止决策失误和行为失范，有力地促进了民主治校、依法治校机制的形成。严把工程建设和物资采购验收监督关，加大对校园绿化、工程建设和零星维修的监督力度，完善大型工程项目的内外双审模式，提高了监察审计效果。进一步规范了资产验收、项目验收的监督程序，明确了工作流程，提高了监督、审计实效。严把合同会签和财务管理监督关，严格执行合同会签程序，优化会签流程，降低了对外交往和内部管理风险，有力地维护了学院利益。认真落实中央八项规定，严格坚持财务例会制度、公车节假日集中停放制度、公务接待审批制度等，"三公"开支明显降低。严把评先树优和选人用人监督关，着力加强对教职工职称晋升、先进评选和学生入党推优、奖助学金评审发放、干部任用、绩效考核等工作的监督，程序规范透明，结果及时公示，切实做到"公平、公正、公开"，师生认可度明显提高。严把学术行为和师德建设监督关，把教风学风、学术道德建设作为师德师风建设的重要内容，贯穿于教学、科研、管理和服务的全过程，狠刹学术不端和论文剽窃行为，学术环境得以净化，促进了优良教风学风的形成。

（二）风险防控机制建立健全。积极探索预防腐败有效途径，提高党员领导干部廉政风险防控能力，强化对权力运行的监督制约，根据山东省《2012 年底前落实〈工作规划〉推进惩治和预防腐败体系建设工作要点》《中共山东省纪委关于加强廉政风险防控管理的意见（试行）》（鲁纪发〔2011〕19 号）和《中共滨州市纪委关于加强廉政风险防控管理的实施意见（试行）》（滨纪发〔2011〕13 号）要求，紧密结合学院实际，围绕监督和制约权力运行，通过评估风险等级、加强风险预警、制定防控措施、强化监督检查等手段，进一步规范程序流程、完善防控机制，对预防腐败工作进行科学化、系统化和规范化管理。制订学院《关于加强廉政风险防控管理的实施意见》，编制《滨州职业学院内设机构主要职权风险点目录》，系统梳理和排查岗位职责、业务流程、制度机制和外部环境等方面可能引发廉政风险的问题，共排查出一级风险点151个、二级风险点173个、三级风险点126个。结合各风险点，围绕决策、执行、监督三个环节，优化工作流程，绘制权力运行图，形成了以岗位为点、程序为线、制度为面环环相扣的廉政风险防控机制，得到了省委党风廉政建设责任制及惩防体系建设检查组的高度评价。

（三）强化作风建设成效明显。严格落实领导干部办实事制度、副县以上干部联系班级制度，院领导班子成员保证每周三分之一的工作时间在分管单位，帮助基层解决实际问题。继续对公款吃喝、公款旅游、公车私用以及出入私人会所，收受礼金、礼券和购物卡，利用婚丧喜庆敛财等不良行为进行监督检查，构建长效机制，严防“四风”问题反弹。严格落实滨州市委、市府《关于认真落实中办、国办督查调研组反馈意见加快推进八项规定突出问题整改工作方案》（滨办字〔2015〕9号）要求，针对违反八项规定精神的公务接待、会议管理、办公用房、大额公款餐饮和购物等重点问题组织常态化监督检查。向全院师生和社会公布了投诉举报通信地址、电子邮件、投诉电话，进一步规范信访举报工作的受理、初审、交办、督办和办结、反馈等环节。完善群众来信来访反映问题的核实调查反馈制度，建立健全工作台账管理、动态情况每月上报和跟踪督办、重大案件通报制度，坚持把信访工作的重心从事后处理转移到事前排查化解上来，促进了“平安校园”“和谐校园”建设。

紧扣干部选任、职称评聘、财务管理、招生录取、基建维修、物资采购、学术诚信、教材征订、社会培训等重要领域和关键环节，靠制度管权、管事、管人，完善监督、审计、验收机制，推进“阳光治校”。深入开展专项清理活动。合同清理，细化《滨州职业学院合同管理暂行办法》，对209份合同签订、执行及归档情况进行检查，促进了学院对外经济活动的健康开展。占编脱岗清理，对学院6名长期在编不在岗人员予以清理辞退，严肃了组织人事纪律。办公用房清理，为实现办公用房使用的节约化、规范化、科学化奠定了坚实基础。科研经费专项审计，对111项科研课题的经费使用情况进行了审计，出具了审计报告，提出整改建议。对学院仪器、设备、土地、房屋等国有资产租赁费用的收入、管理和使用情况进行重点检查，提高了国有资产使用效益，严防国有资产流失。规范公务用车，严格执行学院《公务用车暂行规定》，实行用车签批单制度，杜绝公车私用，实行公务用车维修招标制度和维修审批制度。规范外出考察学术交流等活动，制订并认真执行《考察交流参会参赛学术培训管理规定》，严格外出开会、考察范围，杜绝借考察名义外出旅游。规范公务接待，制订并认真实施《滨州职业学院公务接待暂行规定》，定点接待，减少陪餐人员。规范文印管理，制订并严格执行学院《关于精简文件严肃会风加强文印管理的通知》，大力整治文风会风，压缩会议时间，严格控制发文数量。出台学院《关于党员干部办理婚丧喜庆事宜实行报告制度的规定》，规范审批流程，倡树新风。

学院党委坚持开门整改，广大教职工通过意见箱、专题公共电子信箱积极献言献策，共查摆问题 152 项，征求意见 300 多条，党委先后召开 3 次专题会议研究整改。通过整顿，各级干部和广大教职工干事创业的积极性得到激发，求真务实蔚然成风。对教职工困难家庭进行调查摸底，实施救助；善待学生，加大对困难学生的补助力度；对学生教室、宿舍全面维修，提档升级改善条件，创造了良好的学习生活环境。实行服务承诺制，对各部门公开承诺的落实情况进行检查通报；深化考核改革，对各类人员履行职责、发挥职能、工作实效、行为规范等指标进行有效监控考评。

2017 年 6 月 22 日，中国共产党滨州职业学院第一次代表大会隆重召开，大会主题是全面贯彻党的十八大及十八届三中、四中、五中、六中全会精神，深入学习习近平总书记系列重要讲话和治国理政新理念新思想新战略，按照山东省第十一次党代会和滨州市第九次党代会要求，紧紧围绕“五位一体”总体布局和“四个全面”战略布局，总结建院以来特别是近五年以来的工作，部署未来五年的主要工作任务，选举产生新一届党委和纪委领导集体，团结动员全院共产党员和师生员工，聚焦党建主业，聚力内涵发展，奋力创建优质高职院校、创建全国文明单位。132 名党员代表齐聚一堂，听取并审议了中共滨州职业学院第一次党代会党委工作报告和纪委工作报告，选举产生了中共滨州职业学院第一届委员会和第一届纪律检查委员会。7 月 19 日，学院党委研究通过《中共滨州职业学院纪律检查委员会议事规则》《中共滨州职业学院纪律检查委员会职责》《纪委书记工作职责》《纪委副书记工作职责》《纪委委员工作职责》等五项制度，工作机制进一步完善，为学院纪委进一步发挥监督执纪问责职责提供了制度保障。

当前,清正廉洁之风吹遍学院的每个角落,形成了浓郁的“廉洁、敬业、文明、诚信”的文化氛围。“风清则气正,气正则心齐,心齐则事成”,全院师生正紧密团结在学院党委周围,以高昂的热情,良好的精神风貌,戮力同心,砥砺前行,为创建优质高职院校和“十三五规划”等各项目标顺利实现而不懈奋斗。

第八章

绿荷无数放新花

——创新之路

创新是一个民族进步的灵魂，只有不断创新才能实现心中的梦想，滨州职业学院在"大众创业、万众创新"大背景下，秉承"就业是学生之本"的原则，在加强学生就业指导和创新创业教育等方面进行了有益的实践探索。

一、因时制宜　开启就业创新创业教育之路

学院党委从战略高度认识就业创新创业工作的重要性，加强顶层设计，进一步营造全院创新创业氛围，提出学院发展的"三线"观，以招生为生存线、以教学质量为生命线、以毕业生就业为磁力线。始终以提高人才培养质量为核心，以改进创新人才培养模式为重点，以完善条件和政策保障为支撑，以提高学生就业创新创业能力为目标，把提高就业创业率、提高专业对口率、提高起薪值的"三个提高"作为工作着力点，把学生满意、家长满意、用人单位满意的"三个满意"作为工作落脚点，不断完善就业创业工作体系和运行机制，有力地促进了就业创业工作的顺利开展。

（一）准确定位，精准发力，构建就业创新创业教育长效机制

1. 构建就业创新创业工作领导体制和运行机制

加强顶层设计，科学规划发展。学院在"十二五"规划中明确提出，充分认识就业创新创业工作的重要性、长期性和艰巨性，树立"出口畅、进口旺"的工作意识，切实转变工作作风，增强责任意识和服务意识，广泛采集就业信息，多渠道、经常性地与用人单位保持密切联系，采取有效措施，千方百计地为学生创造良好的就业创业机会，营造和搭建宽阔的就业创新创业平台。

"十三五"规划中进一步强调，学院就业创新创业工作将按照习近平总书记提

出的“提高自主创新能力，建设创新型国家”的发展战略，进一步深化学院高等教育综合改革，实现高等职业教育与科技、经济、社会紧密结合，加快培养富有创新精神、勇于投身实践的就业创新创业人才，建设创新型校园。

学院每年多次召开党委会、院长办公会专题研究部署工作，将就业创新创业工作列入《学院年度工作计划要点》，提出总体要求和具体工作目标，做到有研究、有部署、有指导、有检查、有考核，有效地推进了就业创新创业工作开展。《滨州职业学院毕业生就业工作管理规定》《滨州职业学院创新创业教育改革实施方案》《滨州职业学院关于进一步加强创新创业教育工作的实施意见》等纲领性文件对就业创新创业教育的指导思想、总体思路、工作目标、主要措施等几方面做了科学的规划设计。

成立领导机构，完善运行机制。为推进工作的顺利开展，学院实行就业创新创业工作“一把手”工程。党委书记、院长作为毕业生就业创业工作第一责任人，以身示范，带头跑市场、找信息，了解用人需求，主动感知市场变化。近年来，我院党政领导为毕业生联系就业岗位近3000个，领导的带头作用有力地促进了工作的开展。在长期的工作实践中，逐步建立了五个层次的就业创新创业工作管理体系，如图：

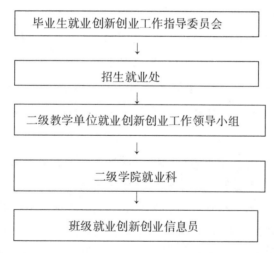

毕业生就业创新创业工作指导委员会

↓

招生就业处

↓

二级教学单位就业创新创业工作领导小组

↓

二级学院就业科

↓

班级就业创新创业信息员

五个层级的具体职责是：毕业生就业创新创业工作指导委员会主要负责组织、协调全校工作的开展；招生就业处作为具体的职能管理部门主要负责贯彻委员会的指示精神，制定有关政策，是委员会的执行机构；二级教学单位就业创新创业工作领导小组主要负责本部门具体工作的开展；二级学院就业科主要负责就业创业工作具体执行，同时接受本院、招生就业处双重领导；班级就业创新创业信息员主要职责是传达有关信息、组织各种具体活动等。

学院逐步形成了“领导主抓、部门统筹、院部为主、全员参与”的就业创新创业工作运行机制，使就业创新创业教育工作更加规范化、精细化、科学化。

2. 建立就业创新创业工作的激励约束机制

不断建章立制，规范就业工作。没有规矩，不成方圆。为保证工作的顺利开展，建立完善了就业创业管理工作的系列制度，制定了《滨州职业学院毕业生就业工作管理规定》《滨州职业学院关于定期举办校园招聘会的规定》《滨州职业学院毕业生跟踪调查办法》《滨州职业学院学生顶岗实习管理规定》《滨州职业学院各级班子与一线教师联系企业暂行规定》《滨州职业学院毕业生就业工作实施意见》(2012－2017 届)《关于加强大学生创业教育工作的实施意见》《滨州职业学院学分制管理办法》《大学生科技创新活动管理办法》《学生社团管理办法》等规章制度，有效地推进了工作开展。同时建立了学院分管领导定期召开专题会议部署调度就业工作，招生就业处、教务处、团委、科研处等部门和各二级学院每周工作例会都研究部署就业创新创业工作的例会制度。

制定责任目标，促进工作开展。实行二级学院就业工作目标责任制，每年院长与各二级学院主要负责人签订就业创业目标责任状，配套出台了《滨州职业学院就业工作考评办法》《滨州职业学院毕业生就业专项经费分配暂行办法》《滨州职业学院院、部责任目标与经费奖扣办法》等规章制度。学院严格落实各二级学院就业创业工作责任目标，每学期对各二级学院就业创业工作情况进行全面评估和考核，划分等级，与各二级学院绩效工资相挂钩，并作为单位和中层领导班子考核的重要内容，与评优争先相挂钩，在这种激励机制约束下，学院就业工作形成了人人争先，个个奋进的良好态势。2005 年被评为“山东省最受企业欢迎的职业院校”，2009 年被省人力资源和社会保障厅授予“山东省大学生创业教育示范院校”，2010 年被人力资源社会保障部授予“国家技能人才培育突出贡献奖”。

3. 构建了就业创新创业工作的保障机制

“兵马未到，粮草先行”。学院严格落实国家教育部和省人力资源社会保障厅的规定，不断加大就业创业经费投入，加强就业队伍和办公设施建设，实现了“工作队伍、经费投入、办公设施、场地”四到位。

专职管理队伍,增强就业时效。学院严格落实省主管部门关于就业工作专职人员队伍建设的有关规定,按照1000名毕业生配备三个就业创业工作专职人员,超出部分按照与毕业生比例不低于1∶500的标准,配齐了就业创业工作人员。目前,学院层面专门从事毕业生就业工作的人员有22人,保持与当年毕业生人数比例是1∶260以上。按照“结构合理、梯队整齐、优质高效”的原则,加强就业创业指导师资的配备、培养和培训,自2008年以来,积极组织就业创业工作专职人员、辅导员参加省人力资源和社会保障厅举办的各种培训30余次,41人取得高级或一级职业指导人员职业资格证书,50人取得创业咨询师(二级)资格证书,1人取得KAB资格培训结业证,3人取得SYB创业培训师证书。现在学院同时具有教师资格证、职业指导师资格证、创业咨询师证、心理咨询师资格证人员有30余人。

加大资金投入,做到经费到位。认真贯彻落实《关于进一步加强学生择业实习及推荐就业工作有关问题的通知》,从2004年开始按照每个高职毕业生不少于150元的标准划拨就业年度经费,从2012年开始每年增加10万元科技创新经费,主要用于就业指导、市场开拓、市场调查、师资培训、信息交流、供需见面、跟踪调查、科技创新等日常工作。

强化场所建设,加强保障设施。学院就业中心服务大厅、创业指导中心办公室、就业指导洽谈室、就业信息查询室、远程网络面试室、就业指导档案室、就业指导报告厅、大型招聘会场所等,面积近1825平方米。校级就业工作专用场地1405平方米,生均面积大于0.15平方米,常年对学生、用人单位开放,有效地搭建了学生同用人单位的联系,增加了学生就业创业力。

4. 构建就业创新创业教育指导服务机制

分门别类指导,提高竞争能力。对学生的指导教育,在巩固课堂教学主阵地的同时,不断创新教育载体,把就业创业教育、指导与服务贯穿于人才培养的全过程。在设置教学计划的同时,根据年级特点,大一侧重开展职业发展规划教育,大二侧重开展就业、创业指导教育,大三侧重进行面试礼仪、创业孵化教育,学生毕业后,做好跟踪服务,为有创业、创新意向的毕业生实施一对一的教师帮扶,也可根据需要设立帮扶团队。把提高就业创业能力贯穿教育的始终,积极构建全方位、分层次、全过程的人才培养,提高了毕业生就业创业能力。

多种形式指导,增强综合能力。学院在巩固课堂教学主阵地的同时,不断创新教育载体,增强了就业指导的科学性和计划性。针对就业形势、求职技巧、职业生涯规划、创业教育、诚信教育等，邀请有关专家、社会和企业成功人士、优秀毕业生来院作报告，对家庭困难且就业困难的学生，采取“一对一”的方式，进行重点帮扶，切实帮助他们解决经济上的实际困难，帮助他们实现就业。学院每年举办各种形式的就业创业指导活动40余次，有力促进了大学生就业能力的提高。

案例1 优秀毕业生事迹报告会

2016年10月12日下午，庆祝建校60周年优秀毕业生事迹报告会在图书楼学术报告厅举行。2004届全科医学专业毕业生、山东世纪通途教育咨询有限公司总经理张丙国，2006届会计电算化专业毕业生、滨州东诺信息技术有限公司郑康分别作事迹报告。各院学生代表600人参加。报告会现场互动良好、掌声不断，学生们认真聆听、情绪高涨。此次报告会充分发挥了优秀毕业生的典型示范作用，对引导广大在校学生刻苦学习、奋发成才必将起到积极的作用。

报告会现场

（二）改革教学，完善体系，完善就业创新创业教育人才培养过程

1. 构建“三位一体”的就业创新创业人才培养过程

打造课堂教育，发挥主体作用。将就业、创新创业指导课列为必修课，在大二第三、四学期开设创新创业、职业生涯规划、就业指导等通识课程，作为必修课，记2学分，开设公选慕课《创新中国》，基本建立起依次递进、有机衔接、科学合理的专门课程群和从理论到实务的知识能力教育体系。使创新创业教育同专业知识

学习相结合,同专业技能大赛相结合,同专业科研科技创新相结合。专业教育成为培养学生创新思维、提升创业能力的厚重根基。

利用校内平台,锻造学生技能。依靠校内科技创新平台,增加学生创新创业能力。依托黄河三角洲高技能人才实训广场,充分发挥241个实训实验室的作用,拓展实训基地的科研功能,建设智能制造、增材制造等实训基地,以及远程同步实训平台、模拟仿真实训中心等实训平台,提升学生就业创新创业技能。充分利用学院和清华大学共建的清大粉体技术研发中心创新平台、嵌入式开发及快速制版建设项目创新实训室、滨州向尚家纺服装设计研究所、市重点实验室等创新试验平台,全面向学生开放,有效提高了学生就业创新创业意识、能力。

拓展校外基地,开阔学生视野。依靠各专业校外就业创新实训基地,对顶岗实习学生及在校生进行就业创新创业的教育,打造了"滨大科技城""博兴弯头淘宝村"、滨州经济技术开发区"众创空间"等创新创业基地,学院已同221家企业签订了校企合作协议,共建实训、就业、创新创业基地,培养学生就业创新创业能力。

案例2　滨州职业学院盐碱地植物开发及应用创新团队

滨州职业学院盐碱地植物开发及应用创新团队,现共有团队成员8人,团队负责人为孙国荣教授,成员为:刘健、张柱岐、王玉彦、李明、刘治刚、于明礼、赵国锦。团队先后主持或承担国家863、国家基金、省基金、市院等各级各类课题50余项,获国家优秀教学成果二等奖1项,获得国家专利授权10项,省科技进步一等奖、三等奖各1项,省优秀教学成果一等奖2项、二等奖3项,市级科技奖励累计40余项。发表学术论文200余篇,编著专著2部、教材8部,主审教材5部、教参1部。

通过团队合作,相互提高,团队成员现已累计为社会输送合格毕业生3000余人,进行社会培训1万余人次,利用现有技术和平台,团队积极吸纳教师及在校学生进行科研创新,参与课题研究,参加农业科技服务,鼓励教师、学生创新创业。

2. 逐步形成"开门开放、多元多样"校企合作局面

实行多元治理,推进校企共建。由滨州市政府牵头,参与组建了滨州职业学院理事会,常务理事单位21家,市有关职能部门负责人、大型企业代表及市内职业院校院(校)长任常务理事,理事会密切了学院与社会之间的关系,促进了校企合作深度开展。学院全面创新校企合作、校政合作、校校合作、校行合作、军校合

作的新模式,逐步建立起了校企深度合作、优势互补、共同发展的合作机制,推动行业企业深度参与人才培养全过程。就业质量显著提高。2016 年与魏桥创业签订校企合作协议并共建“滨州向尚服装家纺设计研究所”。与中国电科五十五所共建云计算技术与应用专业。教育部、中央军委政治工作部和中央军委国防动员部联合批准滨州职业学院列入“全国定向培养士官试点院校”。

案例 3　服务产业集群建设　打造校企合作联合体

学院服务支持“打造千亿级纺织产业集群”,与世界五百强——魏桥创业集团签订战略合作协议,打造校企合作联合体。近年来,学院与魏桥铝业集团积极建设魏桥铝电订单班,先后输送高技能人才 500 余人,先后有 53 人成为铝电集团的技术骨干、班组长和车间主任;与此同时,连续 6 年承担铝电集团的为期 2 个月的企业基层管理人员培训,共培养企业管理人员 300 余人。在此基础上,与魏桥嘉嘉家纺有限公司全面对接,发挥学院教师科研优势,共建“滨州向尚服装家纺设计研究所”,积极开展服装家纺设计横向科研项目,共同推动滨州纺织业更高层次的发展,拓展了合作的深度和广度对进一步提升学院科研服务水平、推动纺织服装等传统专业转型升级、发挥学院人力资源优势具有重要意义。

与魏桥创业集团签订校企合作协议

校企相互渗透,形成专业共建。成立了轻纺化工、电气、生物等 7 个二级学院理(董)事会,进一步强化了校企合作。通过二级学院校企合作组织的建设,吸引了 170 家企业深度参与学院办学。企业先后投入 5000 余万元,在校内设立生产性实训基地。2016 年组建订单班 26 个,为企业量身打造高技能人才 1418 余人,学院现有校外实习、就业基地 239 个,其中,签订校企合作协议的基地 221 个,接纳顶岗实习学生 10 人以上的校外实习实训基地 225 个，每年提供学生顶岗实习岗位 6449 个，接收就业的学生数达到 2000 人。

依据需求情况，进行专业调整。学院按照“顺应社会需求，服务黄蓝经济，优势专业膨胀，劣势专业下马”的原则，围绕黄蓝两区建设和滨州市经济社会发展，招生专业稳定在 36 个左右，近五年，对接装备制造、现代服务业等高效生态产业发展，设置工业机器人技术、空中乘务、学前教育、电子商务等新专业 10 个，改造数控技术、生物制药技术等传统专业 23 个，撤销经济管理、工程监理等劣势专业 9 个。学院还根据滨州文化产业、石化产业、临海经济的发展需要，新上应用艺术设计、港口与航运管理、化工生物技术等高职专业，专业动态调整机制已经形成。在专业改造时，根据社会需求，灵活设置专业方向，开设实用性强的课程。通过不断的优化组合，现有各专业就业率有了显著提高，平均在 95% 以上。

二、措施得力　保障就业创新创业教育前行

（一）加强合作，互利共赢，不断开辟新的就业创业市场

1. 贴近实际需要　建设就业市场

学院确立了“立足滨州、面向山东、辐射全国、积极开辟境外就业市场”的建设方针，注重就业市场的建设开发，就业信息的收集、发布工作。同时以学生生源地、黄蓝经济区为重点区域，不断开辟新的就业基地。目前同山东魏桥创业集团、华纺股份有限公司、山东京博控股股份有限公司、富海集团有限公司、万达控股集团有限公司、山东滨奥飞机有限公司、青岛建工集团、青岛海信电器股份有限公司、山木培训教育集团、中国平安人寿保险股份有限公司北京分公司、鲁南制药有限公司、中国人民解放军总医院、中国平安股份有限公司上海总部等 530 多家用人单位达成用人意向。就业基地主要分布在滨州、东营、济南、青岛、北京、上海等地，覆盖了所有开设的专业。

2. 创业基地建设　提供展示舞台

学院整合了各方优势资源，充分利用和依托就业基地、实践教学基地、社会实践基地等现有条件，搭建创业孵化基地。与滨城彭李办事处合作，建设滨州职业学院大学生创业基地（孵化园），给大学生提供创业扶持，帮助大学生开展创业实践活动，与滨州经济开发区共建“众创空间”，为创业者提供优质服务。目前已有 5 个团队入驻。结合“互联网 +”，积极探讨网络平台交易，在博兴县弯头“淘宝

村”、滨大科技城等地，建立校外电子商务大学生创业基地。在校内与中国电信合作建立“天翼创业社”，与中国联通滨州分公司共建“联通创业社”，在学院大学生服务中心建设创业者基地。为进一步提高学生创业意识、能力，对接新华网创客孵化教育系统暨创客大学项目，把创客大学滨州分院落户学院。

（二）突出能力　体现特色　参加就业创业科技活动

1. 借助大赛平台　激发创业意识

通过教育部等部门发起的“互联网＋”创业大赛、团中央等部门发起的“挑战杯——彩虹人生”“创青春”等创业比赛平台，学院定期举办创新创业大赛，通过比赛，发现人才，培育项目。对优秀的创业计划书、项目安排专门教师进行指导。2016年在山东团省委、省教育厅、省人社厅、省科技厅、省科协、省学联联合开展的2016年“创青春·海尔”山东省大学生创业大赛中，创业计划竞赛作品《爱家装修APP》获铜奖，实现了我院在省级获奖零的突破。同年在由团省委、省教育厅、省人社厅、省科技厅、省科协、省学联主办，山东商业职业技术学院承办的2016年“挑战杯——彩虹人生”山东省职业学校创新创效创业大赛中，医疗学院2015级康复治疗技术专业学生申报的参赛作品《爱心康复APP》，荣获高职组创意设计竞赛项目的二等奖。

案例4　举办“创赢滨职”大学生模拟创业大赛

为深入贯彻落实《国务院办公厅关于深化高等学校创新创业教育改革的实施意见》，为社会培养一批“大众创业、万众创新”的生力军，培养团队合作意识，提高实践和创新创业能力，12月8日下午，由院团委院、学生会主办，继续教育学院承办的“创赢滨职”大学生模拟创业大赛在就业中心三楼会议室成功举办，来自12个二级学院的36名学生会干部参加了此次比赛。

“创赢滨职”模拟创业大赛，引入了EMBA经典管理课程“商战迷宫”，模拟企业在自由竞争的市场中的企业经营。参与项目的人员分成6个小组，分别扮演五家公司和一家银行，按照项目规则，进行企业经营活动，实现最大正向现金流。在项目结束后，进行盈亏结算。最终，信息工程学院和会计学院以赢利“2亿元”成为本次比赛盈利最高的团队，获得一等奖。

本次比赛，进一步激发了我院大学生创新创业热情，丰富了大学生的课余生活，激发了我院大学生的创造力。

模拟创业比赛现场

2. 举办多种活动　培养学生兴趣

定期举办"大学生职业生涯规划设计大赛""科技文化节""简历大赛"等活动。学院每年计划拨 10 万元设立"大学生科技创新基金",实行项目化管理,组织开展大学生科技创新活动,近三年来,大学生科技创新项目获市级大学生科技创新奖 248 项,获国家专利 30 余项。2016 年在山东省第三届大学生科技创新大赛中,我院荣获一等奖 1 项,指导教师获优秀指导教师团队荣誉称号。

(三)成立社团　彰显个性　开展活动进行创业培训工作

学院全面强化学生社团管理,不断增强活动调度,积极开展理论学习、学术科技、专业技能训练、文化娱乐、社会实践、志愿服务、体育竞技等活动。截至 2016 年底,成立各级各类学生社团 153 个,其中就业创新创业社团 31 个,注册学生 1200 人次,社团成员覆盖所有专业,年均举办学生社团活动季等活动 50 余项,参与学生达到 2000 余人次。2016 年信息工程学院电子商务协会、生物工程学院初新源循环农业创新团队、继续教育学院集结号创业社、护理学院青春赞歌微信公众平台、海洋学院船模社、电气工程学院酷"梦 e 居"、建筑工程学院"梦之翼"建模协会、建筑工程学院测绘测量协会被评为学院优秀创新创业团队。

为进一步培养学生创业意识,学院在 2008 年与滨州市人力资源和社会保障部门及市创业促进会合作,在学院设立职业技能培训基地和 SIYB(创业培训)工作站,遴选专业导师和创业成功人士指导学生开展创新创业知识培训、模拟实战等活动，为大学生创业群英提供了交流、培训平台。举办创业讲堂、创业精英训练营等活动近百场次，培训学员2200余人次。

（四）校园招聘　冠名就业　探索"订单班"人才培养模式

1. 举办校内招聘 提高就业质量

学院为进一步提高毕业生就业质量，拓宽就业途径，每年为毕业生举办大型供需见面会1－2次，专场或专业招聘会100次以上。近五年，计有3000家用人单位到学院招聘，提供就业岗位60000余个，招聘活动已成为毕业生选择就业单位的主渠道。

案例5　毕业生就业暨顶岗实习供需见面会

2017年5月28日上午，学院在塑胶体育场隆重举行2017年毕业生就业暨顶岗实习供需见面会。此次供需见面会共吸引了省内外350余家用人单位到校，用人单位提供岗位12000余个，涵盖了生物技术及应用、机电一体化技术、数控技术、应用化工技术、护理、药学、会计电算化、市场营销、计算机应用技术、工程造价等专业。整个供需见面会历时6个多小时，现场气氛热烈，秩序井然。最后有6000余人次与用人单位达成就业意向。此次供需见面会的成功举办，实现了学院培养目标与企业需求的有机衔接，它为用人单位和毕业生搭建了良好的交流平台，拓宽了学生的求职渠道，同时加强了学院与用人单位的了解和沟通，提高了学院的社会影响力。

招聘会现场

2. 上学等于就业　解除后顾之忧

在就业工作中，坚持以社会需求为导向，根据用人单位的要求，双方共同制定培养计划，实施订单培养，目前学院的“订单培养”模式已经是亮点纷呈。一是“冠名班”。相关企业根据用人需求，在招生时以冠名形式宣传，单独招生设班，冠名企业融入人才培养全过程，毕业合格学生成为企业员工，学生一入学便可享受企业员工的相关待遇。比如机械工程学院汽车维修专业同中锐教育集团合办“华汽教育班”，轻纺化工学院同东营富海集团的“富海班”。二是“后置订单班”。根据企业需求，从二年级学生中分流，单独编班，进行专项培养，到企业顶岗实习、就业，实现了学校、企业无缝对接，提升了专业对口率。这些“订单培养、冠名招生”的校企合作，提高了人才培养质量，拓宽了学生就业渠道，满足了企业人才需求。

（五）信息网络　跟踪调查　为用人单位毕业生提供优质服务

1. 信息发布平台　方便学生需求

在当今时代，谁先掌握信息，等于掌握了先机，为使学生及时得到最新政策和招聘信息，学院充分利用学校网站信息资源，设立了滨州职业学院就业信息网、滨州职业学院创业信息网，把国家、地方出台的最新就业创业政策，发布给学生，在毕业生求职季节，每年发布用人单位招聘信息 300 余条，提供就业岗位上万个，同时开辟优秀毕业生宣传栏目，积极向企业推介优秀生源，在工作中不断丰富栏目内容，多维度宣传学院就业创业工作，为毕业生就业提供了良好的就业信息服务。为及时掌握学生求职意向，每个班级都建立了就业 QQ 群，设立了学生就业信息联络员，随时了解学生的求职意向和发布行业人才需求信息。

2. 反馈就业现状　促进工作改进

为全面、客观反映我院毕业生的状况，在学生毕业离校后，学院随时采取电话、实地调查、电子邮件多种方式跟踪毕业生就业状况，根据实际情况，每年在三个时段集中跟踪。第一阶段在 7 月—8 月底，毕业生离校后，通过山东高校毕业生就业信息网中的“山东高校毕业生离校未就业实名管理服务系统”跟踪调查未就业毕业生，并提供帮助使其尽快就业；第二阶段在 10 – 11 月组织对应届毕业生当年就业情况、用人单位情况进行实地或问卷跟踪调查，重点调查专业对口率、起薪值、岗位稳定率、职位提升率情况，调查比例不低于毕业生的 60%，各院要建立相应的文档，对调查结果进行科学的分析，形成跟踪调研报告，为培养人才提供参考；第三阶段在 12 月份，通过山东高校毕业生就业信息网中的“山东高校毕业生离校未就业实名管理服务系统”跟踪调查毕业生，并随毕业生就业单位的变化及时在网上更新信息，跟踪比例100%。通过跟踪调查，形成调查报告，为学院进一步加强专业建设、优化专业结构、改进课程设置、提高就业创业服务质量、实现学院人才培养目标与用人单位的需求接轨提供了有益的参考。

三、群星绽放　盛开就业创新创业教育之花

（一）能力为本，质量优先，就业率本地人才贡献率显著提升

学院紧紧围绕滨州经济社会发展，服务区域产业“转方式、调结构”的要求，对接区域企业岗位能力需求，确定人才培养方向，定位人才培养目标，为企业量身打造高技能人才，努力提高对本地的人才贡献率。2013年、2014年、2015年、2016年、2017年，学院分别为社会输送高技能人才4639人、3751人、4377人、4879人、5753人，就业率分别达到了95.06%、97.54%、98.60%、98.68%、98.76%，就业岗位专业对口率分别达到了80.01%、84.42%、83.74%、82.91%、83.35%，月平均收入3036元、3121元、3408元、3322元、3379元。其中，在本省市区域就业分别达3775人、3526人、4166人、4523人、5468人。本地人才贡献率分别达到52.60%、55.82%、56.02%、57.33%、60.79%。本地人才贡献率逐年增高。

（二）培养人才，服务区域，毕业生社会认可度显著提高

三年来，毕业生社会认可度不断提高，学生供不应求。参加校内人才招聘会企业的质量和数量显著提高。2015年、2016年、2017年，参加校园招聘企业数量分别达到515家、558家、610家，提供岗位远超毕业生人数，机械、化工等岗位供需比达到1:5；参加招聘企业质量不断增加，规模以上企业达到了70%以上，其中世界五百强1家，中国五百强达到38家。经跟踪调查，企业对于毕业生综合评价满意率分别达到了98.1%、98.7%、98.9%，毕业生就业满意度分别达到56.7%、57.9%、59.1%。以魏桥铝电集团为例，学院毕业生就业直接进入技术岗位，因能操作、肯吃苦，月薪相比同岗位其他院校毕业生高10%，企业认可度高。

案例6　就业典型

李冉冉，女，汉族，1987年11月生，山东省淄博市高青县人，中共党员。2009年8月毕业于滨州职业学院经济管理系（会计学院）。经过不断的学习和锻炼，2009年9月任滨州富强科贸工程有限公司财务主管，2011年成为无棣富强三联家电有限公司法人。现公司员工30多名，为当地人民提供物美廉价的家电，为无棣的家电市场增加绚丽的色彩，得到大家好评，并多次参加灾区捐款等公益活动。

（三）适应潮流，开拓进取，创新创业能力显著增强

学院对接黄河三角洲高效生态经济区、山东半岛蓝色经济区和环渤海经济圈、济南省会城市群经济圈“两区两圈”的产业发展，不断调整优化专业设置，积极贯彻“全员、全程、全面”的创新创业教育模式，把创新创业教育贯穿于专业学习过程、融入课程体系、实行课上课下结合、校内校外相互衔接，逐步形成“三位一体”的创新创业教育体系，取得了较好的培养效果，学生创新创业意识明显增强，涌现出了田枭东、王蒙蒙、孙鲁东以及鑫阳义齿有限公司、国航教育、淘宝店“我们的青年时代”等一大批学生创业实体，对带动学生创业起到了示范引领作用，近五年，毕业生自主创业达160余人。

案例7　创业典型

田枭东，男，汉族，2013年7月毕业于信息工程学院软件外包专业，2014年12月创立济南东川信息技术有限公司，公司为山东省电子商务促进会会员单位，是以电子商务平台的开发与运营为主业的高新技术企业，员工29人，年产值100万。目前公司的业务方向主要为：跨境电子商务、县区域电子商务公共服务平台、现代科技产业园、移动互联网、社群电商等。已在济南、青岛、滨州、淄博等地开展业务。与郑州、济南保税区合作的“保税圈”线上商城正式上线运营，并在济南美联广场、世贸商城等大型商城陆续开设购物体验店，打通线上线下全新海淘购物体验。2015年7月31日，田枭东被任命为“临朐县域电子商务公共服务平台”公共服务中心主任，与各领域专家共同规划、建设临朐电子商务系统，公司业务再次迈向战略新高度。

（四）供不应求，良性循环，学生可持续发展能力显著增强

学院在不断提高生源质量、教学质量前提下，毕业生就业质量显著上升，2014年、2015年、2016年，学院毕业生就业竞争指数分别达到96.3%、96.6%、97.2%，毕业生初次就业收入呈逐年增加趋势；工科类专业平均月薪达到了3577元；毕业生持续发展能力较强，毕业三年内从事技术和管理岗位平均比例达到56.3%；机械类、化工类、建筑类、航海类企业就业的毕业生发展较快，89.6%的毕业生从事技术岗位、初级管理岗位、企业中层管理岗位。

在今后的工作中，学院将积极研究毕业生就业创新创业工作的新形势、新变化、新要求，进一步解放思想，更新观念，与时俱进，开创学院就业创新创业工作的新局面。

第九章

青春欲动春芳竞

——青年之声

近年来,在学院党委和上级团组织的正确领导下,全院各级团组织以党的十八大以来的历次全会精神和习近平总书记系列重要讲话精神为指导,认真贯彻共青团改革的重大部署,充分发挥党建带团建、团建促党建的重要作用,在党团共建、学生社团建设、社会实践志愿服务以及新媒体思想引领方面进行了大量有益的探索,充分发挥了对青年学生的思想引领的积极作用,为学院创建国家优质高职院校和创建全国文明单位贡献了青春力量。

一、党团共建,引领青年健康成长

(一)党团共建与加强团组织建设和团干部队伍建设相结合。基层组织是团的全部工作和战斗力的基础。以加强二级学院团总支和班级团支部建设为重点,在思想教育、发展团员、推优入党、开展文化活动、解决学生各种困难、创建先进班级集体等方面充分发挥其作用。

按照党建带团建的原则,全院团的组织结构由院团委、团总支(直属教工支部)、班级团支部三级组成。团委员会由院团委专职干部、部分团总支书记、学生组织负责人组成。2013 年学院党委在 12 个二级学院单独设置团总支,配备副科级专职团总支书记 1 名,各团总支设委员 5 名。在每个学生班级设置一个团支部,团支部根据团员情况设置委员 3—5 名。各级团组织不断创新团组织设置,让每个团员都能参加组织生活;坚持多种模式、多重覆盖,创新和发展新的建团模式。2013 年,在黄河三角洲实训广场成立共青团工作站,充分发挥共青团工作站示范和辐射作用。在学生组织、社团组织、学生公寓、学生实习点及社会服务小分队建立共青团工作站或团支部 50 余个;积极探索网上团支部建设,试点建立网上团支部 12 个,最大限度提高团组织的有效覆盖,充分发挥团组织的战斗堡垒作用。

各级团组织善于发现、培养和树立先进团员典型,大力评优彰先,不断增强团员的荣誉感;通过重温入团誓词、组织主题团日活动等多种形式的活动,不断增强团员意识,激发团员的集体荣誉感,保持团员的先进性;不断强化青年骨干的培养教育,发挥其带头示范作用;认真做好新团员发展、团员关系转接、推荐优秀团员作为党的发展对象等工作,使优秀团员成为党组织发展青年党员的主要来源。在每级新生报到开学后要及时建立班级临时团支部,开学后两个月内经团员民主选举产生班级团支部委员会。组织开展"共青团先进集体和先进个人"评选活动,全面活跃基层团组织,促进基层团组织焕发新的活力。出台《滨州职业学院团总支工作考核办法》,强化对团的思想建设、组织建设、团干部队伍管理、工作职责、考核评比等方面的考核,形成一整套行之有效的工作制度。

(二)党团共建与强化对共青团工作的组织领导相结合。学院党委出台了《关于进一步加强和改进共青团工作的意见》,全面强化党对共青团工作的领导。各级党组织从培养社会主义事业合格建设者和可靠接班人的高度出发,切实提高新形势下做好团的工作重要性的认识;依托党校、团校加强对广大团员青年的教育培训和思想引领。

各级党政领导大力支持共青团组织按照《团章》独立自主地开展工作,在人员配备、活动场所、经费使用等方面予以重点支持,保障团的工作健康有序运行。全院各级团组织为建设作风优良、充满活力、精干高效、奋发有为的领导班子,和建设德才兼备、专兼结合、结构合理、充满生机和活力的团干部队伍而不断努力。各级团组织积极打造格调高雅、基础广泛、寓教于乐、长效运行并深受青年学生喜爱的特色文化品牌。积极探索建立科学规范、保障有力、配套联动、行之有效并使广大青年学生广泛参与的工作运行机制。

(三)党团共建与社会主义核心价值体系建设相结合。紧密结合广大青年学生的特点及其思想、心理、学习、生活、交友、择业等方面的需求,各级团组织极推进党的十八大精神"进课堂、进教材、进头脑"。通过举办系列讲座、报告会、读书会、研讨会、座谈会、演讲会等多种形式,全方位地开展有针对性的教育活动。充分利用新生入学、毕业生离校、班团活动日、重大节庆日等有利时机,组织青年广泛开展"我的中国梦""青春梦·中国梦""永远跟党走""寻找身边的榜样""社会主义核心价值观宣传月”等多种形式的教育活动，对广大青年学生进行尊师重教、文明修身、遵纪守法、奋发成才、报效祖国等内容的教育，推动青年学生树立科学的世界观、人生观和价值观。

（四）党团共建与积极推优入党相结合。按照院党委有关学生党员发展的总体部署，采取多种有效形式和途径，进一步规范团组织向党组织推荐优秀团员入党的制度，充分发挥助手和后备军作用。以团校为主要阵地，在一年级学生中举办以党团知识为培训重点、以激发学生入党热情为培训目的的“党的光辉照我心”主题培训班，培养学员树立正确的世界观、人生观和价值观，帮助学员以递交入党申请书等形式向党组织表达入党愿望；在二年级学生中开展“向党员标准看齐”主题教育活动，引导和启发入党积极分子端正入党动机，以实际行动向党组织靠拢，积极营造“比学赶超”的良好氛围；各级团组织应在注重培养教育的基础上严肃推荐标准，细化推荐流程，强化民主监督，确保推荐质量。

（五）党团共建与充分发挥学生骨干的模范带头作用相结合。学生管理中学生干部具有双重身份，既是学生又是干部。学生干部与学生融合在一起，能够及时、准确地把握学生的思想动态、学习工作状况，并能够及时将学生存在的各种问题反馈给学院的管理者。一支优秀的学生干部队伍，能有效发挥学生干部在学生管理中的作用。学院在总结经验的基础上，积极创新，开展“奋斗的青春最美丽”优秀毕业生报告会、学生干部交流会，让学生干部充分了解自己应做什么、怎样做。在工作的过程中，有意识地培养接班人，在完成工作的同时及时地交流工作经验，大家一起进步，一起成长。学生干部在工作中充分发挥主观能动性，主要起到以下五方面的作用。一是带头作用。学生干部是同学中的骨干和带头人，发挥带领引导作用。他们也是学生群体中的先进分子，更是自愿为同学服务的积极分子。理应严于律已，以身作则，成为同学学习效仿的榜样。学校和老师要求做到的，自己首先要做到，校规校纪严格禁止的，坚决不做，要在学习、劳动、纪律、活动等方面都成为模范，做得比别人好，令人敬佩。二是助手作用。学生干部是老师的得力助手，学院的许多工作，班级的事务，都需要学生干部配合去做。学生干部要明确自己的职责，增强责任感，敢管事，热心集体事务。三是桥梁作用。学生干部是沟通同学和教师的桥梁，教学要收到良好的成效，需要师生经常交流思想情感，需要互相理解、配合，这就要求学生干部在同学中经常宣传、疏导，将学院和教师的要求内化成身边同学的自觉行动；将学生的想法，意见、实情反应给教师，及时化解师生之间的矛盾,使教师与学生之间关系协调,情感通融。四是凝聚作用。一个学生干部,就是一面旗帜,学生干部是学生中的核心,应该有感召力、影响力,向心力。主动团结同学,帮助后进,养成良好的品格,言行一致,举止端正,用自己的人格力量来影响、感染周围的同学,使同学们心往一处想,劲往一处使,热爱班集体,营建良好的班风。五是服务作用。身为学生干部就有为同学服务,为大家服务的责任。就要增强服务意识,树立以服务为荣的思想,有吃苦耐劳精神,急同学之所急,帮同学之所需,时时为大家着想,力所能及地为同学排忧解难,满腔热情地为班集体服务。

二、规范管理,推学生社团蓬勃发展

学生社团是由学生依据兴趣爱好自愿组成,按照各自章程自主开展活动的学生组织。学生社团活动是实施素质教育的重要途径和载体,是新形势下开展学生思想政治教育的重要补充和有效凝聚学生的重要组织形式,是第二课堂的重要组成部分,是校园文化的重要载体。目前,我院共有143个学生社团,在加强校园文化建设、提高学生综合素质、引导学生适应社会、促进学生成长成才等方面发挥了重要作用,一批学生社团已成为具有较高知名度和影响力的优秀社团。

(一)建章立制,规范管理。制定《滨州职业学院学生社团管理办法》,理顺学生社团管理体制。建立院学生会、二级学院学生会两级管理模式。院学生会社团部(学生社团联合会)全面履行全院学生社团管理职责;二级学院学生会社团部在院学生会社团部的指导下,履行本院学生社团管理职责。进一步完善学生社团的注册、登记、活动审批、评选、考核等规章制度,提高学生社团工作的规范化水平。

支持和引导学生社团依据国家的法律法规,按照学院有关规定和各自章程,独立自主地开展理论学习、学术科技、专业技能训练、文化娱乐、社会实践、志愿服务、体育竞技等活动。每年9月组织学生社团集中纳新活动,为学生社团注入新鲜血液和活力;每学期举办1—2次学生社团工作交流活动,及时发现解决工作中存在的问题,提高学生社团工作水平;每学期初,指导各学生社团根据各自实际,科学制定年度活动方案和计划。学生社团每两周举办一次活动,院团委和指导单位加强活动的监控和指导,切实提高活动质量和实效性。

坚持分类指导原则,大力扶持理论学习型社团,全力鼓励学术科技型及专业性社团,正确引导兴趣爱好型社团,积极倡导社会公益型社团。实行学生社团导师制，根据导师指导社团工作情况和考核结果核算工作量、发放津贴，确保每个社团至少配备 1 名指导教师，把专任教师担任学生社团导师情况纳入专业技术职务量化赋分体系。

完善学生社团评价激励机制。学院每学年组织开展一次“精品学生社团”“优秀学生社团”“优秀学生社团干部”“优秀学生社团负责人”“学生社团活动积极分子”“优秀学生社团导师”评选及表彰，树立一批先进典型；每学期末，院团委、院学生会社团部对二级学院学生社团工作进行考评，对各团总支的社团日常管理和指导工作进行综合评价，并将其纳入到团总支评价和学院绩效考核体系；把学生参与社团活动的情况纳入到学生综合测评体系，在推优树优和综合测评等方面充分考虑他们从事的社团工作及其业绩。

（二）树立品牌，社团工作持续健康发展。社团活动丰富多彩，成效显著。目前，全院注册成立学生社团 143 个，注册学生 8000 余人，其中专业性社团 80 余个，专业性社团已实现所有专业全覆盖。坚持每周组织 1 次社团活动，创新学生社团模式，自 2014 年起，举办三届“滨职新星”新生才艺系列大赛，举办“百团巡礼”活动。每年 9 月份，面向全院新生招募会员，吸收新会员，为社团注入新的血液。各院紧密结合各自专业特点，在成立专业性社团的基础上，开展了丰富多彩的社团活动。

案例一　大学生艺术团

大学生艺术团，是院团委直接领导的一个集美育教育、素质培养和艺术实践为一体的综合性学生组织，艺术团设 5 支表演队伍，有成员 300 余人、高素质的专业指导教师 20 余名。在专业老师的指导下，编排众多节目，利用课余时间加班加点训练，多次代表学院参加全国、省、市级的演出及比赛。充分展现了我院大学生的综合素质，锻炼了学生的实践能力，培养了学生的创新精神。

学习协会在专业老师指导下，围绕学生感兴趣的课题采用深入研究与讨论等方式，帮助学生将课余活动与专业学习结合起来，极大地激发学生科学研究的兴趣与热情，取得寓教于乐的良好效果。

会计学院坚持“社团建设引领学风建设”的理念，定期举办社团成果展示活动，培育了数学建模协会等多个品牌社团。其他专业社团也都围绕各自专业特色，开展了系列活动，繁荣了校园文化生活，提高了学生综合素质。

（三）服务社会，志愿服务类社团成为一道亮丽风景。青年志愿者协会、雷锋

IT志愿服务队、南丁格尔志愿服务队等组织和社团一直活跃在志愿服务第一线，既服务了学院师生和社会，取得了良好的社会效益，也使青年学生增长了社会阅历，得到了锻炼成长。

成立于2002年3月的滨州职业学院青年志愿者协会，在院团委的指导下，以服务青年、服务社会为宗旨，大力弘扬“奉献、友爱、互助、进步”的志愿者精神，有声有色地开展了一系列的特色活动，主动地为集体、为学院、为社会奉献着自己的热心和爱心，让师生们感受到了快乐，也懂得了奉献的生命意义。青年志愿者协会为广大在校大学生提高素质、为学院树立形象提供了独特的天地，中国共青团网、山东新闻网、山东省教育厅官网、山东电视台、滨州电视台等媒体都曾作过报道。这些年来，我们收获满满。

案例二　青年志愿者协会

2016年6月5日，为保障承办的“全国高职护理技能大赛”安全、有序进行，青年志愿者协会理事会成员共计40余人参加此次志愿服务。青年志愿者一路捡拾道路垃圾、扶起倒下的旗帜、引导车辆行进，以笔直的身躯、亲切的微笑迎接即将到来的参赛选手们。身着“滨州职业学院志愿者”服装的志愿者成为滨职一道亮丽的风景线。一张张充满活力、自信、友爱的笑脸也让前来参赛的选手留下了深刻的印象；2016年6月28日，学院举办的“纪念中国共产党成立95周年暨长征胜利80周年·中华诵·大型经典诵读”活动在西附楼隆重举行。志愿者负责维持了会场纪律与服务，在诵读过程中，始终有身穿红色马甲的志愿者默默坚守在工作岗位，他们不辞辛苦，给领导和同学提供贴心的服务与帮助，得到了领导和同学的一致好评。

案例三　滨州职业学院60年校庆

2016年10月16日，滨州职业学院迎来了60岁的生日，校园也因校庆活动的举办变得忙碌而又温馨。本次活动按照工作内容划分5个区域，活动志愿者各司其职，在相应的岗位上履行着自己应尽的责任，他们始终面带微笑、积极热情地为来宾解答各种问题，那些一趟趟迎接来宾的志愿者受到了校友们的称赞，搀扶老同志的志愿者更是被老领导赞誉，面对每一个环节，志愿者们都毫不懈怠，始终以饱满的精神和负责的态度投身到校庆活动中，无一不展现了我校志愿者良好的精神风貌及团队素养。

成立于2007年9月的滨州职业学院雷锋IT服务队本着“服务他人，提升自我”的宗旨，利用课余时间承担着为师生和市民解决日常遇到的计算机应用难题，义务提供电脑维修、系统安装与维护、计算机知识培训、指导新手购机以及服务队会讲座等服务项目。自雷锋IT服务队成立以来，多次利用假期和课余时间到青岛、阳信、惠民、滨城区进行计算机知识宣传和计算机义务维修服务活动，长期为滨州职业学院师生、滨城市区居民进行计算机义诊活动。

近年来，雷锋IT服务队有计划有针对性地开展了系列活动，不仅在学院内部为兄弟系（部）维修计算机，而且在校外也有较大影响。他们通过系列活动，不仅锻炼了服务队员的技术，也使得服务队员对服务队会与企业有了更深入的接触。雷锋IT服务队成员，每周二下午，利用服务队团活动时间在行知广场义诊，为本校有计算机维修需求的师生义务维修电脑，此项活动一直坚持4年之久，随着时间的推移，雷锋IT服务队也积累了更多的经验，他们的服务水平、维修技术都有了明显的提高。为了能够为更多师生提供计算机维修服务，雷锋IT服务队还印制“雷锋IT服务队”名片，散发到学校各办公室、教学实训室等，为随时联系维修业务，根据雷锋IT服务队成员时间安排“出诊”提供了较灵活的条件。

案例四　雷锋IT服务队

每年暑假，雷锋IT服务队会组织部分不回家的服务队员组织志愿者服务活动。近年来，他们分别到滨州市樊家小区、黄河小区、畅清苑、滨职家园、滨胜小区维修电脑，同学们每到一个服务队区总会散发早已准备好的计算机知识宣传单，并耐心讲解合理使用计算机常识，帮助居民安装计算机系统、调试网络及进行硬件和软件的维护维修，受到了服务队区居民的好评，也为宣传滨州职业学院贡献了力量。自2011年3月开始，雷锋IT服务队成员随单杰老师多次到滨州市老年大学进行计算机知识普及及到老人家里进行电脑维修服务活动，同学们在为老人服务的同时，也在老人身上学到了许多可贵的知识，他们经常与老人联系，成了老人们喜爱的“小朋友”。

成立于1987年9月的护理学院南丁格尔青年志愿者协会，大力弘扬着“奉献、友爱、互助、进步”的志愿精神，带领学生志愿者利用课余时间用所学的知识服务社会，将理论与实践相结合，既丰富了同学们的生活，也给自身提供了锻炼的机会，更体现了中华民族助人为乐、扶贫济困、服务人民的传统美德，在学院师生中树立了良好的形象。南丁格尔协会服务的区域活动地点分布广泛,在一次去到滨州市沾化县古城镇东街村时,村子里的情况着实震撼了志愿者,参加服务的大多都是老年人,年轻人外出务工,只留下留守老人,而且他们的生活都是极其艰辛的。在众多的老人中,有一个老人格外引起了志愿者的注意,他年迈的身体在缓慢地晃动着,手指甲很长,衣服很破旧,通过别的村民的叙述,才知道他家很贫穷,虽然有社保和村里人的帮助,但他还有一个痴呆的老伴,比他还需要人照料,但是孩子们为了生计,又奔波在外,无力照顾他们。志愿者搀扶他回到家,为他和他的老伴儿简单地检查了一下身体,讲了一些照顾病人的注意事项,帮助改善一下他们的健康问题。南丁格尔志愿者协会也积极在校园内开展服务活动。为餐厅工作的工作人员、物业的工人量血压、按摩,在提醒他们注重身体健康的同时也普及了基本的保健知识。

三、多彩青春,社会实践奉献社会

2016 年暑期社会实践活动在院党委的高度重视下,在院团委的积极组织下,在各级团组织的努力配合下,在广大青年热情响应下,结合我院的专业特色,积极服务于基层建设及青年学生的健康成长,开展了规模大、层次多、范围广的大学生社会实践活动。119 支暑期社会实践服务队分赴全省各地,开展理论普及宣讲、国情社情观察、科技支农帮扶、教育关爱服务、文化艺术服务、爱心医疗服务、美丽中国实践及社会调研等活动。把竭诚服务基础建设作为实践活动的出发点和落脚点,为群众做好事、办实事,受到了当地人民群众的广泛好评和一致欢迎,产生了良好的社会反响。

(一)高度重视,精心组织。假期前,院团委印发通知对 2016 年暑期社会实践活动进行安排部署,各团总支积极组织,广泛发动,极大地调动了同学们参与的积极性;院团委采取立项答辩制,精心遴选 2 个省级团队、28 支院级团队作为重点服务队,并从经费上给予重点支持;举办 2016 年暑期大学生社会实践活动出征仪式,党委书记杨光军为暑期社会实践重点团队一一授旗,为我院暑期社会实践服务队壮行;院团委制定《滨州职业学院暑期社会实践活动安全工作预案》《学生暑期社会实践活动安全承诺书》,组织各团总支强化安全教育、落实安全责任,确保实践活动安全有序开展。

(二)践行青春使命,投身美丽暑期行。自 7 月 16 日起,各团队开赴山东各地，结合专业特色与社会所需，联合政府部门、基层社区、革命景区等机构，开展了社会调查、科技服务、关爱服务服务、企业调研、基层劳作等多种创新形式的实践活动。同学们冒着高温酷暑，下基层、进厂矿、到乡村，主动适应新环境，经受新考验，放下架子，弯下身子，与人民群众打成一片，主动向群众学习、虚心向群众学习。同学们勤于观察，善于思考，切实提高了解决实际问题的能力。大家发扬不怕苦、不怕累、锲而不舍的钉子精神，在艰苦的环境中砥砺品格、磨炼意志，圆满完成了各项社会实践任务。

理论普及宣讲团围绕着习近平总书记系列重要讲话进行普及宣讲，为建设社会主义新农村贡献一份自己的力量；国情社情观察团走进企业、农村深切感受企业的求真、务实和创新精神以及企业、基层对人才的急切需求；科技支农帮扶团开展电商支农、宣传科学农业生产技术，开拓了当地百姓的视野，转变了生产、销售观念；教育关爱服务团通过支教、帮助留守儿童、举办夏令营等活动，体会爱心和责任所赋予的重要意义；文化艺术服务团把精心编排的文艺节目送到老人和孩子的心坎上；爱心医疗服务团宣传基础医疗知识，发放宣传单，普及健康常识；美丽中国实践团深入实地考察，开展绿色调研，进行环保知识宣传，提高村民环保意识、安全意识和健康意识；“彩虹人生”实践服务团到儿童福利院，为孩子们送去温暖。

案例五　电商支农帮扶团

2016 年暑假，信息工程学院暑期社会实践团第 26 分队电商支农团，由该院副院长王元国副教授带队，一行 11 人赶赴惠民县皂户李镇开展电商支农活动。

惠民县皂户李镇是全国闻名的苗木营销基地，在镇政府所在地有 300 多家苗木销售网点。夏天是销售淡季，天又下着小雨，所以各销售网点比较清闲，同学们正好借此机会可以有更多时间和各网点负责人进行交流，同时把早已准备好的农产品网络营销宣传材料发下去，各销售网点负责人听说是滨州职业学院暑期实践的大学生，也都很感兴趣，尤其听说电子商务教研室主任赵雪峰副教授也来到现场时，很多销售经理都围拢过来，和赵老师进行交流，因为前期赵老师曾经来过镇政府给他们进行过免费电商技术指导，所以大家都很希望赵老师能够帮他们解决更多实际问题，当他们了解到参加实践的学生都是计算机专业的学生时，还提出了很多关于计算机和网络方面的问题，同学们也乐于帮助解决。惠民县群峰苗木老板娘是一位很热情好客的人，她热情邀请几位老师同学到她们家坐下聊聊关于网络营销苗木的事情，村民们也你一言我一语聊起了他们的现状和困惑，大家普遍遇到的困难就是苗木的销路和网络营销中遇到的技术难题，开拓苗木营销市场是最艰巨的任务。通过热烈讨论，志愿者们当场表态，要充分利用他们的专业优势，利用淘宝网店、博客、论坛、微信公众号、个人QQ空间等形式帮助皂户李的苗农全力宣传、推销他们的苗木产品。

2015级电子商务班唐兴富同学说：“和朴实的农民伯伯、阿姨们交流，感觉特别亲切，尤其了解到他们的困难时，也感觉到了自己所学知识与真正市场的差距，更加激发了我们学习的动力。”此次暑期实践之行，启发很多。同学们纷纷表示，这次暑期实践集体行动结束后，一定要回到家乡继续分头行动，把暑期实践活动开展下去，从而也借此机会全面发展自己，将理论与实际相结合，更好地投入到祖国的建设中去！

随着我国人口增长、经济发展，特别是工业化、城市化对水的需求快速增长，对水量、水质提出了更高的要求。目前，我国的缺水形势不仅十分严峻，而且未来的供水能力并不能与经济增长同步增加，水源污染已经直接影响到国民的饮用水安全和身体健康，并人为加剧了水资源的短缺。在未来相当长的历史时期内，必须高度重视水资源短缺的现实。为了了解当地企业水污染处理的现状及当地居民对其的关注度，工商管理学院特组织污水处理与水资源利用情况的调研活动。

案例六　大学生就业情况观察团

8月2日上午，工商管理学院暑期社会实践团队大学生就业情况观察团一行四名学生在团总支书记崔友军老师的带领下，走进愉悦家纺股份有限公司，在企业工作人员的带领下调研了企业的污水处理系统，企业的印染部门是主要污水来源，作为企业“生命工程”的印染废水治理和回用是愉悦家纺的重大发展战略之一，先后投资2000万元的污水处理系统，采用当前世界上先进的生化、物化处理工艺技术，达到了国家级的排放标准，可处理印染污水15000吨，率先在省内同行业中实现了印染废水的资源化开发和可循环利用。8月2日下午，我们又走访了高新区环保办，政府工作人员向我们介绍了《中华人民共和国污水综合排放标准》和《水环境保护标准目录》，以及高新区规模以上企业的污水处理情况和辖区内主要水资源的利用情况。此次调研问卷我们放弃了原始的打印调查问卷，街头找人填写的传统方式，而是通过专业的调查问卷网站设计网络调查问卷，通过滨州本地的QQ群、微信群等广泛转发链接，共收到有效问卷287份。

案例七　志愿奉献爱心　助力精准扶贫

8月22日—23日，医疗学院暑期社会实践团队在菏泽市东明县长兴集乡敬老院和董庄村进行爱心医疗志愿服务活动。长兴集乡副乡长、团委书记贾晓玲、敬老院院长赵东辉、董庄村党支部书记刘学军、乡政府办公室工作人员以及学院指导教师全程参与本次活动。

22日一早，团队成员首先来到长兴集乡敬老院，为所有孤寡老人进行血糖、血压等医疗健康体检，自制《健康体检表》和医疗宣传海报，为敬老院形成了系统的健康档案。同时，向每一位老人捐赠日常生活用品礼包。23日，团队成员到当地精准扶贫重点村董庄村进行走访，了解该村扶贫工作的基本情况，向当地村民发放基本医疗知识宣传单，同时走访了几户较为贫困的扶贫对象，代表学院向他们赠送了部分生活日用品。最后，帮助董庄村委会做了大量的数据工作，完善了该村扶贫工作相关材料。

本次活动的顺利进行，得到了当地有关部门的大力支持，村民群众也对学生的到来表示欢迎。实践团队成员也表示，通过本次实践活动不仅提升了个人综合素质，也让自己意识到了作为当代大学生的社会责任。在精准扶贫的攻坚阶段，仍有很多农村比较落后，需要国家政策和人才的智力扶持，所以，最贫困落后的地方，也是未来大学生创新创业的大舞台。

(三)收获满满,在实践中锻炼成长。暑期社会实践是引导大学生健康成长成才的重要举措,是学生接触社会、了解社会、服务社会,培养创新精神、协作精神、实践能力和社会交往能力的重要途径。实践活动坚持与创新服务相结合,与专业优势相结合,与大学生就业相结合,增强了青年学生的社会责任感,巩固了专业知识。团队成员磨练了意志,奉献了爱心,培养了理论联系实际的良好学风。社会实践服务回报了社会,实现了大学生自身的价值,提升了大学生自身的综合素质。2017 年暑期社会实践活动,受到社会以及各界媒体的广泛关注,社会反响好。活动使学生加深对党的方针、路线、政策及国情、民情的理解,真实地看到社会所需及企业发展现状,拉近了大学生同人民群众的感情,让大学生在社会实践中开拓了视野,增长了才干,提高了自身素质,进一步明确了青年学生的成才之路与肩负的历史使命。

四、创新载体,新媒体服务成长

院团委始终把思想政治教育作为首要任务,先后开通了“青春滨职”“青春集结号”等院级和二级学院团组织 13 个微信公众号。通过线上、线下两个平台,传播青年声音,凝聚青春能量。微信公众平台的创建,为老师、学生、社会关注校园动向、了解青年的生活提供了一扇窗口。

2015 年 3 月,开通了微信公众平台“青春滨职”,结合重要时间节点,设计开展专项线上活动,利用新媒体进行网络思政宣传教育工作。构建以网络文明志愿者为外围、网络宣传员为主体的覆盖广、动员快、战斗力强的团学“网军”,强化队伍管理培训。积极参与“阳光跟帖行动”和网络意识形态斗争,充分发挥网络生力军作用。“青春滨职”自开通以来,得到了广泛的关注,目前粉丝量为 5228 人,每发布一条信息的浏览量平均在 500 人次左右。该平台实时播报大学里的动态活动,一项活动中的前期预报、后期宣传、参加情况都通过“青春滨职”进行播报。有的同学称“青春滨职”是寻找优秀学生亮丽身影的平台。积极倡导了正能量,更加贴近学生,更加贴近校园文化生活,为同学们找到学习的榜样。微信平台的创立是数字化办公、数字化宣传的具体体现。

案例三　青春滨职　滨职岁月

2017年毕业季，青春滨职推出“滨职岁月”上下两期微信，微信上期分别从入学以来的场景到大学校园生活的各类活动再到毕业季的不舍，让同学们按照时间顺序回忆大学生活；微信下期选取了校园各个美丽的角落，让毕业生们把美好的记忆都定格在这一刻。本期微信推出后，得到了师生的广泛好评，转载传阅数量达2600余人次。

2017年9月，继续教育学院微信公众平台“青春集结号”制作了开学特辑，将新生报到流程、分班情况、宿舍分配平面图、教室分配信息，以及本科自考助学简介等各类实用贴士，发布在该微信平台。报到新生只需通过“扫一扫”二维码加入后，即可获取以上信息。该平台还可以实时播报大学报到缴费、办证、体检、审核各网点的人数情况，指导新生们有序报到，避免在炎热的天气中长时间排队等候。该举措是数字化办公、数字化迎新的具体体现，节约了新生报到的时间成本，优化报到流程，方便报到新生迅速了解相关开学资讯，让进入校园的大一新生一入学就感受到“第一站关怀”。《滨州职院“数字迎新”让新生感受第一站关怀》被山东省教育厅、大众网、今日头条、云滨州等多家媒体转载。

第十章

百般红紫斗芳菲

——校园之魅

“人创造环境,同样,环境也创造人。”高校肩负着人才培养、科学研究、社会服务、文化传承创新、国际交流合作的重要使命。校园环境是大学精神的物化形态,是教书育人的重要资源,是培养社会主义合格建设者和可靠接班人的物质保障。良好的校园环境具有“不教之教”“无言之教”的积极育人功能,对于教育引导学生坚定理想信念、陶冶道德情操、丰富理论知识、提升专业技能、明确奋斗目标、促进成长成才具有润物无声、潜移默化的巨大作用。

滨州职业学院历来高度重视环境育人工作,科学规划,精心布局,努力实现自然景观与人文景观的有机结合、价值取向和审美情趣的交汇融合,形成了具有浓郁职教特色的“崇德尚能、知行合一、绿色生态、文明和谐”校园环境文化,书写了环境文化润物无声、培育人才、塑造形象、打造品牌的新篇章。近年来,学院荣获“全国绿化模范单位”“全国职业院校魅力校园”“山东省花园式单位”等多项荣誉称号。

一、一所与时俱进的现代高校

现代大学,如果没有大师,没有大师的思想和文化,就难以培养出高水平的人才;如果没有大楼,没有先进完备的场所设备和生态优美的校园环境,也难以培养出合格的人才;如果没有大树,没有彰显文化积淀、大学精神的一草一木,没有植根血脉、赓续传统的文化氛围,更难以培育出具有时代精神和现代气质的高素质人才。因而,大师、大楼、大树都是现代高校发展不可或缺的条件。

“现代大学不仅要有大师大爱,也必须要有大楼大树”,这是历届学院党委始终秉承的办学理念。学院坚持规划引领发展,将校园环境建设工作融入到滨州

“四环五海、生态滨州”整体规划建设中，对校园环境进行大手笔改造提升。请来山东建筑大学教授，对校园进行高起点、高标准、高品味规划；请来园林绿化专家，对校园美化、绿化、亮化进行高层次设计；请来建筑设计专家，对校园建筑景观进行论证设计；聘请专业施工队伍，贯通校园水系，建设实训广场，建造园林小品……其目的是要勾勒出一流高职院校的宏伟蓝图，营造出一个充满浓郁职教文化氛围的魅力校园。学院党委定期研究部署校园环境改造提升工作，成立基建委员会、绿化委员会，制订校园总体规划，每年足额划拨专款，累计过亿元；院领导多次就校园规划、环境提升、绿化美化亮化等工作现场调研指导，与工作人员共同商讨具体实施方案，与全体师生一起参加义务植树、美化净化等活动。历届党委都把校园环境建设工作纳入学院重点工作和主要任务，形成了环境育人的优良传统，代代传承并不断创新发展。

事业要发展，队伍是基础，人才是关键。我院设有专门从事校园环境建设工作的部门——后勤管理处，下设基建修缮科、设备运行科、绿化项目部等科室，按照专业化、知识化的要求，配备专业技术人员、养护人员，负责校园基础建设，常年对教学生活设施设备、建筑园林景观进行维护维修，对花草树木进行修剪、施肥、浇水和病虫害防治，确保了各项工作的规范有序开展。学院非常重视这支队伍建设，多次派人参加各级各类研修培训、学习交流，并大力倡导鼓励自修自学，着力提高专业素质和能力水平。学院还充分发挥自有建筑工程、园林、艺术设计等专业的人才和智力优势，聘请专业教师指导校园规划、基建、绿化等工作，同时依托校内在建场馆、园林和绿化工程等，为学生提供实习实训岗位，实现了互动双赢。他们爱岗敬业，充分发扬不怕困难、任劳任怨的精神，常年工作在第一线，为学院改革发展作出了重要贡献。面对“地处退海地、土壤盐碱化、地势低洼”的种植条件差现状，通过不懈努力探索出适合学院实际的“强排地下水、抬高种植地形、实施排碱处理”的绿化方法，大大提高了新栽苗木的成活率。近年来，该团队涌现出很多先进典型人物，多人荣立国家卫生城市复审工作个人三等功、被授予山东省高校校园绿化管理工作先进个人以及学院“务实滨职”年度人物、“优秀共产党员”“先进工作者”等荣誉称号。

建章立制、严格管理是学院加强校园环境建设工作的一贯做法。依据教学楼、实验实训楼、文化场馆及教学设备、生活设施的不同需求和使用频率，根据植物的生物学特性、生态学特性、生长习性，学院先后出台《校园绿化管理办法》《校容校貌管理办法》《学院卫生工作办法》《土建维修工程管理办法》《部门绿化管护职责》等系列规章制度，明晰各项工作、各个岗位的具体标准和职责，并据此制定完整的科学化、规范化、制度化、人性化管理措施，管理服务水平实现了质的飞跃。按照“全员参与　精细管理”原则，对绿地林木、亭台楼榭等实行挂牌管理，责任到人；成立学生不文明行为督察队，管理绿化、公共卫生设施，监督乱丢垃圾、乱贴乱画等不文明行为，确保每棵草木都有专人负责，确保每个角落都能覆盖。

如今，设施更为完备、功能更为完善、环境更为优美的现代化、生态化校园烘托出学院浓郁的人文气息和职教特色。雄伟的黄河三角洲高技能人才培训中心和实训广场，呈现着与时俱进的襟怀风度和一流高职的气派风范；范公文化园、孙武文化园、行知广场、太阳广场，洋溢着典雅的文化之韵与厚重的德技之美；琴湖公园、剑湖公园、启圣园、聚贤园，集园林小品、人文景观与自然景色于一体，显现着“河湖相连、碧水萦绕，绿树成荫、花草满目，三季有花、四季常青”的怡人景象，“大气、震撼、生机、活力”已成为现在人们走进滨职校园不约而同发出的由衷感叹。

二、一所崇德尚能的文化校园

坚持工学结合、知行合一、德技并修，培养高素质劳动者和技术技能人才，是职业教育人才培养的主要任务和发展方向。在推进环境育人工作过程中，学院着力凸显“崇德尚能”的精神文化理念，营造以景化人、以文化人的育人环境。

（一）突出特色，打造品牌。“琴心剑胆”出自吴莱《寄董与几》诗句“小榻琴心展，长缨剑胆舒”，意为既有情致、又有胆识。我们在校园环境建设中突出这一寓意，将“琴心剑胆”借喻为培养既有扎实的理论知识、较高的人文素养，又有过硬的实践技能、过人的创新能力的高素质技术技能人才，打造出琴湖公园、剑湖公园等具有标志性的校园景观品牌，努力把“琴心剑胆”的文化基因根植于学生灵魂深处、转化为自觉行动。两个园区设计均体现了以人为本、崇尚自然的理念，湖、岛、廊、桥、亭、路、假山错落有致、移步换景，师生们在绿波、树林、花丛的更迭之中休读，“崇德尚能”意境不觉油然而生。

著名教育家陶行知先生是我国近现代职业教育事业主要创始者之一，“凡养成生利人物之教育，皆得谓之职业教育”是他的职教思想精髓，其核心要义就是职业教育培养的学生要能创造财富，改善自身生活，还要能推动社会进步，贡献人类文明与发展,既利己利人更利国。学院传承这一思想,在学生生活区建设行知广场,设立陶行知先生全身塑像和刻有其教育箴言“千教万教教人求真、千学万学学做真人”的雕塑,警示师生要弘扬“求真务实”的精神,教人求真、学做真人,努力做一个对国家和社会有用之人。

突出时代特色和职教理念,建设高 99 米、面积 6.63 万平方米的地标性建筑——黄河三角洲高技能人才培训中心,吸引行业企业建立研发中心、创新基地、技术转移中心,共同承接科研课题,共同进行技术攻关,积极打造黄河三角洲地区企业人才、科技、信息超市和产学研用紧密结合的创新平台,着力提升学院服务区域经济社会发展的“能级”。建设 2.46 万平方米的黄河三角洲高技能人才实训广场,融实践教学、生产实训、社会培训、职业技能鉴定、科技研发、成果推广、信息交流等多种功能于一体,装备国内先进的实训中心 8 个、一体化实训室 109 个,化工行业职业技能鉴定实训基地、滨州市职业技能鉴定基地等 20 余个社会培训基地、职业技能鉴定基地落户于此,是山东省教育厅核准挂牌的首家“山东省职业教育公共实训基地”,着力提升培养高素质技术技能人才的“能级”。

(二)自然人文,水乳交融。滨州有着悠久而深厚的文化底蕴,武圣孙子、宋代著名政治家范仲淹都出生或成长在这里,孙子兵学文化、范仲淹忧乐文化滋养了一代又一代滨州人。在校园环境建设中,我们充分利用各种形式的园林设计来彰显丰厚的优秀传统文化底蕴。比如,范公文化园,徽派风格范公亭立于园区中心广场,亭柱镌刻有范仲淹经典名句“先天下之忧而忧,后天下之乐而乐”,手拿竹简的范仲淹全身塑像坐落于广场中央,身后立有篆刻《岳阳楼记》全文的景观石,园内林荫小路曲径通幽,缓坡地形高低起伏,葱郁绿树林荫浓稠。置身园中,缅怀古人、感悟先哲,发愤图强、报效祖国的意志品质不由萌发、升华。又如,孙武文化园,凸显孙武性格刚直的特点,园区道路笔直似利剑崭劈开来,兵圣亭、孙武像、景观石坐落在中心广场,兵圣亭隶书镌刻“嘘吸沧溟三尺剑,吞吐日月一卷书”楹联,孙武像威武壮观,景观石刻有孙武生平简介及《孙子兵法》之谋攻篇,昭示出真才实学必须在“动手动脑”“真刀真枪”的实践中才能练就的理念。

学院园林绿化以植物造景为主,将石亭、木廊、石刻、小桥、景观雨棚等人工景观融入自然,建成砂亭雨霁、魁山、吉祥物文化园、校友文化园、木槿园、月季园、石榴园、启圣园、聚贤园等 10 余个大大小小的景观,还有图书楼广场的校训责任石、培训中心和实训广场内庭的喷泉绿植景观等园林设计都彰显出了学院的历史积淀和人文底蕴。

（三）植绿护绿，和谐生态。现代大学离不开人与自然的和谐相处。学院大力倡导崇尚自然、热爱自然、传播绿色文明、保护生态环境、人与自然和谐相处的理念，按照“校园园林化、绿地标准化、局部精品化、生物多样化、树种特色化”的要求，大力开展校园植绿行动，形成了有绿有景、生动生态的校园绿化景观。校园绿化整体布局合理，采用复合式植物种植模式，乔木、灌木、藤木、花卉、草坪搭配得当，富有层次感；常绿植物与落叶植物比例适中，富有色彩和季相变化，三维绿量与复层种植景观突出。以绿色环保、绿荫观赏为主题，整个校园乔木、灌木与草皮合理分布，苗木品种156种，三叶草、高羊茅等草坪面积达20.2万平方米，绿篱和植物模纹1.5万平方米，梧桐、大叶女贞、白蜡、黑松、白杨、槐树、垂柳、碧桃、紫叶李、合欢、海棠等乔灌木30余种。3000余亩校园中，建筑面积36万平方米，绿化面积34.3万平方米，绿地率46.5%，绿化覆盖率55.8%，义务植树尽责率95%，生均绿地22.8平方米，生均绿化面积超全国23个百分点。

学院积极组织开展“校园环境卫生整治志愿服务”“义务植树”“爱护环境　从我做起”等主题活动，护绿、爱绿蔚然成风，校园内一年四季、花香鸟语，成为了各种鸟儿的天堂，爱护野生动植物也成为了师生们的自觉行动。良好的校园环境为师生创造了良好的学习生活环境，在潜移默化中使师生情操得到了陶冶，素质得到了提升，同时也成为滨州市一道独特的人文和生态景观，清晨、傍晚和节假日，这里引人入胜的美丽景致和浓郁的文化氛围都让众多的市民流连忘返。

三、一轴寓教于景的美丽画卷

学院坚持以科学规划为引领，突出“生态优美　人文和谐”主题，在整合提升校园精神文化和环境文化的基础上，打造“一轴二山三区四湖五场六馆九园”的校园文化景观格局，并通过开展校园文化一小时游览活动，面向广大师生及来院参观考察的国内外各界朋友宣传推介交流，塑文化品牌，扬滨职精神，成为学院校园文化建设的一道靓丽品牌。

按照主题突出、特色鲜明的原则，将校园文化景观格局概况为“一轴二山三区四湖五场六馆九园。“一轴”即校园南北中轴线，由南向北依次有黄河十二路校门、阳光路、太阳广场、1号教学楼（X型）、黄河三角洲高技能人才培训中心、行知广场、魁山体育场、魁山、起凤湖、航海水上训练基地等；“二山”即砂亭雨霁和魁山;“三区”即教学区、办公区、生活活动区;“四湖”即琴湖、剑湖、蛟龙湖、起凤湖;“五馆”即校史展馆、滨州政协文史馆、海瓷文化馆和培训中心西附楼多功能报告厅、图书楼学术报告厅;“六场”即黄河三角洲高技能人才实训广场、太阳广场、行知广场、风雨操场、塑胶体育场、魁山体育场;“九园”即范公文化园、孙武文化园、吉祥物文化园、校友文化园、启圣园、聚贤园、木槿园、月季园、石榴园等文化园区。

(一)教学场所。建有教学楼、实验实训楼、培训中心、实训广场、实训车间等场所。其中,1 号教学楼呈 X 型布局,2 号教学楼呈 U 型布局,可同时容纳 1 万余人,在设计上力求表现现代建筑简约、大方的形体感,寓意聚名师英才在此探索求知。黄河三角洲高技能人才培训中心建筑面积 6 万平方米,地上 26 层,地下 1 层,总高 99 米,校企共建的滨州向尚服装家纺设计研究所、技能大师工作室等均坐落于此,旨在打造黄河三角洲地区人才、科技、信息的超市和技术技能积累创新驱动的平台;培训中心主楼大厅东西两侧各有一副高 15 米、宽 7 米的巨型壁画,东墙壁画以校训“责任”和校风“崇德尚能”为主题,画面中心的鼎,取义“诚信、信用”,代表学院严谨的办学态度,体现了担负培养社会主义事业合格建设者和可靠接班人的神圣职责,鼎上方的桃李、飞天,寓意桃李满天下,学子成为社会栋梁之才,鼎左右两侧的男女青年寓意学院“崇德尚能”,既重视专业知识学习,又注重技能培养训练;西墙壁画上方是编钟和飞龙图案,代表“天地有形,大地为载”,寓意学院以崇高的道德、博大精深的学识培育学子成才,画面中间孔子、鲁迅头像,体现了学院注重以中华优秀传统文化涵养学子心灵,着力将优秀教育传统与现代大学教育理念融为一体,并不断传承创新,画面下方开启的大门、起舞的帆船、展翅高飞的大雁,体现了学院“与市场共舞　助群雁起飞”的办学理念。建筑面积 2.46 万平方米的黄河三角洲高技能人才实训广场,融实践教学、生产实训、社会培训、职业技能鉴定、科技研发、成果推广、信息交流功能等多种功能于一体,是首家“山东省职业教育公共实训基地”、滨州市综合性公共实训中心,所有专业学生均在此开展专业技能训练,2016 年、2017 年连续两届全国职业院校技能大赛高职组护理技能赛项在此举办。航海水上训练基地坐落于起凤湖中,“滨职”号训练船相当于 1500 总吨散货船,设施设备齐全,可进行舷外作业和登高训练;机动救生艇等艇筏可供操纵救生艇和挡浆训练所用;游泳池、跳高台可满足游泳和求生训练,是我院定向北海舰队、东海舰队士官生的校内实训场所之一。

(二)园林小品。琴湖湖形似弯月,柔美飘逸;湖心岛如巨龙吐珠,木栈桥通往岛中毓秀亭;南端步闲桥与聆风亭相连,楹联“水木四时生画意,湖亭一向酿书香”,寓意学子探求新知、求学风气之盛。剑湖公园园区群绿环绕、鸟语花香,水中鱼戏莲叶、荷花飘香,剑湖桥连拱卧波,剑湖亭雕工精美,亲水木栈桥串连成线,门球场隐于翠绿之中,是师生静思休读、老干部休闲活动的绿地空间。砂亭雨霁坐落在校园西南角,是市委市政府恢复的滨州古八景之一,山体绵延起伏、苍翠密布,蛟龙湖环绕山体、波光粼粼,隐藏山顶的针砂厅古朴典雅、环境清幽,青山碧水形成一幅和谐清丽的画面,是市民和师生最喜爱的休闲游憩去处。魁山坐落在校园东北角,与砂亭雨霁遥相呼应,“魁”意为“居首位,第一”,在儒士学子心目中具有至高无上的地位,寓意学院建设具有国际先进水平的优质高职院校的壮志豪情。起凤湖位于魁山脚下,命名源自《滕王阁序》“腾蛟起凤,孟学士之词宗”,寓意学院青云直上、学子振翅高飞,湖中泰然亭安之若泰,寓腾达通泰之意。位于图书楼广场的责任石,因镌刻有校训“责任”而得名,体现了学院担负着为社会培养高素质技术技能人才的神圣责任,体现出学院对社会、对学生负责的严谨办学态度,反映着全体教职工文明修身、严以律己、为人师表的群体价值观,也启迪着青年学生牢记责任,以实际行动博知敏行,为个人发展和社会进步担当责任。迎客松(石)位于太阳广场南端,迎客松一侧枝桠伸出,酷似伸开双臂欢迎客人,象征开门开放、多元育人;迎客石形态如同伸展开的立体卷轴山水写意画,远观如奔腾黄河,近辨似天路如云,表达了滨职人执着求索、铿锵前行之志。木槿园种植木槿2300 株,辅以六角亭、小广场,木槿花纷披陆离,光彩秀美,且朝发暮落,日日不觉,寓意“日新之德”,象征着滨职人勤劳、坚韧的精神品质,昭示出学院是一所活力无穷、潜力无限的高等职业院校。月季园种植月季近 3 万株,其中包括鸡血红、绿月季、红双喜、大红帽、黄金粟等稀有品种,月季花型典雅,色泽绚丽,枝叶葱郁,香气悠远,且月月盛开、季季有花,象征着滨职人坚韧不拔、奋发有为的意志品质。翰文苑,黄河三角洲高技能人才实训广场中庭花园,采用南派风格园林设计,一泓清池映入眼帘,水平如镜倒影成趣,天地相接融合,内外浑然一体,呈现出诗情画意的境界;水池四周栽植了广玉兰、鸡爪槭、红栌等名贵花木,郁郁葱葱,生机盎然,为在此实训的学子增添了灵气和韵味;花园尽头,葱葱青草中拔地而出的泰山石,宛若从地底下生长出来,其正反两面纹理,酷似两棵树,寓意着十年树木、百年树人,这里恬静素雅,是学子们课间休憩的好去处。在图书楼广场东侧有一叠水假山景观,取名“云浦龙生”“云浦”表达喷泉喷涌的美丽景象,“龙升”意为龙升此地，寓意学院景色美丽、人才辈出。

（三）文化场馆。黄河三角洲高技能人才培训中心西附楼建有面积3000平方米，可同时容纳1400人的多功能报告厅，配备先进的声光电控等设备，是学院乃至滨州市举办高端讲座、学术交流、大型会议、庆典活动、文艺演出等活动的高等级场所；东附楼一楼建有校庆展览馆，布展面积522平方米，全方位、多角度地展示学院60年来取得的办学成果，是学院办学精神、办学理念和校园文化的物化凝练和集中体现，是对青年教师、新生开展入职入学教育的重要基地；五楼建有山东首家市级政协文史馆—滨州政协文史馆，该馆建筑面积2000平米，每周五全天免费对公众开放，是对师生开展国史国情教育的重要阵地；海瓷文化馆由杰出校友山东海瓷集团董事长郭春森捐建，分设计展区、原料展区、成型展区、烧成展区、烤花展区、贝壳文化、精品展区、企业成就和海瓷手绘体验区等展区，全面生动展示海瓷文化的博大精深和独特魅力，是师生了解鲁北文化和黄河三角洲文化的重要窗口。目前正积极筹建黄河三角洲区域文化研究中心。

（四）文化园区。范公文化园设计灵感源于范仲淹名言“先天下之忧而忧，后天下之乐而乐”，彰显着滨职人牢记使命、不负重托、先忧后乐、奋发有为的拳拳情怀。孙武文化园与范公文化园呼应，寓意“动脑动手”“能文能武”，蕴意培养理论知识扎实、专业技能过硬、职业素养优良的高素质技术技能人才。吉祥物文化园规划放置大雁，体现“与市场共舞　助群雁起飞”基本办学理念，振翅高飞折射出师生积极向上的精神状态，比翼齐飞彰显了团结协作的时代精神，群雁远飞则蕴含了誓争一流的勇气决心。校友文化园是集活动、育人、纪念、休闲等功能为一体的公共活动场所，旨在增强师生和校友的凝聚力、自豪感和爱校荣校意识，激励学生见贤思齐、不断超越。启圣园、聚贤园位于黄河三角洲高技能人才培训中心广场东西两侧，启圣园寓意学院是学子们充实知识、锻造技能、启迪心智、升华心灵的场所，聚贤园则集中体现了学院尊重知识、人才兴院的发展思路和开放办学、多元育人的发展理念。

（五）活动场所。太阳广场命名源于广场中心地砖镶嵌的太阳图案，环绕广场的树林、花池和人行道呈放射状，犹如太阳光芒四射，华光万丈，这里白天鸟语花香，夜晚灯影朦胧，是师生学习交流和举行文娱活动的场所之一；广场北端东西两侧分别设置了16组宣传橱窗，从中可以看到学院一行行铿锵前行的奋进足迹。行知广场取意于陶行知先生提倡的“教学做合一”教育思想，时刻警示学子要牢记

"知行合一,实践成才",周边辅以文化长廊等景观小品,是学生休读和举行小型活动的重要场所。风雨操场位于黄河三角洲高技能人才实训广场南邻,建筑面积4800平方米,设有200米塑胶跑道和羽毛球、乒乓球、排球、篮球等球类场地,是师生日常锻炼和举办室内体育活动的主要场所,也是滨州市体育局训练基地。塑胶体育场由透气型塑胶跑道和人工草坪构成,设有400米标准塑胶田径场和塑胶网球场、篮球场,可进行各项田径、篮球、网球、足球及体操等比赛,学院大型室外文体活动均在这里举行,政府机关、企事业单位也曾在此举办过各种运动盛会。魁山体育场位于行知广场北侧,设有高标准塑胶跑道和足球场,两侧建有篮球场和排球场。

(六)校门道路。黄河十二路校门,从高空鸟瞰,像英语字母A,像张开的双臂,喜迎八方俊才来此就读;正面看,两端造型仿似两个翘起的大拇指,其一代表自信,建成国际先进水平的优质高职院校的自信,其二代表赞许,用高水平办学、高素质人才、高质量服务赢得社会赞许。大门两侧的六盏巨大中华灯,是我院为配合滨州市打造黄河十二路景观大道而规划安装的,高13米、灯冠直径4.7米,在中华灯系列中尺寸最大,造型大方得体,亮化效果好,观赏价值高,成为黄河十二路标志性夜景。

学院道路规划齐整,均为南北和东西走向,根据人们的生活习惯,将东西走向命名为"道",南北走向命名为"路"。黄河十二路大门至黄河十四路大门之间的道路为"阳光路",南北长1000米,东西宽70米,两旁法桐苍翠挺拔、绿荫成廊,中间桃李绿化带宛如一幅色彩斑斓的的诗意画卷,寓意桃李满园、春晖四方。进入黄河十四路大门第一条东西大道是"崇德大道",蕴含着教书育人、德育为首的理念。学院东门至渤海十一路的中心路是"树人大道",取自"十年树木,百年树人",将这条贯通学院东西的大道命名为树人大道,以突出学院的办学目标,也时刻激励着青年学生奋发成才的热情。"尚能大道"位于校园最北端,南与"崇德大道"南北呼应,将崇德尚能、德能兼修的办学理念加以体现,并将"德""能"统一于"树人",形成了完整的框架体系。南北路命名主要以其相毗邻的文化园区命名相对应,分别按东南西北方位直接命名。

在"十三五"期间,学院将继续秉承环境育人办学理念,优化学院校园总体布局,建设高标准的第二实训广场、大学生室内体育馆、黄河三角洲文化展示馆和学生公寓,努力把校园建设为与国际先进水平的优质高职院校相匹配的一流育人环境。

第十一章

男儿志在乘长风

——军营之梦

国防教育在整个高等学校的教育体系中,属于基本素质教育的范畴,不仅具有“增强全民国防观念,提高全民国防意识”的功能,而且对于促进学生整体素质的提高,具有重要意义。“男儿何不带吴钩,收取关山五十州。请君暂上凌烟阁,若个书生万户侯。”每一个少年心中都有一个军人梦,每一个少女心中都期待一次侠客行。

学院将国家需要和青年热血豪情结合,充分利用新生入学、建军节和其他一切有利时机,组织开展国防教育和军事训练,增强学生国防意识,激发学生爱国热情。同时,积极推进军民融合,与滨州市武装部合作,认真开展征兵工作;大力加强军校共建,分别与北海舰队和东海舰队签订了联合培养协议,定向培养士官。2016 年 5 月,学院成功获批“全国定向培养士官试点院校”。目前,国防教育已经成为学院思政教育的一个重要途径,士官文化和军旅文化已经成为学院文化建设的一个重要内容。

一、积极开展国防教育,做好征兵入伍工作

2003 年 10 月,学院成立了人民武装部,负责领导、组织全院的国防教育、国防建设及拥军拥属等工作。我院也因此成为滨州市第一家成立独立武装组织的高校。学院人民武装部自成立以来,尽职尽责,扎实工作,取得了明显的育人效果。2010 年和 2017 年,学院根据学生教育管理的需要,先后两次调整充实武装部,研究成立了征兵工作站、军事理论课教研室、军事训练办公室等科室,极大地增强了国防教育的强度和力度。

新生军训开幕式

（一）把新生入学培训作为开展国防教育的主要战场

学院将新生军训、新生入学教育作为开展国防教育的主战场，从武警滨州支队邀请优秀教官来校承训，在为期半个月的军训与入学教育过程中穿插军事理论培训、军事专家讲座等内容，强化学生的国防意识，加强学生的理想信念教育、爱国主义教育以及思想道德建设，实现了连续 15 年军训工作无事故，并于 2014 年顺利通过了全省高校军事理论课教学检查评估。2017 年，学院充分发挥海军士官军事素质过硬的优势，精选了我院 78 名 2016 级海军士官学员担任新生教官，并

2017 级新生军训由海洋学院士官班学生承训

在暑假期间对他们进行军事理论、训练科目等内容的集中培训。在为期11天的新生军事训练中，海军士官学员圆满完成训练任务，取得了远超预期的训练效果。另外，为了更加贴合学院人才培养目标、更加符合高职学生成长发展特点，学院武装部正在组织编辑《国防教育教程》校本教材，预计于2018年新生军训期间投入使用。

（二）把加强民兵连建设作为学院国防教育的亮点特色

根据上级武装部门的要求，学院2003年组织成立了第一支民兵连——“滨州职业学院女子民兵连”。“滨州职业学院女子民兵连”共计60人，全部由身材颀长、面容姣好、素质过硬的女生组成。她们按照“6×10”的队形组成方队，在学院一经亮相就引来一片欢呼赞叹之声。经过严格的训练，“滨州职业学院女子民兵连”已经成为学院军训场上的一道靓丽风景，并多次参加军分区组织的阅兵和一年一度的民兵点验，受到上级主管部门的肯定与表扬。同时，学院充分发挥专业特长，组建了2支应急分队和1支医疗救护分队，使民兵连总人数达到140人，并通过规范建制、加强训练和管理等，将之打造成我院国防教育的亮点特色。

女子民兵连

（三）把征兵入伍工作作为学院国防教育的重要内容

学院根据滨州市军分区、滨城区武装部等上级兵役机关的工作要求，广泛深入地开展预征报名、征兵宣传和参军报名工作。征兵工作站根据学生具体情况，将征兵宣传对象分为三类，有针对性地开展宣传和动员活动：面向在校生，学院会同市征兵办公室、滨城区武装部举行校内现场咨询会，通过发放宣传材料、现场解答等方式进行广泛的宣传动员；面向即将入学的大一新生，学院印制《大学生参军入伍指南》，随新生录取通知书一并寄出，使有入伍意愿的新生在入学前就可以全面了解大学生参军入伍的优惠政策、报名流程等相关事项，并在新生报到期间专门设立新生应征入伍咨询处，对前来办理保留入学资格的学生现场解疑、现场办理；面向处在实习岗位的大三学生，学院通过班级 QQ 群、微信群发布夏季征兵、直招士官等工作安排，并指定由各班班长担任责任人，确保把通知传达到每一名学生。通过无缝隙宣传发动，我院逐步形成了积极参军、乐于入伍、携笔从戎的良好氛围，参军入伍学生数量逐年攀升。仅 2017 年度，我院就有 122 名高职学生参军入伍，其中含有 6 名女兵和 6 名直招士官。上级兵役机关对我院兵源数量和质量给予高度评价，多次对我院征兵工作予以表彰。

征兵工作站授牌仪式

大学生征兵宣传月启动仪式

（四）把军人教育培训作为学院国防教育的重大突破

依托海洋学院的专业特色，经海军总部批准，2016 年 8 月，我院招收了为东海舰队和北海舰队第一批定向培养的海军士官学员 80 人。经过一年多的训练学习，学员的表现得到海军总部领导及舰队领导的一致好评，并将 2017 年学院海军士官学员的招收计划增加至 130 人，另增加空军地勤士官 100 人。直招士官专业的招生，成为学院国防教育工作的一大突破。另外，根据山东省教育厅、民政厅、财政厅《关于组织开展退役士兵单独招生免费教育试点工作的通知》（鲁教学字〔2017〕12 号）文件要求，学院于 2017 年 6 月 10 日组织了退役士兵单独招生考试，130 名退伍士兵顺利通过考试，成为我院正式学生，为我院开展国防教育增加了新的强大力量！

海军士官学员方队

我院先后荣获“参加全国‘爱中华、奔小康、强国防’国防教育系列活动军事技能比赛优胜奖”“山东省军事技能训练组织奖”“山东省关心国防建设十佳单位”“2005 年度民兵预备役基层建设先进单位”“山东省高校国防教育先进单位”等奖项和荣誉称号；连续六年荣获滨城区“征兵工作先进单位”荣誉称号；连续两年荣获“全省高校征兵工作先进单位”荣誉称号；2005 年 11 月，中央电视台军事频道以《把国防城墙修到学子心中》为题，对学院开展国防教育的经验做法进行了重点报道。此外，我院武装部工作人员多次获得“征兵工作先进个人”称号，并有一人在 2013 年被评为“滨州市关心国防建设十佳人物”。

我院征兵工作荣获表彰

二、唱响嘹亮校园军歌，做好直招士官工作

矫健的步伐、整齐的队伍、嘹亮的口号、洁白的军服，一张张稚嫩的脸庞，一首首雄壮的军歌……他们，海军士官生，已经成为校园内最靓丽、最动人的风景！

行进中的队伍

2016 年 5 月，经过全力争取、不懈追求，学院成功获批"全国定向培养士官试

点院校”，分别与北海舰队和东海舰队签订了联合培养协议，得到了80名海军士官的培养计划。9月，学院乃至滨州历史上首批定向培养士官学员入学，拉开了直招士官教育管理工作的序幕。

为做好直招士官工作，学院在多方调研、考察学习的基础上，确立了党建、教学、思政教育和学生管理“一体化”的工作思路，以准军事化管理为主线，把海洋文化、航海文化和海军军营文化融入校园文化中，突出“四个强化”，突出“海味兵味”，全面提升学生管理标准，打造学生管理品牌。

（一）强化思想政治教育

学院坚持领导带头、问题导向、从实际出发，以为部队培养政治合格、军事过硬、作风优良、纪律严明的高素质士官人才作为中心工作，积极探索直招士官培养的新途径和新办法，强化对士官生的理想信念教育和优秀品格培养。除了不折不扣地完成人才培养方案中要求的思政教育外，学院根据实际情况，开展形势政策“百场讲堂”“道德大讲堂”等系列活动，组织学生听取专家报告，引导学生知校情、知市情、知国情，形成了士官生家事国事天下事事事关心的良好局面。以校训“责任”为基础，强化社会主义核心价值观的主导地位，融入海员和海军的职业道德要求，以每日新闻联播、船长讲座、军营讲堂、每日集训、五分钟演讲、晚点评等20余项“海味”特色活动，唱响“爱国、忠诚、服从、团队、耐劳、担当”的主旋律。

听取杨光军书记《知市情爱滨州同舟共圆小康梦》专题报告

（二）强化准军事化管理

加快准军事化管理进程。针对海洋学院士官专业特色和要求，考虑到学员具有“学生”和“军人”双重身份，以原来的半军事化管理为基础，融入士官培养要求，探索“大队管理、中队自治、区队落实”的管理模式，先后成立了海洋学院大队、大队管理办公室、海洋学院准军事化管理办公室、中队纠察队、警卫队、应急分队等准军事化管理机构，形成了环环相扣的立体化军事教育管理体系。推行辅导员与准军事化管理教官双重管理的新模式，由辅导员负责学生日常管理工作，由教官负责学生的军政素养、体能训练等，两者相互配合、相互促进，积极稳妥地推进直招士官教育培养工作。以“一日生活制度”为主线，制定了 10 项 20000 余字的行为规范和《海洋学院准军事化管理规范》《海洋学院综合考评制度》等一系列与准军事化管理相配套的制度，将“半军事化”全面提升为“准军事化”管理，建立了军事化管理长效体制机制。2017 年 8 月，学院组织全体士官生开展了为期 15 天的暑期集训活动，包括 50 公里野外拉练、参观中国孙子兵法城、“孙子兵法话中印”大讨论、“四会”教练员培训、海军礼仪讲座、暑期考核等。集训活动要求士官生严格按照部队一日生活制度，吃苦耐劳、不畏艰辛、团结协作、纪律严明。通过集训，士官生们亲身感受到中国军事文化的博大精深和“不屈不挠、艰苦奋斗、顾全大局、无私奉献”的老渤海革命精神，为士官学生具备合格军人的必备技能，提早适应部队生活打下坚实基础。

暑期集训考核

（三）强化专业课程建设

基于课堂教学"学生主体地位和教师主导作用"的回归以及提升课堂效能的需要，学院创新士官生专业课教学模式，探索并构建了理论课、综合课、实践课"对分课堂"教学模式，使整个教学流程呈现出学生深度参与、教师全程主导、课堂实效性强等特点，获得了良好课堂教学效果。同时，开设了《中国人民解放军内务纪律条令》等4门军政课程，推进从严治兵，增强了士官队伍的组织性、计划性、准确性和纪律性。加强学员军政素质养成培育，每天下午为全体士官生开设两节体能训练课，包括引体向上、俯卧撑、仰卧起坐、100米跑、3000米跑、5000米跑等内容，并严格按照部队的体能训练标准执行。经过一年多的锻炼培养，士官生的知识结构、身体素质、意志品质等得到明显提升。

引导士官生主动学习

（四）强化校园文化熏陶

秉承文化育人理念，努力构建校园文化、企业文化、海洋文化、军旅文化、优秀传统文化"五位一体"的"海味""兵味"浓郁的蓝色校园文化体系和具有航海类专业特色的学生职业核心能力培养体系。组织开展"走进蓝色军营""畅游海洋，阅读天下""军风军纪大比武""让雷锋精神薪火相传"等系列主题活动，培养士官生的团队合作能力、沟通协调能力、信息处理能力、自我管理能力、礼仪表现能力等，为士官生职业核心能力的培养打下坚实基础。以"统一的着装、整齐的队列、嘹亮的口号、规律的生活"为行为标识，引导士官生唱响校园军歌，培育不在军旅、恰似军旅，不是军人、胜过军人的蓝色军营文化，打造学院特色文化品牌。与秦皇台军事训练基地、渤海革命老区纪念园等 5 处教育基地建立合作关系，带领学生到滨州港参观“海巡 11 轮”等，使学生在参观学习中受到教育、得到洗礼、净化心灵、提升品质。积极组织士官生参加校外活动，如滨州南海义务植树、滨州海洋渔业局世界海洋宣传日知识竞赛、“9·30”渤海革命老区公祭活动、“星火义工”、与滨州武警开展联谊活动等，不仅丰富了士官生的课余生活，开拓了他们的眼界和胸襟，而且成功引导他们勇于承担、乐于奉献，形成了良好的人格品质。

“好男儿就是要当兵”经典节目

滨州港参观“海巡 11 轮”

“9 · 30”渤海革命老区公祭活动

参加滨州电视台“世界海洋日”知识竞赛

三、推行军民联合共建，做好军民融合工作

春秋时期，政治家、军事家、思想家管仲提出了“寓兵于农、军政合一、兵农合一”的主张。此后，“寓军于民”“军民结合”“军民融合”等思想一脉相承，延续至今。新中国成立后，国家领导人对军民融合工作高度重视，先后做出重要指示，并将其作为实现中国梦、强军梦的战略路径和关键招数。

（一）充分发挥专业优势，积极推动校军合作

自学院2003年10月成立人民武装部以来，在新生军训、国防教育、国防建设等各方面，都得到了滨州武警等人民军队的大力支持和无私帮助。学院人民武装

部也在教育引导全院师生拥军拥属等工作上发挥了重要的作用，实现了校军之间的密切合作，保持了良好的校军关系。

2010 年，我院充分发挥信息工程方面的专业优势和知识特长，与滨州市武警支队共建信息化中心，并与滨城区人武部共享使用。当年，该中心测试新兵 3000 余人，实现了预期目标，收到了良好的效果。2015 年，该信息化中心被滨州市民政局等五部门联合授予“滨州市退役士兵职业教育和技能培训基地”，培训安置退役士兵 200 余人次。

（二）直招士官实现突破，大力推进军校融合

无论从军人职业化改革的趋势来看，还是从高等职业教育特色办学视域来看，学院都肩负着“推动军队人才培养体系的军民融合，完善依托国民教育培养军队人才的体制机制”的责任。因此，学院在“十三五规划”中明确提出，要“推进军民融合工程，以海军定向培养直招士官项目建设为切入点，高起点重视、高标准作为，切实加强军地人才双向培育，扶持相关专业进行军民两用技术创新人才的培养，深入推进滨州市军民融合战略的实施”。

2015 年 12 月 15 日，中国人民解放军海军军务部处长应邀来学院考察海军定向培养直招士官办学条件，拉开了军校深度融合的序幕。2016 年 5 月 12 日，教育部、中央军委政治工作部和中央军委国防动员部联合下发《关于做好 2016 年定向培养士官试点工作的通知》（军动〔2016〕21 号）文件，批准滨州职业学院等 10 所高校列入“全国定向培养士官试点院校”，实现了学院乃至滨州市军民融合的历史性突破，吹响了校军融合发展的号角！6 月 9 日，学院成立了定向培养士官工作领导协调小组，统筹推进海军定向培养士官的招生宣传、提前录取、设施条件建设、管理人员聘任、人才培养方案对接和制度建设及管理等各项工作。21 日，由海军北海舰队组织的“海军定向培养士官地方高校领导调研活动”在北海舰队南泉训练基地举行，学院受邀参加调研。7 月 5 日，北海舰队与学院“试点定向培养航海技术专业直招士官联合培养协议”举行隆重签订仪式。

考察我院办学条件

定向士官培养签约仪式

北海舰队签约仪式

东海舰队签约仪式

7 月 18 日至 19 日,学院 2 名专任教师赴北海舰队训练基地进行教学及人才培养具体工作的对接,并在北舰南泉基地同山东交通职业学院航海技术专业教师进行交流。随后,学院按部队需求,结合学院实际,于 7 月底 8 月初完成了“试点航海技术专业人才培养方案”。7 月 26 日至 28 日,我院派士官培养责任人及专业教师等一行 4 人到东海舰队总部机关、东海舰队训练基地就定向培养士官进行工作走访和对接调研,取得丰硕成果。8 月 9 日,学院召开 2016 年定向培养士官生人才培养方案论证会。9 月 4 日,滨城区人民武装部从新兵入伍训练现场抽调了 4 名优秀教官对我院士官学员进行高标准入学军训。经过培训,我院士官学员以囊括全部军训奖项的优异成绩结束了“入学第一课”。10 月 16 日,东海舰队与学院“试点定向培养轮机工程技术专业直招士官联合培养协议”举行签约仪式。10 月 16 日,东海舰队训练基地一大队思想政治教研室主任、大校祝富友教授应邀在

士官学员军政素质专题报告会

学院多媒体报告厅做了题为《走向深蓝的人民海军》的士官学员军政素质专题报告会，大大激发了士官学员“立志从军、走向深蓝、报效祖国”的决心。

（三）顺应军队建设需要，深入挖掘合作潜力

2016 年 11 月 9 日，为实现定向培养士官“扩兵种、扩计划、实现规模化发展”的战略意图，党委书记杨光军赴北京空军政治工作部兵员与文职人员局请示工作，协调计划。座谈会期间，学院递交了《关于定向培养空军直招士官事宜的请示》，为“增加空军兵种，增加百人计划”打下了坚实基础。11 月 10 日，学院递交了《关于海军定向培养士官工作的汇报》，表达了扩大招生规模和增加女兵计划的意愿。

2017 年 2 月 25 日，“滨州舰”政治委员苏勤丰、副观通长曾晓进，在滨州市副市长万永格，滨州市民政局党组书记、市双拥办公室副主任陈福林的陪同下视察了学院办学及定向士官培养工作。全体士官生列队接受首长检阅，并与部队首长和各级领导合影留念。3 月 8 日，党委副书记、院长石忠一行到中国人民解放军海军政治工作部兵员和文职人员局汇报定向培养士官工作。对学院开展定向培养士官工作的具体情况进行了详细介绍，展示了学院党委高度重视“军民融合和双拥共建”工作的诚意，表达了扩大招生规模、持续为海军部队培养更多优秀士官人才的愿望。海军首长介绍了定向培养士官工作的发展前景，解答了扩大规模和专业等方面的相关政策，对共同科目的学习、与承训机构的对接、保证培养质量、建立淘汰机制等工作进行了具体指导，并希望学院珍惜发展机会，重视共同科目，提高培养质量，切实为海军部队战斗力的提升输送优秀士官人才，表达了与学院成为可持续合作伙伴的意愿。

滨州舰领导视察定向士官培养工作

一分耕耘一分收获。在师生的共同努力下,我院国防教育、征兵入伍、士官培养、军校融合等工作都取得了一系列丰硕成果！学院将胸怀使命、一路创新,锐意进取、砥砺前行,让“兵味更足,海味更浓,军歌更嘹亮”！

第十二章

试看一路争先着

——点睛之论

内强素质，外树形象，全面提高管理水平

——摘自2002年5月14日《张冠文同志在滨州职业学院
“管理月”活动动员大会上的讲话》

张冠文

“管理月”活动要防止形式主义和走过场，严格按照实施方案抓好落实。为此，要重点解决以下几个方面的问题：

第一，加强学习，提高自身素质和管理水平。

大家要争取做到“七讲”，即“讲学习”“讲政治”“讲正气”“讲团结”“讲纪律”“讲大局”“讲奉献”。

一是“讲学习”。要坚持不懈地学习邓小平理论和“三个代表”重要思想，自觉运用马克思主义的立场、观点、方法指导工作实践。在最近的省高校党建工作会议上，提出“三个代表”的思想要“进教材、进课堂、进学生头脑”，为此，高校教职员工首先要做到“三进”，将“三个代表”重要思想落到实处。要学习学院管理制度和有关的党风廉政建设制度。要充分利用政治学习时间和业余时间，学习“管理月”活动中要求大家学习的文件。在活动结束时，要对全院副科以上干部进行一次学院管理制度和党风廉政建设考试。要学习高校管理理论和教育理论。要转变教育理念，更新管理理念，把“三个代表”重要思想体现在实际工作中，落实到具体行动上。每个副科以上干部在“管理月”活动结束时都要写出有份量的转变教育理念的心得文章。

二是“讲政治”。“讲政治”，要求干部在政治上要靠得住，坚决与党中央保持一致，坚持党的领导，坚持党的教育方针，坚持社会主义办学方向，在大事面前不糊涂，重大原则问题不让步，关键时刻不动摇。要有眼光和战略思维，善于把握学院发展规律，思想解放，思维开阔，创新意识强，具有较强的管理能力和领导能力。高校的领导干部一定要有清醒的政治头脑，善于从政治的高度思考问题，同时要廉洁自律，让教职工信服拥护。我希望学院的领导干部，特别是处级以上领导干部，要全心全意投入到学院的管理工作中来，增强事业心、责任感和使命感，要具备敬业精神、奉献精神和牺牲精神，珍惜党的培养，多学习、少应酬，多实干、少空谈，多奉献、少计较，以良好的精神状态推动学院发展，作一个合格的政治工作者。

三是“讲正气”。一个单位需要有良好的形象，单位的员工需要良好的工作环境。如果一个单位歪风邪气盛行，就树立不起单位的好形象，也不会提供工作、学习、生活的好环境，这是一个简单的道理。良好的单位形象需要用正气来塑造，要大力弘扬正气，批判歪风邪气，鼓励干的，鞭策看的，处理捣乱的。要坚决刹住歪风邪气，形成身累、脑累、心不累的工作和生活环境。

四是“讲团结”。学院大小部门二十多个，各个部门都有班子的团结问题，人与人的团结问题，部门与部门的团结问题。所以在工作中要认真执行民主集中制，正确处理个人与组织、民主与集中、同志与同志的关系。团结是一种境界，是一种胸怀，每个干部特别是领导干部都要有海纳百川，宽容谦和、善待他人的胸怀和气度，要学会合作，学会协调，学会共事，学会相互配合。要大事讲原则，小事讲团结，要勇于承担责任，遇到矛盾不推诿，培养自己高尚的境界和宽大的胸怀。

五是“讲纪律”。纪律是一切事业成功的保证，要顾大局、讲纪律，确保政令畅通。要个人服从组织，与党中央保持一致，遵守国家的法律法规。要从学院发展的高度认识加强纪律的重要性，要紧密团结在党委的周围，维护各总支和支部的形象，执行好学院的规章制度，凡是组织决定的，要无条件地执行。在执行过程中如果认为决定是错的，可以向上级反映，但在组织没有改变决定之前，要坚决服从。要不然，政令不畅，什么事也做不成。

六是“讲大局”。要围绕创建滨州职业学院这个大局做工作，围绕学院发展作贡献。学院由四校一所合并而来，有的同志还分你这一块，我这一块，现在已经没有你我之分了，只有滨州职业学院。所以大家考虑问题要围绕学院发展这个课题，从大局出发建设好学院。

七是"讲奉献"。实质性合并两个多月来,许多同志默默无闻地工作,晚上,到各个校区看看,教师们在备课,行政人员在加班,学生管理人员每天坚守岗位到夜里十一点多。我们要弘扬这种默默无闻做贡献的精神,反对少数人斤斤计较个人得失,向组织讨价还价的做法。

第二,转变观念,尽快实现两个根本性转变

一是实现由分散办学向集中办学的根本转变。四校一所实质性合并前各校区独立办学,形成了一套固定的传统的办学观念和办学思路,实行四校一所合并集中办学,难免有这样或那样的不适应,但是必须面对现实,进行大刀阔斧的变革,彻底摒弃原来陈旧的不合时宜的管理思想和办学理念,在继承和发扬过去好的办学思想和办学模式的基础上,走出一条适合自身特点的高职办学新路子。

二是实现由中专教育向高等教育的根本转变。中专教育到高等教育是一种质的飞跃,更确切地说是一种脱胎换骨的变化,是一种升华。我们的管理者、一线教师尽管在中专办学时期积累丰富的办学经验,甚至探索出了相当成功的办学思路和办学模式,但与我们现在的高职办学毕竟不同,我们面对新的形势、新的任务、新的环境,只有不断研究和探索高等教育教学规律,努力提高自身的素质和能力,才能逐步适应高等教育的要求,才能真正办好高等职业技术教育。

第三,改进措施,切实解决当前存在的问题

查摆问题的目的是为了促进学院管理水平的提高,认识到存在的问题就要在工作中加以改进。

一是各部门工作性质不同,存在的主要问题也不同。对那些群众反映比较强烈的,关系到师生员工的工作、学习、生活、安全的,影响工作效率和学院工作大局的问题,要着重解决。对工作进行全方位思考,哪些工作不到位、没人管;哪些工作扯皮,交叉点在什么地方;哪些工作费力不小,但效果不好,原因在什么地方,要找出来。管理不到位,哪个地方不到位,管理不行,哪个地方不行,都要深入分析,具体列出并找出症结所在。检查服务承诺的履行情况,哪些服务不到位、哪些承诺没兑现,要及时纠正。副科以上干部要以一定形式向本部门做自我剖析,各系、各部门要以一定形式向党委做自我剖析。

二是要叫响"院兴我荣、院衰我耻、学院兴衰、我在其中"这个口号。学院是我们大家的学院,只有办好,我们才有出路。学院的事,就是大家自己的事,学院的发展,就是大家自己的发展。面对发展高等职业技术教育这一新的课题,如何吸取成功经验,创造性地开展工作,是我们每一位教职员工的职责,我们每个教职员工要为学院增光添彩。

明确一流职业学院标准　建设全国示范性高职高专院校

——摘自《王观庆同志在主题教育活动总结大会上的讲话》

王观庆

什么是一流职业学院?一流的职业学院就是能够出产一流产品的职业学院。一流产品包括两个方面:一是合理设置专业,二是确保人才培养质量。

首先,专业设置合理,才能培养适销对路受社会欢迎的学生。目前,我院有 10 大类 42 个专业。专业门类较为齐全,但是与我市经济发展和社会进步还不相适应。我市 10 大产业链(集群)发展需要的专业发展缓慢,调整滞后。42 个专业中,有的专业没有生源,个别的新专业审批以后只招了寥寥几人。在申报新专业时,虽说是通过社会需求调研,但调研的深度、广度总体来说不够,有的甚至是想当然。下一步,各系、各专业必须深入社会进行人才需求和学生求学愿望的调研。每个系都要熟悉滨州乃至山东省对于本系所属专业技能型人才的需求状况。比如,生物工程系的领导和老师要了解我市、我省种植规模和结构、养殖规模和结构,了解农业技术推广体系建设现状,了解我省农资市场、农产品储运加工情况,从而掌握我市、我省对生物技术类各专业人才的需求情况;工业工程系的领导和老师要了解我市工业企业有多少个、有多大规模,需要多少基层技术和管理人员、高技能工人,当前技术发展趋势,下一步的发展规划如何等等。按照市场学的理论,低档次的企业经营是不管顾客需要什么,我生产什么就卖什么;稍高档次的企业是顾客需要什么我生产什么;再高档次的企业应该是了解顾客,引导顾客,生产经营活动符合顾客长远利益和社会利益,获得企业和社会的收益。我们必须把握社会脉搏,不但要了解我市、我省经济和社会发展战略对高技能型人才需求情况,还应主动参与我市社会进步和经济发展规划、方案、政策的制定,主动承担相应调研课题,取得一定的发言权,并据此超前设置专业。要在这样的充分调查研究的基础上,明确学院的骨干专业是什么,拳头专业是什么,支撑专业是什么,哪些专业应该重点支持、大力发展，哪些专业应该巩固提高、稳步发展，哪些专业应该进行改造嫁接、调整方向。各系要在暑假结束前进行一次较彻底的、大规模的专业建设调研，拿大量翔实的第一手资料，确定出本系的专业建设方案，教学管理、招生就业等部门要从全院的角度出发，对我院的专业结构、专业特色进行调研，确定学院的专业建设方案。

其次，人才质量要一流。经过建院以来的实践，我院已经探索总结出了大雁型高职学生素质结构模型。就是要德育为首，坚持正确的办学方向，培养学生良好的思想道德、健全人格；要突出学生综合职业能力，培养学生的专业能力、方法能力、社会能力、实践能力和意志品质等；还要为学生的发展奠定基础，抓好计算机和外语教育。在这个素质结构模式下，每个专业要进行具体化的探讨。比如，会计类专业，如何科学界定学生的专业能力、方法能力、社会实践能力？建筑类专业学生的专业能力、方法能力、社会实践能力又应该包括哪些？对此不能泛泛而谈，必须具体化。

如何实现一流教育产品的目标？需要一流的办学理念、一流的师资队伍、一流的环境条件、一流的教学组织、一流的服务支撑、一流的管理水平“六个一流”做保证。

第一，一流的办学理念。一流的办学理念是一流学院的核心，是所有一流中投入最小、效用最大的。目前，我们需要具备如下理念：一是以社会需要为导向。大学“以我为中心”的时代已经过去，但“以我为中心”的惯性思维和制度依然明显而顽固地存在着，这就造成了大学发展与社会需求的不适应。作为一所以创建全国一流为目标的职业学院，以社会需要为导向，就是以学生就业为导向。二是以学生成长为中心。尽管以学生为中心已经成为我们自己口头表述的常用语，但其实我们对“以学生为中心”的理解还远远没有到位。关爱学生就是以学生为中心？满足学生向学校提出的要求就是以学生为中心？远不止如此。以学生为中心应该是以学生成长为中心，以有利于学生的成长作为我们工作的目标和改革的方向。人才的成长过程和方式都是个性化和多样化的，我们应该做的就是为学生的个性化成长创造更为宽松的空间，更多的机遇，提供更充足的营养。按照这样的观念去审视自己，就不难发现，我们教学的方式和管理方式需要革命性的改变。但是如何改变？需要做大量艰苦细致的探讨。三是树立正确的人才观、质量观、教育观、发展观。什么是人才？不是只有科学家、企业家、政治家是人才，掌握高超实用技术的技术人员如李斌、许振超也是人才，而且是当代社会发展急需的人才。符合社会需要就是满足质量要求，就是抓住了教育、教学的关键。

第二，一流的师资队伍。教师是人才培养质量的核心因素。教师是大学的灵魂，今天教师已经成为一个富有挑战性的职业，一个承受重负的职业，教学、科研和繁重的社会工作集于一身。就教学而言，学生和社会对教师的理论与实践水平、教育方法和人格素养都提出了新的要求。在高职院校，一名优秀的教师必须具备三个条件：优秀的理论素养和丰富的实践经验；现代的教育方式和方法；独特的人格魅力。而这三点，哪一点做得好都非常不容易。比如教育方式和方法，在调研中，学生批评我们的教师的教学方法缺乏“互动性、研究性和实践性”，问题切中要害，这样的教学方法无法胜任培育学生创造力和实践能力的任务。我们的老师要学会与学生平等地互动交流，要营造研究型学习的环境，要启发和激发学生的兴趣与创造。如何提高教师队伍的整体素质？从长远看，美国加州大学伯克利分校的经验可以借鉴，就是给每个老师一个看得见的“梯子”，实行正确的政策导向。按专业分教学型、科研型、服务推广型岗位，每个岗位设立一定比例的初级、中级、高级技术职称，每个教师根据自己的情况确定发展方向。从而避免教师技术职称晋升中千军万马过独木桥，低层次、重复搞科研的现状，集中精力抓好理论提高、实践锻炼、教学方法改进等，切实提高教学水平。在当前还不能实行上述改革的情况下，要加强对常规教学的考核与管理，通过对教师授课质量的考核促进教师素质的提高，教师业绩考核和职称评聘中教学质量使用“一票否决”的方式，建立学生评教与专家评教相结合的教师考核制度，学生成为评教主体。

第三，一流的环境条件。一是一流的实验实训条件。实验实训设施是培养学生综合职业能力，特别是实践能力的物质基础。要在确定学院专业结构的基础上，对全院各专业的实训基地进行统筹规划。现有的七大专业14个实训基地，有的需要加强，有的需要巩固，新兴专业的实训基地要引进社会力量大力发展。另外，要在实训基地的利用上有新的实质性的突破。已有的实训基地，不能仅仅是学生模拟实习，要和理论教学密切配合，真正做到理论和实践的循环交替、螺旋上升；要投入生产运营，实现良性循环；要开展社会培训，提高利用效益。所有校办产业都要切实承担起师生实践实训、科研成果转化、盈利三大功能，在修订完善院系两级管理体制时，要将各系实训基地开发利用率、师生参与实训基地建设的程度纳入基本目标考核体系。二是一流的图书与网络。图书与网络建设是学生自我学习的平台和资源。在今天的大学教育中学生自我学习的重要性越来越凸显，而自我学习的核心平台和资源是图书和网络。我们的工作重点有二：一要加大图书购置投入力度，二要引导学生正确使用网络资源，要教会学生利用网络查找学习资料，要在布置作业时要求学生充分利用网络，使网络成为学生有效学习的工具，而不是只会用网络玩游戏、聊天、看电影。三是一流的校园文化。我院的校园文化建设得到了省委高校工委领导、教育部社政司领导和兄弟院校的密切关注，初步形成了7大体系、7大工程的建设思路。但是，有些体系和工程必须做实，整体形象策划的成果要充分利用。在整体形象策划成果的运用中，视觉识别系统运用的比较广泛，理念识别系统还没有引起足够的重视，学院的教风、学风、校风、校训是相互联系的一个整体，知行垂范，要求老师既要理论又要实践，既要工作实践又要人格实践；博知敏行，对学生的要求与对老师的要求有异曲同工之妙；崇德尚能，要求无论是教师还是学生，必须德业双修，又红又专；责任，对德与能、理论与实践做了提升、凝聚和概括。目前，加强校园文化建设，要重点抓好教风、学风建设。

第四，一流的教学组织。首先，按照人才素质形成的规律，以职业分析和生源分析为基础，以教学分析和课程分析为关键，以教材建设和探讨适应高等职业教育特色的教学方法为重点，以教学督导评估和反馈为保证，抓好教学质量的提高。其次，要抓好教学改革的三个突破口，即精品课建设、教学改革和名师工程。学院和各系要组建团队，优化资源配置，集中精力解难题，在三个突破口上实现大的飞跃。再次，抓好重点专业、特色专业建设。在调查研究、充分论证、科学确定的基础上，对拳头专业、特色专业，从经费、师资、实训基地、专业图书、管理领导等方面重点扶持，通过对教育资源的优化配置，倾力打造出在省内、乃至全国知名的专业品牌。四是要大力推进产学研结合。产学研结合是高等职业教育发展的必由之路。产学研结合，在多数职业院校喊得响，做得不理想。多数学校认识到产学研结合的重要性，但是不知道如何入手、怎样结合；学校的积极性高涨，企业和社会的参与热情不高。解决这一问题，政府推动固然需要，但更重要的还在于我们，在于我们能不能探索出与企业利益共享的机制，在于我们的教师、学生能不能为企业、社会解决难题、创造效益。从这个角度讲，必须在继续争取上级科研课题的同时，大力开展社会委托课题，联合企业进行技术研发和攻关，提高科研成果的转化率，使学院的教学、科研与企业融为一体，这是促进产学研深度合作的唯一正确的道路。外出到邢台职业技术学院、邯郸职业技术学院、山东省商业职业技术学院、淄博职业学院等院校参观学习的同志,应该有此感触。

第五,一流的服务支撑。一是教辅服务要围绕人才培养提高水平。图书馆服务态度有了很大改善,下一步是否要研究根据专业建设需要改进图书结构,增加为师生推荐新书、介绍新书的服务?科研所是否要走出去,为教师参与企业、社会科研牵线搭桥?网络中心是否在开发网络信息资源上多下功夫?希望各有关部门进行认真的探讨。二是学生教育管理部门要密切配合教学开展工作。青年学生精力充沛,学习的兴趣不高,其他方面的兴趣就高;如果不去研究学习、实践,旺盛的精力就会转移到其他方面。因此,要预防和改变学生管理与教学工作两张皮现象,做到既要规范管理,又要循循善诱,学生教育管理部门、教学部门共同研究学生工作,改进工作方法。现在学校和学生的关系已经成为契约式服务关系,学生教育管理者必须带着对学生的热情、感情、激情开展工作,不要把学生推到被管理的对立面。三是后勤服务要以生为本、提高质量。供水、供电、维修、餐饮、卫生保健以及其他服务,必须变被动为主动,有超前意识,建立起强有力的后勤保障体系。四是其他职能部门要转变工作作风,改善服务态度,提高工作效率。要为学生着想,制订既符合政策要求又方便学生的科学的办事规程,进行办事程序的公示,让学生知道遇到什么事情应该找哪些部门、按什么程序办理。

第六,一流的管理水平。一是要建立和完善大学制度。渗透办学理念、瞄准办学定位、尊重教育规律、创新管理办法是大学制度管理必须遵循的基本原则。大学作为真实存在的社会组织与机构,需要有制度化的基础与条件。一流大学之所以一流是因为其已建立起完善的制度和运行机制,使学校的办学理念与精神能得到真正的贯彻与执行。一流大学不但将办学理念与学校精神制度化,而且学校的运行机制适合于学校自身发展的需要,有助于学校特色和个性的形成。一流大学的制度和运行机制是学校稳定发展的重要保障。因此,建设一流大学必须在制度建设和运行机制的完善上下功夫。今年的双代会已经通过了《滨州职业学院章程》,这是学院管理的基本规范和基本制度。下一步要认真执行,逐步完善,形成党委领导下的专家治校、教授治学的管理体制。在具体的管理模式和制度建设上注重分类指导,管理重心下移;注重原则和标准的制定,并为各个系部的执行留有充分的空间与弹性。二是推进管理体制和人事制度改革。从外出考察情况看,发展比较快的院校都进行了比较彻底的管理体制和人事制度改革。暑假期间,学院将按照组织程序和管理权限,理顺机构设置,按照"三性""六事"标准,引进赛马机制,选贤任能,进行干部调整;后勤管理实行职能分离,成立后勤服务公司,监管考核和服务分开,建立契约关系。今后的目标是逐步实现专业技术人员技术职务聘任制、行政人员职员制、后勤人员和校办产业人员效益工资制。要通过改革激发各个方面的活力,为学院创建全国百强增添动力。三是按照"高、细、实、严、快"五字要求抓好日常管理。"高"就是工作标准高,要善于学习,勇于借鉴,开阔视野,调高标准;"细"就是注重细节,细节决定成败,要从细入手,精益求精;"实"就是思路要实、措施要实、干劲要实、效果要实,用实事求是的精神,解决实际问题;"严"就是严格执行标准,严格执行纪律,严格自我要求;"快"就是要有政治敏锐性,提高洞察力,善于把握事物发展的方向、苗头,反应快、决策快、执行快、见效快。

锁定目标,开拓创新,强力推进"十二五"各项工作

——摘自2011年2月18日《崔其忠同志在"拼搏2011抢占发展先机打好国家骨干高职院校建设主动仗"誓师大会上的讲话》

崔其忠

2011年是实施"十二五"发展规划的开局之年,是建设国家骨干高职院校的关键之年,是学院抢抓机遇,掀起新一轮发展热潮的决战之年,做好全年各项工作,意义重大。新的一年要坚持"改革、创新、完善、提升"的总体思路,全面实施"14575"工作计划,即:突出建设国家骨干高职院校这一主题,搞好教学、科研、服务、考核四项改革,实施校企合作、素质提升、环境优化、校园安全、服务社会五大工程,抓好学生工作、招生就业、校园文化、整合资源、十二五规划、校庆筹备、庆祝建党90周年七项工作,强化党的建设、制度建设、领导班子建设、教职工队伍建设、督查督办五大保障,全力打造全国一流骨干高职院校,为滨州经济社会发展作出贡献。

第一,明确目标,打好国家骨干高职院校建设攻坚战。要按照"以专业建设为龙头,以体制机制创新为重点,以队伍建设为核心,以制度建设为保障。"的工作思路,力从校企合作机制创新、人才培养模式改革、课程体系建设、师资队伍建设、校

内实训室建设,专业共享信息资源库建设、社会服务能力建设、专业群建设八个方面下功夫、念真经、用力气、求突破,力争在某些方面成为全国高职院校的典范。要建立滨州职业学院理事会、重点专业(7 个)董事会等校企合作机构,引进专业带头人 14 名,聘用专业带头人 8 名,双师素质专业教师比例达到 65% 以上,兼职教师承担的专业课学时比例达到 30% 以上。通过一年的建设,要有四个方面的收获:一是教职工的精神风貌和思想观念发生深刻变化,二是校企合作体制机制和内部管理运行机制全面创新,三是硬件提升和内涵建设走在全国高职学院前列,四是在骨干高职院校中占有重要地位。

第二,深化改革,突破国家骨干高职院校建设难点。一是深化教育教学改革。全面落实重点专业及专业群骨干高职院校建设任务,引导全院各专业积极推进人才培养模式改革、课程体系、教学模式、教学组织形式、学生评价等系列改革,切实提高学生实践操作能力。各专业要深入研究黄蓝经济布局,积极对接区域重点产业,调整优化专业结构;与企业共同分析岗位需求,确定专业方向,明确人才培养目标,多途径、多形式创新工学结合人才培养模式;建设 19 门优质专业核心课程及其教学资源;融入职业资格标准和企业生产标准,基于专业特点、岗位要求和工作过程,积极推行项目导向、任务驱动等行动导向教学模式;按照"学期调整、时段拉长、任务渗透、课堂延伸"的要求,适应企业生产周期和实际工作时段,设计实训教学和顶岗实习,依托"校中厂""厂中校",灵活开展实训教学,新(扩)建 25 个实训室,投资 1250 万元,购买 1240 台(套)设备,校外实习基地达到 168 家;改革考试方法,采取学校与企业、技能考核与知识考试、过程测试与期末考核、课程考试与职业技能鉴定等"四结合"评价法。加大学生技能培养和技能大赛的支持力度,出台《技能大赛奖励办法》,使学生技能大赛在我院蔚然成风、形成热潮。二是深化科研改革。加强校企横向合作,把承担企业科研项目作为教师企业实践锻炼的重要内容,成果转化收益和技术服务收入要纳入科研考核指标;加强科研经费管理,改进科研经费资助办法,增设科研项目"后补助"和成果开发专项经费;强化科研项目管理,实行重大项目招投标制,规范学术行为,维护学校和教师的合法权益。力争立项市级以上课题 12 项、申报成果 20 项,课题资助和社会服务收入 135 万元。三是深化管理服务改革。按照国家骨干高职院校建设要求,理顺部门职责、明确岗位职责,优化管理流程,解决好有的人没有事干、有的事没有人干、出了问题没人负责的问题;进一步明确二级学院的责、权、利,充分利用好政治待遇和经济杠杆,调动二级学院办学和教职工工作的积极性。四是深化考核评价改革。科学设置考核指标,完善二级班子、各级各类人员考评体系,考评结果与干部任用、职称评聘、经济收入等相结合。按照讲究科学性、考出积极性的要求,修订完善《绩效考评办法》。

第三,优化提升,打造国家骨干高职院校建设亮点。围绕国家骨干高职院校建设,大力实施五项工程。一是实施校企合作工程。校企合作要围绕兼职教师聘任、实验实训基地建设、课程体系重构与课程内容重组、教学做一体、学生技能大赛、大学生创业创新教育、教师实践锻炼、学生顶岗实习与就业、企业文化建设、技术研发与技术服务、社会与企业员工培训等展开;以有利于提高教师实践锻炼和学生实践操作技能为标准,放宽校企合作政策,鼓励探索校企合作模式创新,由信息工程学院与中国电信滨州分公司等6家单位联合成立滨州职业学院网络学院,进行校企合作体制机制创新试点;校企合作实行责任制,各院主要负责人负总责;完善校企合作考评制度,把校企合作与招商引资等结合起来,兑现奖惩,每个专业校企合作单位不少于10家。对现有兼职教师进行考评,按骨干校建设要求,确定年度聘任计划,制定《滨州职业学院校外兼职教师聘任管理办法》。3月上旬举行校企合作推进和兼职教师聘任仪式。二是实施素质提升工程。着力提高一线教师的政治素质、教学水平、专业技能和行政后勤人员的政治素质、工作效率、办事能力,充分利用寒暑假期,进行集中培训和考核。启动教师职业教育教学能力培训与测评工作,完成第一阶段培训与测试任务,及时总结经验,不断丰富完善培训与测试工作。落实教师联系企业、参与社会实践的责任,鼓励教师参与企业技术研发和安心教学;充分利用各种形式为一线教师和行政管理人员提供锻炼的机会,不断提升工作素质,逐步达到国家骨干高职院校要求。出台《关于进一步调动一线教师积极性的意见》《关于加强学习的意见》。三是实施环境优化工程。对建设规划、绿化规划和水系进行修订、完善、提高。开工建设5万平方米的综合大楼和2万平方米的实训大楼,年底完成主体工程;提升绿化档次,打通校园水系,完善基础设施建设,使校园美化、亮化、绿化水平得到明显提高,把学院建设成水榭亭台、绿树掩映,三季有花、四季常青的花园,争创“国家级绿化模范单位”。四是实施校园安全工程。抓好校园安全,整顿校园和周边安全秩序,建立舆情控制制度,做好舆情监控和不稳定因素的排查工作,力争把各种安全问题消灭在萌芽状态,实施安全责任制,一把手负总责;加强对物业公司的监管,提高物业服务质量和服务水平。建立餐饮安全工作长效机制,提高餐厅服务水平,做好“标准化餐厅”的创建工作;完善水、电、暖的监管和维修工作,提高处理各种突发事件和故障的能力;抓好校园日常环境卫生工作,加强对传染病、流行病的监控和预防,做好“省级卫生先进单位”的申报筹备工作。五是实施社会服务工程。围绕社会需求抓科研,重点突出横向课题和产学研合作项目的研发,提升科研档次;出台《继续教育管理办法》,按照以需定训、急用先训的原则,年内确保完成社会培训任务突破3.5万人,力争4万人;多形式、多渠道开展国内外合作办学,发挥资源优势,积极为县区中职、西部对口支援院校开展师资培训和实验实训基地共享;加大招商引资力度,积极引导校办产业服务实践教学。积极开展文化、科技、卫生三下乡活动,组织好第九届科技文化节。

第四,整体推进,夯实国家骨干高职院校建设基础。一是抓好学生教育与管理工作。所有教职工都要善待学生、关爱学生,视学生如子女。提高辅导员工作水平,努力建设专兼结合、结构合理的“双师型”辅导员队伍。加强对学生干部的教育、培养和指导,提高自我教育、自我管理、自我服务能力。要讲究工作方法,因人施教,寓教于管,多出学生管理的新招、实招。做好国家助学贷款、勤工助学等学生资助工作,积极探索物质资助和精神资助有效结合的工作机制;大力开展学风和道德教育,完善学风监控网络,打造优良学风。持续推进“五重”“六爱”活动,开展“文明班级”“文明宿舍”创建等系列评优树先活动,增强学生参与班风学风建设的积极性和主动性。二是抓好招生就业工作。更新观念,打破常规,研究新形势下的招生办法,积极应对生源锐减的局面,做到全员参与,社会参与。明确各学院的招生任务数,各院、部主要负责人是招生工作第一责任人,对完成本单位招生任务负总责。组织好护理等6个专业单独招生工作,完成450人的单独招生计划;积极开拓省外招生市场,对西部地区的招生比例不低于总招生数的10%。确保2011年高职学生报到人数达到4500人、力争4600人,中职招生确保500人、力争600人。开展创业教育培训,围绕黄蓝经济的开发建设,拓宽就业渠道,加强与省内知名企业的合作,开辟新的就业市场,不断拓展学生国外就业渠道,提高毕业生就业质量,确保毕业生总体就业率97%以上,正式就业率60%以上,签约率35%以上。三是抓好校园文化建设。加强校风、教风、学风、班风建设,积极建设昂扬向上、富有高职教育特色的校园文化。依托校报、校园网、橱窗、广播、电子屏等载体,着力宣传国家骨干高职院校建设中的典型事件、重大成果,凝聚力量,鼓舞士气,营造干事创业的浓厚氛围。建立健全宣传思想工作体制机制,建立完善学校、二级单位和学生组织三级宣传工作运行机制,形成全校一盘棋、齐抓共管、各司其职的宣传工作新格局,不断提升校园文化建设品位。制定《新闻宣传工作管理规定》《舆情信息管理办法》,完善《新闻宣传工作考核办法》等项制度,保证市级以上媒体每周有学院信息。四是抓好教学资源管理。规范固定资产管理,完善招投标制度,严把新进资产的验收关;加强合同管理、档案管理,为规范管理提供支撑;整合现有教学资源,优化资源配置,提高教学设施设备的利用率;进一步扩大图书藏量,扩大电子读物信息量,新购置图书3.5万册;学院主网站及英文网站开始运行,完成校园网应用集成与数据交换共享平台的建设。创新校办产业管理体制机制,提高经济效益,发挥好校办企业服务实践教学的作用,重点扶植正旗公司的经营管理;加大招商引资力度,整合、盘活存量土地与房产资源。确保附属医院通过验收正式营业、汽车实训基地按教学计划接纳学生实习、大学生服务中心规范经营,盘活奶牛场现有资源。力争全年回收合作建设费500万元。五是抓好学校"十二五"规划的编制和实施工作。科学编制《滨州职业学院"十二五"事业发展总体规划》,全面总结"十一五"时期取得的成就、积累的经验和存在的问题,有针对性地提出"十二五"期间的工作思路、发展目标。确保规划做到目标易把握、任务易分解、责任易落实、措施可操作。其他子规划也要配套编制,同时出台。六是抓好校庆筹备活动。按照"转变观念、创新模式、突出重点、务求实效"的思路,认真筹备建院10周年庆祝活动。成立校庆筹备机构,制定工作方案,分解工作任务,责任到人,保障校庆活动有序进行。把建院10周年校庆办成一次回顾办学历史、总结办学经验、凝心聚智、彰显风范、推进发展的盛会。七是隆重纪念建党90周年。策划开展建党90周年纪念活动,结合国家骨干高职院校建设和创先争优,评选表彰优秀党员和党务工作者。结合学院新一轮发展热潮,举办形式多样、丰富多彩的群体性纪念活动,进一步推动工作、提升境界、鼓舞斗志、凝聚合力,加快发展。

下一步,要从五个方面强化措施,筑牢国家骨干高职院校建设保障。

第一,狠抓党建工作,为国家骨干高职院校建设提供思想保障。一是抓好党的思想建设、组织建设和作风建设。进一步强化党委理论学习中心组和党总支理论学习中心小组的作用,坚持领导带头,大力弘扬学习之风,大力倡导思路创新。各党总支、直属党支部,各院、各部门必须进一步解放思想、创新思路,把国家骨干高职院校建设作为跨越发展的主攻方向，把校企合作体制机制创新、提升学生操作技能作为主要任务，把深化改革和开放式办学作为强大动力，把发展的潜力转化为现实的竞争力。出台《关于进一步加强和改进党的建设的意见》。二是抓好党风廉政建设。严格落实党风廉政建设责任制，加强教育，注重防范，加大惩戒力度，对那些自我要求不严、不听招呼、顶风而上、违反党规党纪的单位和个人，发现一起、查处一起，一查到底、决不姑息，以廉洁促勤政，以勤政促高效，以高效促发展。出台《进一步加强和改进纪检监察工作的意见》。三是抓好群团组织建设。坚持以党建带工建、带团建，继续实施共青团凝聚力工程，丰富社团活动；做好老干部、统战、女工、计划生育等工作，认真落实《加强老干部工作的意见》，做到政治上关心、生活上照顾，发挥好老干部余热，积极推进校务公开，积极开展喜闻乐见、健康向上的文娱活动。召开第二届教代会和工代会，举办全市工会干部培训班。

第二，狠抓各级领导班子和干部队伍、教职工队伍建设，为国家骨干高职院校建设提供干部和人才保障。着力加强各级班子思想作风、学风、工作作风、领导作风和生活作风建设，切实提升班子思考大事、研究要事、处理急事、解决难事的能力和水平。严格干部管理，坚持以铁的手腕抓干部，铁的纪律管干部，铁的作风带干部，全力打造一支素质高、能力强干部队伍。树立正确的用人导向，建立赛选机制，坚持凭实绩用干部。要抓班子、带队伍、育典型、塑形象、树榜样。各部门、各院主要负责同志要学会“当班长”，要改进工作作风，提倡亲历亲为。着力提升教职工队伍的学习能力、自我发展能力、教育教学能力和思想道德水平。一是营造浓厚的学习氛围，要根据岗位特点确定学习内容，安排身边的优秀教职工举办讲座，讲究实效；二是选派各级各类人员分期分批到先进院校参观学习，开阔视野，提升境界；三是希望各级干部和教职工要摒弃吃吃喝喝、拉拉扯扯的庸俗习俗，把提升自我素质作为要事对待，着力提升个人的业务素质、能力素质、政治素质和道德品行。每个老师都要科学规划自己的经师、技师、人师、大师历程，钻研业务成大师、强化技能成技师、提高品行做人师、全面发展当大师；每个教职工都要通过提高自身素质，力争成为业务精湛、品德高尚、学生爱戴的老师。要通过老师带头、兴趣引导、组建团队、政策支持等措施，迅速形成师生操作技能训练比学赶帮超的热潮。

第三，建设、开发、偿还职工集资“三位一体”，为国家骨干高职院校建设提供物质保障。完成国家骨干高职院校建设任务并顺利通过验收,必须我们迅速地高标准地提升办学条件。实施环境优化工程,要走建设、开发、偿还职工集资“三位一体”的路子。春节前,经过我们的积极努力,通过合法手段,把燕清园从香港开发商手中收回。燕清园 395 亩土地,近期开发可收入 3 亿元以上,完全可以满足改善办学条件资金需求;农业科技园除政协培训中心外还有可开发土地 659 亩,也可以作为开发用地;另外,沿渤海 11 路两侧黄金地段和学院南门西侧土地还可以开发收益。总的讲,开发利用的资源还是比较好的,关键是怎么运作。同时,我们要认真研究、充分运用好国家和地方政府对高校的支持政策、债务化解政策,认真研究、充分运用好银行对于高等职业教育的贷款支持政策,在学院环境提升的同时,实现教职工利益的最大化。

第四,狠抓规范管理,为国家骨干高职院校建设提供制度保障。围绕规范办文、办会、办事、服务、接待、教学管理、学生管理、工作秩序等工作,对现有的规章制度进行完善,出台新的规章制度,加大对各项规章制度的执行力度,进一步健全完善细分工、严考核、硬约束、重激励的工作推进机制。凡是院党委、院行政决定的重点工程和重点工作,都要做到由院领导牵头、相关部门负责,层层落实责任、分解任务,对谁来抓、谁来干、抓什么、干那些、什么时间完成等都要明确,做到时间倒推、工期倒排、任务倒逼,一级抓一级,层层抓落实。党委(院长)办公室要发现善于督查、善于落实的先进典型,给予表扬。

第五,狠抓督查督办,为国家骨干高职院校建设。建立定期调度制度,充分发挥好四个督查专报的作用,延伸督查触觉,随时掌握情况、研究问题,对已经落实的要问效果,对正在落实的要看进度,对尚未落实或久拖不办的,要坚决追查原因、追究责任,决不能让四平八稳、得过且过的教职工延误事业。要加大考核力度,重视考核评价成果的运用,进一步完善绩效考核和竞争激励机制,把工作业绩作为评优树先的重要依据,对工作完不成、业绩差的,不树优、不提拔,末位淘汰。

狠抓落实，主动出击，全面推进2017年各项工作

——摘自2017年2月24日《聚焦六大重点、提升核心能力，在改革创新中争一流上水平——杨光军同志在2017年工作会议上的讲话》

杨光军

一、进一步提升发展战略的谋划层次

一个国家、一个单位、一个团体乃至个人，什么都可以失败，但战略不能失败。战略失败，全盘皆输。战略关系到每个人的切身利益。很多人认为，战略是领导的事，离普通人很远。事实上，战略决策决定着团体中每个个体的生活水平、生活质量、个人前途。我们所在单位发展得顺利、可持续，团体中的每个人都会因之获得利益与成长的机会；而如果出现了灾难，谁也躲不过去，只是迟与早、损失大与小的问题。作为学院来讲，战略规划就是学院的顶层设计。只有具备较高的战略谋划能力，才能准确确定学院的发展定位、发展目标、工作重点、推进措施等重大问题，才能制定正确的战略规划和战略行动，才能实现学院的可持续发展。当前，国际上"工业4.0"时代、"中国制造2025"等重大战略对应用型人才培养提出了更高的要求。每一种经济发展形态背后必须有相应的高教特别是职教发展模式支撑。国家经济发展进入新常态，发展方式转变、经济增速调整、资源配置改革，都要求职业教育工作者准确认识新常态，主动适应新常态，全面服务新常态；必须看到，职业教育发展进入新阶段，职业院校亟须从注重规模扩大转入注重内涵建设和质量提高，深化教育教学改革，着力提升技术技能人才培养质量；学院发展到了新节点，亟须在稳定规模的基础上，把更多地资源配置和工作重心转移到内涵建设上来，通过深化改革，实现特色发展、科学发展、可持续发展。从客观环境看，我们面临不少新的挑战，也蕴含着新的机遇，需要我们以新的理念、新的举措来应对挑战、抢抓机遇，准确定位、创新发展。理想的学校应该是有特色的学校。没有最佳，只有最特。最佳就是最特。一所优秀的学校必须有其特色所在、优势所在、风格所在。如果没有特色，就没有生命力，没有影响力，没有竞争力。在全国职业院

校中,要做到最好,就必须有我们自己的特色。当前,学院正在制订"十三五"规划。规划要全面贯彻十八届五中全会精神,把握经济新常态对教育改革发展的总体要求,紧密结合国家重大战略,落实好市"两会"提出的各项目标任务,特别是经市人大通过的全市"十三五"规划,深刻把握职业教育发展基本走势,把我们所处的发展环境和条件分析透,把我们前进的方向和目标理清楚,把我们面临的机遇和挑战搞明白,科学谋划、明确目标、立足优势、积极作为,特别是要以五大新的发展理念(即创新、协调、绿色、开放、共享五大发展理念)推动学院发展,坚持问题导向、底线思维,通过聚焦学院存在的突出问题和明显短板,回应师生诉求和期盼。加强整体性思考、综合性设计、系统性规划,设定一些具有标志性的重大目标、重大项目、重大举措,锁定目标不动摇,推进发展不懈怠,加快步伐不掉队,使学院的改革发展按照设定的路线与步骤逐步推进,实现学院科学健康发展。从一般走向优秀并不是最难的,最难的是从优秀走向卓越。学院"十三五"规划,需要集中全院上下各级各方面的智慧和力量,希望大家集思广益,开动脑筋,献计献策。可以在内网上开专栏或设立书记、院长信箱,集中大家的意见建议。

二、进一步叫响学生成才的办学主题

教育的本质目的是培养人、发展人。让学生成长、成才、成人是学院办学的主题和价值所在。为此,学院一切工作都要围绕学生成才这个主题来开展,各项工作都要体现以生为本。

一是要尊重学生个性特点。在高考中没有取得高分的学生,并不意味着他在职场中不能取得"高分"。高职教育的社会价值就在于找到每个学生的职业志趣,然后使这种职业志趣和专业选择结合起来,培养他们的职业技能。我们要更新教育观念,树立正确的成才观,倡导有教无类、因材施教、终身学习、人人成才的思想,摒弃"分数决定论"的错误观念。摧毁人就是摧毁他的自信,培养人就是培养他的自信。面对我们的学生,所有教师都要有大爱精神,要爱我们的学生,关心、信任我们的学生,经常与学生进行交流,进而发现和启迪他们的禀赋特长,使学生找出自己适宜做的事业并坚定他们的信心,鼓励他们成才。没有爱就没有教育。理想的学校不仅是传授知识、教授技能,更重要的是塑造人品、人格。当我们的学生离开校园的时候,带走的不应该只是知识和技能,更重要的是对理想的追求和比较完善的人生观、价值观。

二是要全面落实以生为本。关心、关怀、关爱学生的健康成长是教育的目的。坚持以生为本不是一句口号,而是要在教学、管理、服务的各个环节、各个方面,都把学生需要、利益、诉求放在根本位置上,做到机关为教学服务,老师为学生服务,机关围着教学转,一切围着学生转。要倡导“以生为本”的学生管理工作模式,所有的教育管理制度,都要从学生成长成才的立场和角度出发去制定、去执行;各种日常管理要切实为学生提供方便,既要管,又要理;既要严,又要爱,要为学生做实事、谋实利、解实忧,关注学生心理健康,关注贫困学生成长,尽学院所能,为学生营造一方安全、温暖、自由发展的天地。

三是要遵循学生成才规律。无论什么类型的教育,首要的都是教学生如何做人,为职业素养奠基。办学以学生为本、教学以能力为本,这是高职教育必须遵循的基本原则。我们必须遵循职业教育规律和学生身心发展规律,把核心价值观融入教育全过程,关注学生职业生涯和可持续发展,顺应学生的智力类型,把握能力培养的主线,实施课程改革,教会学生谋生的职业技能、就业本领,培养综合素质高、敬业精神好、动手能力强、上岗适应快的学生。同时,要高度重视学生人文素质的养成,克服重专业轻人文,重技能轻德育的倾向。只有保证学生高质量就业、宽路径发展、多形式成材,才是真正的“以生为本”,才能体现一所学校的办学水平。要努力做到让学生无悔于选择了滨职,让滨职无愧于每一个学生。

三、进一步突出教学科研的主体地位

职业教育发展到今天,规模扩张已不是学校发展的重点。整个高等教育已经把更多地把资源配置和工作重心转移到以教学科研为主体的内涵建设上来,这就要求我们必须进一步突出教学科研的主体地位。

一是把教学科研放在学院工作的中心位置。要提高人才培养质量,必须按照教育规律办学,必须尊重人才成长规律、尊重学生的人格、尊重教师的劳动成果。逐步完善治理结构,严格遵守学院章程,树立教学科研优先的理念,合理界定行政权力与学术权力的关系,使它们各得其所、各显其长、各尽其能、各施其责,避免行政对教学科研的过多干涉。

二是为教学科研创造环境优化服务。百年大计教育为本,教育大计教师为本。学院有了大楼,更要有大师、名师。一所大学真正的生命力在于教师作用的发挥。要从调动教师积极性、提高教育质量出发,积极稳妥地推进学校人事制度、分配制度改革。出台激励教师安心教学一线工作的支持政策,在专业技术职务评聘、津贴等方面向一线教师倾斜,让做出突出成绩的优秀教师政治上有荣誉、经济上得实惠、社会上有地位。加大对青年教师的关心支持,解决他们工作和生活中的实际困难,努力为他们成长发展提供更多机会。尊重教师开展教学科研活动的独立性,通过制度设计,使教师能安心、专心、热心研究教育对象、研究教育方法、研究教学规律,尽力减少各种非教研活动对教师精力的牵扯。

三是营造尊重知识、尊重人才的校园文化。立德树人,文化育人。大学人才培养质量的好坏,很大程度上取决于大学创设的人文环境,人文环境的品位会影响到大学所造就的人的品位。高校是知识分子集中的地方,是一个充满争鸣的活跃舞台。这样的空间更需要充分的尊重,有尊重才有宽容,有宽容才有进步。党委的核心工作就是创造一个相互尊重、相互支持的工作环境,营造一个相互宽容、相互包容的校园文化氛围,为教职工提供发挥才智的空间,搭建更好的发展平台。学院将根据发展需要,制定更加开放、更加灵活、更具吸引力的人才政策,加大人才引进、培养、使用的力度,让人才真正成为推动学院发展的第一资源、第一推动力。一个领军人才就会带起一个团队、一个专业,甚至带起地方一个产业。一方面研究开辟“绿色通道”,引进高层次和高技能人才,带动相关专业及专业群发展,提高学院发展活力;另一方面通过引进“能工巧匠”,完善“双师型”队伍建设,提高实习实训指导能力。希望全体教职工根据自己对各类人才的了解情况,积极为学院荐才。

四、进一步加大产教融合的工作力度

职业教育是开放的教育。作为地方高职院校,学院将坚持“服务、融入、引领”的办学理念,明确定位,主动融入,服务两区一圈发展,服务一带一路战略,服务滨州产业转型升级,助推区域经济发展。

在学院发展重点上,要继续针对滨州支柱产业调整专业设置,进一步调整优化专业结构,缩短战线,突出重点,更要针对性地服务滨州市乃至黄河三角洲地区的支柱产业、新兴产业、特色产业。在发展广度上,与社会各界开展更广泛的合作,争取校企共建校内外生产性实训基地,在共建技术服务和产品开发中心、技能大师工作室、创业教育实践平台等方面取得更大突破。在发展方向上,进一步深化办学体制机制改革,调动和引导各方面特别是行业企业的参与,形成多元办学

的格局;进一步创新培养模式,深化产教融合、校企合作,推动行业企业参与到职业教育人才培养全过程;进一步发挥学院智力资源集中的优势,想方设法帮助企业攻克技术难题,突破发展瓶颈,拉长产业链条,做好产学研结合的文章,努力把学院打造为滨州市"三农"服务中心、小微企业技术创新中心。要做到滨州有什么样的支柱产业,我们就设置什么样的专业;滨州有什么样的社会需求,我们就开展什么样的培训;滨州有什么样的企业难题,我们就建立什么样的服务平台,争取成为区域经济社会发展的智力资源库、人才储备库、研发项目库。

服务滨州经济社会发展,是市委市政府对我们的要求,也是学院自身发展的需要。当前最关键的是放下架子走出去,找准与企业合作的切入点、结合点、兴奋点,深入开展各种形式的校企合作,努力解决上热下不热、官热民不热、校热企不热的问题。在合作过程中,要把服务放在第一位,把社会效益放在第一位,在服务中为政府决策提供咨询,为企业发展提供人才,为市民学习提供机会。对学院而言,重要的是锻炼队伍,密切关系,探索路子,最终实现双赢乃至多赢。通过与行业企业、兄弟院校、科研机构的联合对接,形成政府、企业、学校和社会良性互动,并在为企业、为社会的服务中形成自己的办学特色,提升专业教师和毕业生在行业企业的影响力,提升与经济社会发展需要的契合度,提升学院对产业发展的贡献度,提升学院的核心竞争力和可持续发展能力,逐步做到在服务中融入,在融入中引领的目标,实现对区域经济的人才引领、技术引领、项目引领、文化引领,使滨州职业学院成为城市的人才高地、技术高地、专业高地、文化高地。

五、进一步改革创业创新的体制机制

实施创新驱动发展战略,是党的十八大作出的一项重大战略部署。改革创业创新机制,是激发师生的创新活力和创造潜能的根本举措,是学院抢抓机遇、继续保持优势的关键所在。可以说,抓创新就是抓发展,谋创新就是谋未来,不改革就会停滞,不创新就要落后。

一是改革人事管理制度。为鼓励大众创业、万众创新,全年省委、省政府出台了《关于深入实施创新驱动发展战略的意见(鲁发〔2015〕13 号》),市委、市政府也即将出台相关文件。学院将按照省委、市委文件精神,修改完善学院相关管理人事管理制度,鼓励教职工创业,为教职工创新创业松绑。二是完善科研管理体制,建立科学合理的利益分配制度,提高科研人员在成果转化中的收益比例,提高科

研人员开展科学研究、推进成果转化的积极性。三是积极推动重点实验室、工程技术研究中心等平台建设，建立创新创业项目资助清单制度，从项目争取、资金支持、条件保障等方面予以资助，为教师开展创新创业提供条件。四是改革教学和学生管理办法，建立创新创业学分积累与转换制度，将学生参与课题研究、项目实验等活动认定为课堂学习，将学生争取创新创业项目纳入学生年度总评。实施弹性学制，放宽学生修业年限，允许调整学业进程、保留学籍休学创新创业。五是建立学生创业指导服务机构，对自主创业学生实行导师帮扶、资本对接、技术交流、创业咨询。争取各级政府和有关部门的专项资金支持，建设大学生创新创业孵化中心或创新实践基地，对争取到创新项目的学生予以资助。六是探索与有关方面合作机制，将我们已经比较成熟的实验室、研发平台等按国家标准、行业标准去建设、去验收，面向社会开展第三方服务。

六、进一步凝聚团结奋斗的合力

“人心齐，泰山移”。学院工作的每一个进步，都需要全体教职工心往一块想、劲向一块使，都离不开教职工的共同努力。

一是强化党的领导。面临的形势越复杂、任务越繁重，越要加强党的领导。今年要按照上级要求，精心组织“两学一做”（学党章党规、学系列讲话、做合格党员）学习教育，深入学习宣传贯彻以习近平同志为核心的党中央治国理政新理念、新思想、新战略，做好党的十八届五中全会等会议精神的学习和宣讲工作。各级党组织都要牢固树立“抓好党建是最大政绩”的理念，全面落实党建工作责任制，强化“党政同责”“一岗双责”意识，切实担负起全面从严治党主体责任。加强党的基层组织建设，发挥基层党组织的核心作用，共产党员的先锋模范作用，做到一个支部就是一个堡垒，一个党员就是一面旗帜。全体党员要严格遵守中国共产党廉洁自律准则和纪律处分条例，追求道德高线，守住纪律底线；强化看齐意识，自觉向党中央看齐，向党的理论和路线方针政策看齐，始终在思想上政治上行动上同党中央保持高度一致。全体教职工要加强师德师风建设，班长为班子作示范，班子为机关作表率，干部为教师作榜样，老师为学生树标杆，一级带一级，以身作则、教书育人。严格落实党风廉政建设责任制，严守有权不可任性，坚持信任不能替代监督，牢记严管就是厚爱的道理，用好监督执纪“四种形态”，努力营造风清气正、山清水秀的工作氛围。

二是建设好教师、辅导员、管理服务人员三支队伍。2015年底召开的中央经济工作会议指出,要加大投资于人的力度。李克强总理强调,无论财政收支压力有多大,我们对教育的支持力度不会减,向教师队伍倾斜的政策不会变,建设教育强国的决心不动摇。从当前情况来看,学院"双师型"教师队伍数量不足、结构不合理的问题还很突出,这与学院融入区域经济社会发展的战略要求不相符,必须引起更多的关注,必须投入更多的时间、精力、财力。要建设一支胸怀理想、充满爱心、能讲会干、富于创新的"双师型"教师队伍,为人才培养模式改革提供保障;建设一支素质过硬、信念坚定、作风优良、担当守责的学生工作队伍,狠抓思想政治教育工作不松懈,牢牢把握学校意识形态工作主导权;建设一支善于合作、甘于奉献、作风扎实、工作高效的管理队伍,为师生提供优质的教学和管理等服务。

三是积极发挥工会、共青团、妇联、社团的作用。工会、共青团、妇联和各种学生社团是当联系群众和青年学生的桥梁纽带,在学院改革发展中有着不可替代的作用。工会、共青团、妇联、社团虽然联系服务的对象不同、工作分工不同,但围绕中心、服务大局的职责是一致的。工会、团委、妇联要紧扣学院中心工作,找准定位、认真履职,在服务学院发展、维护合法权益、帮扶困难群体、建设和谐校园等方面切实发挥作用。要从师生反映最多、愿望最迫切的事做起,积极回应师生学习、生活需求,为教职工、学生办实事,争取办一件成一件。德育是盐,要炒在菜里,不能单独吃。工会、团委、妇联和各类社团,要创新活动方式、活动内容,让老师学生愿意参加、乐意接受,在各种丰富多彩的活动中潜移默化,受到教育和熏陶,提高各种活动的实效性,培养学生的职业理想、职业精神,不断提高学校的文化软实力。

齐心协力,创新发展,创建一流高职院校

——摘自2004年8月21日《朱宝德同志在全院副科级干部学习班上的总结讲话》

朱宝德

一、找准定位、科学规划,努力建设一流高职院校

什么是一流的高职院校? 我个人认为:定位准确,规划科学。师资队伍、教学设施有相当的实力,办学有鲜明的特色,毕业生深受企业欢迎,在省内外有相当的

影响力,这样的院校就具备了一流的条件。

我院如何创省内一流？答案有几个方面:1. 学院的定位要准确。学院是高等教育的一个层面,而决非一个层次,无论从理论探讨,学院乃至社会今后的发展及对上级领导,都要明确我们的观点和立场,在这个层面上要坚定不移地树立以培养高技能人才为目标,这就是我院的定位。2. 学院的规划要科学合理。学科多,规模大,辐射广,是我院规划的三个特点,我院要坚持理、工、医、农、经、艺多学科设置,规模控制在1.5万在校生,生源分布以省内为主,多个省辐射的局面,以高质量的教学构筑一处其它院校所不完全具备的有特色的高等职业学院。3. 办学实力为省内一流。我院的优势:占地面积、正在建设的实践基地、已形成并正在发展的校外基地、几十年职业教育积累的职业教育经验等,在以上的优势中,占地多,看来已经是得天独厚,相当长的时期谁要想超过我们,从政策上是不可能了,我们要盘活这块资产。4. 师资队伍要强。要引进和培育自己的大师,用好发挥好引进的洋博士、中国博士。有好的目标继续加大引进力度。要制定切实可行的措施,培养和扶持自己的大师。用5年左右的时间,把我院的教师队伍建成学历结构、职称结构合理,教学水平、科研水平省内拔尖的一流师资队伍。只要下决心,师资队伍的建设的目标是一定能实现的。

5. 教学模式要新

(1)加大定单教育的力度(因时间有限,这个问题过去已讲过,今天就省略)

(2)要针对市场设专业:

科学、合理、规范地设置专业,既是适应市场经济的需要,更是学校最基础的一项工作,宽专业面固然是我院专业设置的一个特点,特点不同于特色,至今我院没有自己的王牌拳头专业,平均用力是不行的,缺乏生命力的专业,长期招不起生的专业要从根上去分析到底是什么原因,在调查研究分析的基础上得出结论,该取消的就应该取消。

(3)要针对培养目标定课程(包括教学计划的制定),教学改革最重要的一环就是教学计划的改革和课程的改革,我院经过一学期的努力,很有起色,各系共推出了九个专业的改革方案,在教学改革的路上迈出很重要的一步。

(4)要针对岗位练技能

我们的教改已经在打破老三段上打开了缺口,我刚才为什么用了货真价实四个字来要求实践教学呢,这是说明,教学计划有了实质性的改革,下一步更重要的一个环节是抓落实。要使整个教学过程变成技能培养流水线。要针对岗位,采用交叉教学方式,专业课要边学、边干、边练,真正使学生做到既动脑,又动手;有一定的专业理论,有较强的岗位动手能力,这样培养出来的学生,才能在企业有立足之地,有用武之地,才能受到企业的真正欢迎。

以上几点我没有用“特色”两个字,真正做到了这几点,就会形成鲜明的办学特色,到那时,我们学院必定会在省内外有相当的影响力,就全具备一流的条件。

二、齐心协力,破“空”排“难”,推进我院的改革和发展

1. 要加强干部和教师队伍建设。

第一,树立终身学习的思想,成为学习型、创新型领导。同志们要端正学风,不断学习政治理论,提高政治素养;不断学习业务知识,提高业务水平,成为本系、本部门政治理论强、业务素质高的行家里手。

第二,学高为师,身正为范。希望大家以身作则,管好自己和自己的人,作好自己的事,从繁杂的应酬中解脱出来,全身心地投入到工作中去,多做调查,多做研究。

第三,敢于创新,敢于挑战。本学期,落实院系两级管理,给大家创造了很大的发展空间,“海阔凭鱼跃,天高任鸟飞”,在办学上多动脑筋、多想办法,办出特色。

2. 坚持以人为本,提升学院的管理水平。

(1)学院管理:推进院系两级管理,强化管理规范,通过 ISO 体系认证。

(2)学生管理:坚持以人为本,转变职能、齐抓共管,坚持正面引导与严格管理两手抓,适应公寓社会化改革后学生管理的新形势,探索新方法、新途径,建立学生激励新机制。工作提速,切实解决学生学习、生活中现实问题,要变被动为主动,为学生提供一切可能的帮助。坚决依法办事,取缔一切不合理的新收费,开展各种有意义的活动,张扬个性,最大限度调动学生内在的积极向上因素,最大限度保持发扬学生管理中的亮点,把学生管理提升到一个新的档次。

深耕内涵，打造地方高职跨越发展新标杆

——摘自石忠同志《中国教育报》2017年03月21日第10版：职教周刊·院校实践

石　忠

滨州职业学院以服务黄河三角洲高效生态经济区和山东半岛蓝色经济区建设为己任，深化校企合作，提升对经济社会发展的贡献度和支撑力；深耕内涵，提升人才培养质量，打造山东高等职业教育新标杆。

第一，重点突破，强化办学基础能力。

完善多主体办学格局。探索股份制、混合所有制、集团化办学的体制机制和现代学徒制、订单培养等多种形式办学模式，建设中兴学院、中德合心国际交流学院等混合所有制二级学院，牵头成立国际护理教育集团。推动二级学院人权自主、财权自主和事权自主，实现二级学院从教学主体到办学主体的转变。

通过"校企互聘互兼"建设高水平师资队伍。完善"双师型"教师认定和考核管理办法，规定各重点建设专业有企业兼职经历的教师不少于40%。实施教师全员培训，每年选派20%教师参加国家级和省级培训。加大人才引进力度，选拔院级教学名师、专业带头人和骨干教师，培养造就一批社会知名度高、行业影响力大的"教练型"教学名师和专业带头人。

完善"一中心两平台四支撑系统"智能校园建设。全面提升教学、实训、科研、管理、服务信息化应用水平。重点推进信息技术与教育教学深度融合，推行线上线下混合式教学，形成课堂教学新形态，目前采用混合式教学的课程达到80%。

第二，深耕内涵，强化人才培养能力。

构建"面向市场、优胜劣汰"的专业调整机制。增加机电一体化技术等传统工科专业"智能"含量及管理服务类专业"新职业"形态，增设高档数控机床、老年护理等专业方向，开发云计算技术等新兴专业，促进专业向"中国智造""互联网+""现代服务业"转型。对接滨州市重点发展的高端铝产业、汽车轮毂及轻量化材料等高端产业、港航交通及生活性服务业发展，重点建设护理、机电一体化、航海技术等专业群。

构建“厚基强技、全面发展”的人才培养体系。建立“平台+模块”专业课程体系，由通识平台课程、专业群平台课程等组成平台课程，由专业核心课程、专业拓展课程、第二课堂等组成岗位能力模块。完善“能力进阶+实习实训”实践教学体系，建立“职业通用能力实训、专业基础能力实训、专业综合能力实训”和“认识实习、跟岗实习、顶岗实习”校内外实践教学体系。完善“通识教育+综合实践”素质教育体系，形成“课内课外相结合、校内校外相结合、养成与渗透教育相结合”的素质教育体系。

构建“纵横联动”的质量管理与保证体系。实现“五纵五横一平台”网络化覆盖、“8字形”纵横联动、“机制与文化”双引擎助推的常态化自主诊改工作机制，履行教育质量保证主体责任。

构建“崇德尚能，责承天下”的大学育人文化。实施物质文化提升工程、精神文化培育工程、行为文化养成工程、品牌文化凝练工程，培养师生的责任意识和精益求精的工匠精神。开展“一院一品牌，一院一特色”文化特色创建活动，打造与专业建设契合度高、与历史文化接续性好、与地域文化融合性强的校园文化品牌。围绕黄河三角洲文化元素，融合孙子文化、忧乐文化、革命老区文化、黄河三角洲民俗文化和非遗文化，打造黄河三角洲文化研究传承中心。

第三，服务区域，强化支撑发展能力。

加强技术技能积累，引领区域科技创新。把开展应用类技术开发研究作为主要科研方向，把科技服务的重点放在为地方经济服务和解决行业、企业共性技术问题上。建设重点实验室、技能大师工作室等校企融合的科研平台，组建棉花育种、油莎豆综合开发等“师企生”一体的科研团队，打造具有鲜明区域性和行业性特征的科技创新中心、成果转化中心、公共实训中心。

拓展技术技能培训，助力经济转型升级。服务魏桥创业、华润纺织等龙头企业，送教进企、引训入校，与行业企业共同开发培训项目，开展企业员工技术技能教育培训。面向中小微企业和“三农”，开展低收入人群、转岗人员、失业人员技能培训，推进农村劳动力转移培训，发展公益性的继续教育，服务精准扶贫。

建设大学科技园，带动“大众创业，万众创新”。与滨州高新区“滨州众创园”和滨州经济开发区“众创空间”合作，创建省级大学生创业孵化示范基地，建设4000平方米的大学生科技园。大学生科技园集学生创新创业孵化、教师科技研发、校企合作、成果转化于一体，建设知识产权学院、众创空间和孵化中心，组织师生开展科技创新、初始创业。同时面向社会公众开放服务，推进科研仪器设备、企业注册管理、知识产权服务、孵化与投资服务的资源共享，为小微创新企业成长和个人创业提供低成本、便利化、全要素的开放式综合服务平台。

深化国际合作交流，服务地方企业“走出去”。围绕装备制造、纺织等优势企业“走出去”战略，与区域重点企业开展合作，紧贴企业海外用人需求和人才规格，优化课程内容，引进、开展有关国际职业资格认证，培养具有国际视野、通晓国际规则的技术技能人才和适应中国企业海外生产经营需要的本土人才。积极参与中国—东盟自贸区升级版建设，合作共建柬埔寨海事学院，按照中国标准开发适应柬埔寨的教学标准与内容。

第十三章

师有传人道始尊

——名家之风

学院大力实施人才强院工程、双师素质教师培养工程、骨干教师海外培训工程、兼职教师队伍建设工程,涌现出了一大批知行垂范的优秀教师,其中国务院政府特殊津贴专家 8 人,山东省有突出贡献中青年专家 2 人,山东省教学名师 6 人,山东省高校十大优秀教师 1 人,省级教学团队 10 个,滨州市有突出贡献的专业技术人员 30 人,滨州市青年学术技术带头人培养人选 25 人。先后承担省级以上科研课题 34 项,主持山东省农业良种工程项目 2 项,省自然科学基金项目、青年科学家基金项目各 1 项,省社会规划课题 2 项,省发展和改革委员会"蓝黄"两区重大理论课题 2 项,山东省现代农业产业技术体系创新团队棉花综合试验站落户学院。获省技术发明二等奖 1 项、省科技进步三等奖 1 项、省社会成果奖 3 项,获得国家专利 246 项,其中发明专利 24 项。实施成果转化 200 余项,创经济社会效益近 10 亿元。

三尺讲台之畔,他们恪尽职守,诲人不倦;桃李芬芳之季,他们虚怀若谷,乐在其中;著书立说之时,他们甘于寂寞,勤于探索。"名家之风"栏目,力图书写学院名师风采,展现专业建设魅力。这里,记录着名师的音容,镌刻着学者的风范;这里,有默默耕耘的敬业坚守,有转身之间的神采飞扬……让我们走近这些名师,走近他们"桃李芬芳满天下,济济英才遍中华"的梦想和情怀。

厚德笃学育桃李　实践创新攀高峰

——记山东省教学名师、省级教学团队带头人徐红教授

徐红，女，1965年1月生，滨州职业学院护理学院院长，中共党员，教授。从教30年来，始终坚守在职业教育的教学科研第一线，以坚韧不拔的毅力，带领护理团队勇于开拓，拼搏进取，在教学改革、专业建设、课程建设、医学科研等方面，取得了突出的成就。2011年，被评为山东省教学名师；2014年，被评为山东省有突出贡献的中青年专家；2017年，被评为第五届黄炎培杰出教师奖；2014年，她所带领的护理学院被评为全国教育系统先进集体；2016年，被评为“2016年，全国职业院校技能大赛优秀工作者”。

一、孜孜不倦育人路

从教30年来，徐红教授严谨治学，善于创造性地选择与组织教学内容、设计教学过程，形成了自己的独特风格。教学中，始终坚持教学质量第一和以人为本的教育理念，坚持教书、育人双管齐下，所讲授的药理学、生理学等课程受到学生的一致好评，多次在学校和全国卫生职业教育药理学研究会年会上举行教学观摩，成为我院教师的一面旗帜。

作为护理学院院长，她总是以饱满的工作热情，帮助每位老师进行职业生涯设计，鼓励青年教师勇挑重担，勇于创新，勇于开拓，在生活上关心、教学上指导、学术上支持、工作上提携，久而久之，她和老师们成了知己，营造了和谐氛围，构建了和谐团队。这就是她变管理为服务的工作理念。

二、矢志不渝教改人

徐红教授潜心教学研究，为不断提高教育教学质量，她带领大家坚持不懈开展教学改革和教学研究工作，率先在院内建立了集体备课制度，通过集体备课，根本解决了高等职业教育教材中的难点和疑点问题，教学质量得到全面提高。带头改进实验方法和教学方法，其中《分层次教学法》在职业教育中应用效果良好，得到了国内同行的赞同和好评。主持开展的《对药理学教材中某些难点的教学研

究》课题研究成果《药理学教学难点诠释讲义》,为提高育人水平和教学质量做出一份实实在在的贡献。自行设计和研究的《静脉给药速度对药物作用的影响实验》等实验方法,已被《药理学》《药物应用护理》等教材收载,在医药护理人才培养中发挥了重要作用。主持完成的《高职护理专业能力本位人才培养模式的研究与实践》为护理专业教学改革指明了方向,得到了专家和同行的高度赞赏,并在省内外多所同类院校推广应用,被评为2009年山东省教学成果二等奖。主持完成的《高职院校特色专业的建设与实践》既丰富了特色专业建设理论,又在实践层面取得了突破,在省内外多所院校推广使用,2014年被评为山东省职业教育教学成果一等奖。这些教改的成果在护理专业的办学中发挥了重要的指导作用,护理专业教学质量有了大幅度提升,近三年学生初次就业率均在98%以上,对口就业率96%以上,双证书获取率高达100%。先后有1500余名毕业生留在了省内外著名三甲医院就业,有61名学生在英国边学习边工作,有多名学生留学英国、澳大利亚、菲律宾等并取得护理学硕士学位。

2015年,山东省启动高职专业教学指导方案的开发工作,护理专业作为第一批建设项目,我院被确定为护理专业教学指导方案的牵头学校,徐红教授义不容辞地担任了项目负责人,带领团队扎实调研、精心设计、潜心研究,按时完成山东省高职护理专业教学指导方案的编制工作,并顺利通过专家组的评审验收。

"一枝独秀不是春,百花齐放春满园"。徐红教授带着她的团队先后建成国家精品课程1门、国家精品资源共享课程1门、省级精品课程8门。护理专业先后被评为山东省高职教育示范专业、山东省特色专业、省级教学团队、首批国家骨干校重点建设专业、山东省主体专业、山东省首批品牌专业群建设点,护理实训基地被确定为"中央职业教育专项资金建设项目",实现了滨职各项内涵建设项目的历史突破,在滨州职业学院内涵建设发展史上留下了浓墨重彩的一笔,为学院赢得了多项荣誉。

同时,作为多项全国护理专业技能大赛的赛项负责人,徐红教授不讲条件,不畏酷暑,努力工作,甘于奉献,受到了主办方和参赛院校的高度评价,参赛师生也屡获佳绩。在2011年全国首届护士(英语)执业资格技能竞赛中,我院选送的高职代表队一举获得团体总成绩、技能竞赛单元和理论竞赛单元三个一等奖的优异成绩。2012年6月,我院代表队在首届全国职业院校技能大赛高职组护理技能大赛中取得了1个一等奖、2个二等奖、1个三等奖的优异成绩,实现了山东省在国赛高职组护理赛项金牌零的突破。2013年,徐红教授担任山东省国赛协作训练组的项目负责人和山东省领队,带领队员参加全国职业院校技能大赛中职组护理技能大赛,取得了3个一等奖和1个二等奖的优异成绩。2014年,我院被省里确定为护赛基地,在承赛工作获得全面成功的同时,我院参赛队员也以绝对的优势获得团体第一名。2015年,徐红教授作为山东省领队,带领队员参加全国护理大赛,取得了一等奖2项、三等奖2项的优异成绩,我院的李颖和常玉淼两位选手表现出色,双获国赛一等奖,为我院、滨州市乃至山东省赢得了荣誉,实现了护理国赛的新突破。2016年,学院成功获得2016年全国职业院校技能大赛高职组护理技能大赛的承办权,这是滨州职业学院建院以来承担的最高层次的一个活动、一个赛事,也是滨州市目前所承担的唯一一项全国大赛,赛事实现了零投诉,赛项执委会在闭赛式上给予了高度评价。我院代表队成功蝉联一等奖,承赛、参赛实现了双丰收,滨州职业学院扬名全国。

三、勇闯前沿探路者

在繁忙的教学工作之余,徐红教授克服重重困难,坚持开展医学科学研究,先后主持完成《速效烧伤膏的制备及动物实验研究》《升板合剂免疫调理作用的基础药理与临床应用研究》等十余项课题的研究。获得国家发明专利2项,山东省高校实验技术成果三等奖1项,滨州市科技进步一等奖4项、二等奖3项、三等奖2项,滨州市科技星火一等奖2项,滨州市教科研成果特别奖1项,滨州市自然科学优秀学术成果一等奖2项、二等奖1项,先后主编参编教材专著34本,发表论文32篇。其中,研制成功的治疗慢性难治性原发性血小板减少性紫癜的药物——升板合剂获得国家发明专利,多次成功地治愈了经国内一流医院及中科院天津血液病研究院未能治愈的数十例慢性原发性血小板减少性紫癜病人,为临床提供一个安全、高效、质优、价廉的中药新品种,使广大ITP病人恢复健康、重塑人生成为现实。自主研制的烧伤膏已获得国家发明专利,专家给予了很高的评价,认为有重大的推广应用价值。

"路漫漫其修远兮,吾将上下而求索",徐红教授总是以此自勉。30年的勤奋工作,不懈追求的理想信念,开拓进取的拼搏精神,让她取得了骄人的成就。但在成绩面前,她并没有满足,更没有止步。无论担任什么职务,她从来没有离开过讲台,没离开她的学生,一如既往地挚爱着她的职教生涯。

匠心独运教育者 勤耕不辍职教人

——记省级教学团队带头人傅智端教授

傅智端,男,1963年4月生,滨州职业学院教务处处长,中共党员,教授,硕士。1997年,被山东省教育委员会、人事厅授予“山东省优秀教师”荣誉称号;2005年,被滨州市人民政府授予“滨州市劳动模范”称号;2010－2012年,被滨州市委、市政府授予“滨州市有突出贡献的专业技术人员”;2015－2017年,被滨州市委、市政府授予“滨州市有突出贡献的专业技术人员”;2015年,获“感动滨州·2014年度人物”。

一、砥砺前行,致力滨职建设

2004－2006年,傅智端教授担任学校人才培养工作水平评估办公室主任,主办学校人才培养工作水平评估迎评工作,贯彻教育部“以评促建,以评促改,以评促管,评建结合,重在建设”的方针,明确学校定位,探索滨职特色,学校顺利通过评估并获优秀等级。2010年,担任学校国家骨干高职院校创建办公室主任,主办国家骨干高职院校申报工作,学校以山东省第一名的成绩获教育部、财政部立项,跻身首批国家骨干高职院校。2010－2013年,担任学校国家骨干高职院校建设办公室常务副主任,主办国家骨干高职院校建设工作,学校以优秀等级通过教育部、财政部验收。作为教务处处长,傅智端教授带头钻研国家各项教育方针政策,坚持内涵优先发展,加强教学基本建设,深化教育教学改革。2008年至今,主办学校教学改革项目申报工作,建成国家精品课程3门、国家精品资源共享课程3门、省级精品课程64门、省级精品资源共享课12门、省级特色专业10个,获国家级教学成果二等奖3项、省级教学成果一等奖5项,建设成果处省内领先水平。2014年,教务处获全国职业教育先进集体。

二、肩负责任,奉献职业教育

傅智端教授是省内外颇负盛名的教育教学评估专家和职业教育专家。2009年至今,作为教育部人才培养工作评估骨干专家,先后指导过40余所省内外高职院校的评估迎评工作,参加过 30 余所省内外高职院校的现场评估工作。2010 年至今,担任中国职业教育质量保障与评估研究会理事,积极为职业技术教育质量保障与评估理论和实践研究贡献己力。2012 年至今,作为山东省现代职业教育体系建设政策制度设计主要成员,全程参与了《山东省人民政府办公厅关于贯彻落实鲁政发[2012]49 号文件推进现代职业教育体系建设的实施意见》(鲁政办字[2013]126 号)、《山东省人民政府关于贯彻国发〔2014〕19 号文件进一步完善现代职业教育政策体系的意见》(鲁政发[2015]17 号)等 20 余份山东省现代职业教育体系建设的制度文件起草工作。2013 年至今,作为山东省职业教育教学改革与质量提升指导专家主要成员,全程参与山东省现代职业教育质量提升计划系列项目的设计与指导工作。2015 年至今,担任山东省教育科学规划领导小组成员,山东省职业技术教学学会教学工作委员会副秘书长,山东省文化素质职业教育教学指导委员会副秘书长。2016 年至今,担任山东省高等职业院校教学工作诊断与改进专家委员会秘书长。

三、恪守本心,投身学术科研

作为高校教育者,傅智端教授不仅在教学管理、服务社会上成绩斐然,在学术科研上更是勤勉严谨,精益求精。2008 年,他担任主持人的《审计实训》课程获省级精品课程;2009 年,他担任带头人的《审计实务》课程团队获省级教学团队;2009 年,他担任负责人的会计电算化专业获省级特色专业;2010 年,他担任主持人的《统计基础》课程获省级成人教育特色课程。不仅为我校优质课程建设增光添彩,他在职业教育方面的研究也是成果颇丰。2009 年,《"筑巢引凤"建设实训基地的探索与实践》获山东省高等教育教学成果奖二等奖(第 1 位);2014 年,《"4321"教学质量自控体系构建与运行》获职业教育国家级教学成果二等奖(第 1 位)、《"校政交互、多元共治"校企合作办学体制机制创新研究与实践》获职业教育国家级教学成果二等奖(第 3 位)。

三十七载滨职人,傅智端教授始终坚定不移地走在学院建设的大道上,为学院教育教学改革呕心沥血,展示了滨职人锲而不舍、力争上游的精神风貌;三十七载职教人,傅智端教授勇于担当,服务滨州发展,携手省内外高职院校,共谱高等职业教育美妙华章,践行了滨职校训中的"责任"二字;三十七载教书人,傅智端教授潜心钻研,不断探索,在学术研究上实现了传承与创新,彰显了滨职专业与敬业的名师风范。峥嵘往昔，职教道路上踏实前行，在每一段新的征程上，傅智端教授也将继续筑梦未来。

老骥伏枥　不坠青云之志

——记省级教学团队带头人李法庆教授

李法庆，男，1958 年 10 月生，滨州职业学院机械工程学院教授，中共党员，高级工程师，技师，山东省优秀教学团队带头人，国家火炬计划专家库专家，山东省注册咨询专家，山东省政府采购评标专家，山东省经信委专家库成员，山东省工业设计工作专家库成员，山东省产业政策专家库成员，山东招标股份有限公司评标专家，山东省工程咨询协会理事，中国教育技术协会实践教学委员会理事，滨州市科技项目评审专家，滨州市干部教育培训送教名师，滨州市众创园创新创业导师，滨州市第二届优秀创新团队核心成员并被市政府授予集体二等功。

先后荣获滨州职业学院优秀教师、科技工作先进个人、优秀实践技能教师、第一届教学能手、第二届专业带头人、第二届教学名师等荣誉称号。

一、潜心教学，爱岗敬业

自 2003 年 12 月到滨州职业学院任教，李法庆教授始终坚守教学岗位第一线，认真进行科学研究，积极开展校企合作，注重实施实践教学。主讲《机械制造》《工程制图》《钳焊实训》等课程，平均年完成教学工作量 300 学时，培养学生 3000 余人，学生技能证书考取率 98% 以上，指导 6 名学生在省级技能大赛上获奖。共完成获奖教科研项目成果 22 项。其中国家“十五”规划教研课题 1 项；国家教育技术协会优秀实践课程设计一等奖 1 项，二等奖 1 项；山东省软科学优秀研究成果三等奖 2 项；滨州市科技进步一等奖 1 项，二等奖 2 项；滨州市科技星火一等奖 1 项；滨州市自然科学优秀研究成果二等奖 2 项，三等奖 1 项；滨州市社会科学优秀研究成果一等奖 2 项，二等奖 3 项，三等奖 3 项；滨州市人文科学优秀研究成果一等奖 2 项；获得专利 3 项，发表论文 12 篇，编写教材 3 部。

作为机电一体化技术专业带头人，组织带领教学团队开展社会调研，对接国家战略，面向区域经济，确定培养目标，加强专业建设，开展教学研究，编写校本教材，实施人才培养。该专业有 4 门课程被评为省级精品课程，先后被确定为山东省主体专业、山东省特色专业。机电一体化技术专业教学团队被评为山东省优秀教学团队。

二、立德树人，为人师表

李法庆教授注重实践教学，实施素质教育，推行行动导向教学法，强化学生动手能力培养。为教研室主任、教学管理人员和专业骨干教师作行动导向教学法专题讲座和培训 6 场次。主持设计的“实训课程实施方案”参加中国教育技术协会组织的“首届全国实践教学课程设计大赛”获得个人二等奖；“实践性课程教学模式设计”在“第二届全国实践教学课程设计大赛”上获得一等奖，并在中国教育技术协会年会上做了典型发言和经验介绍。“实践性课程教学模式设计与实践研究”获滨州市社会科学优秀研究成果一等奖，论文“实践性课程教学模式研究”参加中国职业教育协会组织的“全国优秀实践教学论文”评选获得二等奖。近年来，为学生作《专业技术》《就业指导》《职业生涯》和《中国式管理》等方面的专题讲座 20 余场次。指导学生积极投身技能大赛训练，所带学生在省技能大赛中获得省赛三等奖 2 项，市赛一等奖 4 项、二等奖 6 项。

三、协同创新，服务社会

近 5 年，李法庆教授参与市以上重大专项、技术改造、发展基金、工业设计等项目的推选、立项、评估、评价及项目验收等评审 50 余项，参与省、市政府采购招标的评审 20 余项。为企业开展技术服务项目 11 项，承担横向课题 3 项，被 5 家企业聘请为技术顾问，为企业员工做专业技术方面的专题讲座 30 场次。为山东滨化集团新职工岗前培训 150 人，为山东华兴机械有限公司培训员工 175 人，为滨州市民政局“退伍军人安置岗前培训”160 人。

为适应大众创业、万众创新新常态，2015 年向市政府有关部门提出建议并得到采纳，在高新区建设了“滨州众创园”，李法庆教授作为主要建设者积极参与了“滨州众创园”的建设，并在“滨州众创园”落成揭牌仪式上作为创业导师代表作发言。2016 年在滨州高新区主持建设了“滨州众创园滨州职业学院 2025 制造空间工作站”，并组织首批 42 名数控技术专业的学生入驻工作站进行为期一个月的创新创业教育与实践。

有付出才有回报,有工作才有快乐。李法庆教授在装备制造和纺织专业领域具有较深厚的阅历背景和丰富的实践经验。尽管已经快到退休年龄,仍然重视学习,用炽热的情怀,满腔的挚爱,不断实现着自我的人生价值。在诸多荣誉和称号面前,他深知,是工作、学习磨砺了他,是党教育、培养了他。他正用他的行动为他心中的信念之旗增色。

聚心聚力　求真求实

——记省级教学团队带头人李明教授

李明,男,1970 年 10 月生,滨州职业学院生物工程学院院长,中共党员,教授,博士,滨州市有突出贡献的专业技术人员,首届山东省高等教育管理研究博士团队成员,省级教学团队带头人,省级精品课程主持人。

一、严谨治学勇探索

多年来,李明教授坚持“创新引领,服务发展,团队协作,共同成长”的理念,开展了遗传育种、病害防治、农产品保鲜、土壤生物改良和高等职业教育与管理等方面的研究工作,主持或作为主要成员参与了 2 项国家级、3 项省级、5 项市级科技课题和 1 项院级博士基金项目,获得了专利授权 7 项,获市级及以上科技奖励 15 项,在“*Acta Biochimica et Biophysica Sinica*”“*Journal of Horticultural Science & Biotechnology*”《农业工程学报》《中国农业科学》等国内外刊物发表论文 20 余篇,其中被 SCI 全文收录 6 篇,EI 收录 2 篇,相关科研成果被滨州市农业局、东营市农业局和东营市林业科学研究所等单位推广应用。

攻读博士期间,他承担了国家科技部攻关课题《转 hrfA 基因抗黄、枯萎病棉花品种的选育》的研究工作。棉花黄、枯萎病是一类严重影响棉花生产的土壤传播病害,病害发生后,难以防治,造成棉花大量减产,而当时尚没有对黄、枯萎病都具有较高抗性的棉花品种。育种是一个周期比较长的工作,而攻读博士又有时间限制,别无选择,他只能高效利用时间,无法享受周末和假期。他早上 8 点到实验室开展研究工作,直到晚上 11 点才离开。家人对他非常支持,那几年,他父亲的身体越来越差,父亲担心耽搁他的研究工作,住院几次都不让告诉他,只在父亲去世前他才回来陪了几天，这是他一生中最愧疚的事情，当初，母亲的突然离世对父亲打击很大，为了能够就近照顾父亲，已经留校工作的他，不顾单位领导和同事的挽留，毅然从南京回到了滨州，但没想到由于自己的外出求学，还是没有尽到赡养尽孝的责任和义务。

育种研究有很多工作是在田间完成的，而且季节性很强。夏季，根据各地棉花的开花周期，他往返于江苏、山东、新疆等地进行田间试验；冬季，又去三亚加代繁育和筛选实验材料。尽管新疆和三亚都是著名的旅游胜地，他却无暇顾及，每次都是忙碌于田间地头，来去匆匆。有一年夏天，由于棉田中蚊虫太多，他们戴着防蜂面具在新疆阿克苏田间进行基因转化试验，当天气温过高，导致工作人员严重中暑，住院治疗一周多。

这期间，他养成了一个习惯，每天晚上，先是总结当天的工作，哪些已经完成，哪些没有成功，后续要开展哪些工作，然后是思考没有成功的原因，是操作步骤不规范，还是方法不适合，有没有其他的方法来解决这个问题，要考虑出至少 2 个备选方案，最后再做出第二天的工作安排，只有完成这套程序，他才安心休息。

经过艰辛的努力，他最终获得了抗黄、枯萎病的转基因棉花品系，后续研究表明，它们对棉铃虫和蚜虫也有很好的抗性。该转基因棉花品系既可在农业生产直接推广应用，又可作为重要育种资源，推广应用以后，可以减少化学农药的使用，进而减少化学农药的污染和残留，对提高我国农产品在国际市场上的竞争能力具有重要的战略意义。李明也因该研究，成为本实验室首次发表论文被 SCI 收录文章的第一作者，而顺利博士毕业。

二、凝心聚智促发展

博士毕业回到滨州职业学院后，学院对李明的研究工作提供了大力的支持，专门设立了博士基金。他根据自身特长和地方特点，组建团队，加强与相关院校、业务部门和企业的联系，先后开展了冬枣保鲜、病害防治和盐碱土壤改良等方面的研究工作。由于他兼任着行政管理工作，并承担了一定的教学任务，因此，课题研究工作多是利用节假日进行，常常是白天在基地或实验室做试验，晚上在办公室整理数据，有时为了免受打扰，能够长时间静心工作，他会在办公室通宵撰写材料。

几年来，他带领团队成员，探索汇总形成了 Harpin 蛋白延长冬枣贮藏保鲜、提高冬枣果实品质和控制病害发生的技术配套体系，减少了化肥和农药的用量，有效推动了绿色冬枣产业的发展；成功研制了具有成本低、便于施用和推广等特性的盐碱地生物改良剂，既能有效降低盐碱土壤的盐碱度，又有利于生态环境的保护和改善，同时为今后挖掘耐盐基因提供了资源。相关研究成果发表论文9篇，其中SCI收录3篇，EI收录1篇，核心期刊4篇；获得专利授权3项；获山东高等学校优秀科研成果奖、滨州市科学技术奖、滨州市自然科学优秀学术成果奖7项。

作为二级学院的院长，他和大家一道以优异成绩完成了国家骨干高职院校重点建设专业——生物技术及应用专业和中央财政支持的园林技术专业的建设及滨州市农业生物工程重点实验室的建设与验收工作，建成了《植物与植物生理》和《植物组织培养技术》2门国家精品资源共享课和生物技术及应用专业核心课程群5门省级精品课程，生物制药专业和园林技术专业教学团队被评为省级优秀教学团队。

多年的学习工作经历，他深深体会到：一个人不能没有目标，没了目标，就失去了前进的动力；做事情不能单打独斗，要团队分工协作，才可能有所建树。他常说，在单位领导和同事的关心、支持下，他和他的团队取得了一点微不足道的成绩，学院却给予了他一些受之有愧的荣誉。他觉得，自己还没有很好地发挥高学历人员的引领作用，今后将多鼓励和支持年轻骨干主持研究项目，自己多做些幕后工作，甘为人梯，助力青年教师尽快成长。

学高为师　勤于钻研　身正为范　书写大爱

——记省级教学团队带头人郭利教授

郭利，男，1962年12月生，轻纺化工学院副院长，教授，中共党员。先后获得滨州市优秀教师、滨州市有突出贡献的专业技术人员、滨州市教科研先进工作者、滨州市优秀科技工作者、滨州市劳动模范、全国石油和化工行业教学名师等荣誉称号。荣获山东省科学技术发明奖二等奖1项（排第二位），山东省第七届发明创业奖三等奖1项；齐鲁晚报杯山东省高校十大优秀教师提名奖；被滨州市政府授予三等功；主持的应用化工技术专业获山东省教育厅特色专业；主持的应用化工技术专业教学团队被评为省级教学团队；主持的应用化工技术专业获山东省校企一体化合作办学示范院校和企业称号;主持的应用化工技术专业实习基地获中国石油和化学工业联合会授予的"石油和化工行业职业教育与培训全国示范性实训基地";参与的龙福环能科技再生涤纶纤维研发团队(排第三位)被授予滨州市第三届优秀创新团队。

一、言传身教,润物无声

郭利教授在承担大量日常行政工作的同时,担任着《化工原理》《纺织材料》《纺织加工化学》《染整技术》《印染助剂》等课程的教学任务。在教学过程中,他注重抓好教学的每一个环节,上好每一节课,圆满地完成了教学任务,受到师生的高度好评。除此之外,他还承担了青年教师的培养工作,先后指导了4名青年教师和5名硕士生的毕业论文,有力地推动这些青年教师迅速成长为教学骨干。

郭利教授热爱职教事业,醉心化工专业,主要承担了应用化工技术、石油化工技术等专业的建设。他潜心研究高职教育教学规律与特点,将工作过程导向的教学理念融入化工专业发展规划和课程改革的设计中,注重课程项目化建设和实训设计。他深刻地认识到,高职教育的特色在于校企合作和工学结合,而校企合作和工学结合离不开实训,实训的特色在于实训内容符合企业的生产研发要求以及完成实训内容的合理周期。应用化工技术专业毕业生从业岗位为试验员、操作员、工艺员,为强化专业建设,提升教育质量,提高学生岗位适应性,郭利教授以应用化工技术专业为例深入探讨并践行"现代学徒制试点",组织学生到福海集团、滨化集团等企业开展调研,进行生产性技术服务。

郭利教授根据企业产品结构、新材料、新工艺、新产品研发的发展趋势和行业动态,着眼建设资源节约型、环境友好型企业,构建了"能力本位、油盐化工特色"的课程体系;以化工生产运行、化工生产技术管理等岗位的工作过程为导向,分析工作任务与职业能力,参照职业资格标准,确定课程内容;以"项目为导向,任务为驱动"设计教学单元;以油盐化工企业技术应用为重点,开发涵盖教学设计、教学实施、教学评价的数字化应用化工技术专业教学资源。他带领课程组教师同企业合作建设了《化学应用技术》《化工单元操作与设备》《燃料油生产技术》《盐化工生产技术》《化工分析技术》等5门院级精品课。

2013年12月应用化工技术专业获评省级特色专业,2014年9月学院化工实习基地获中国石油和化学工业联合会授予的"石油和化工行业职业教育与培训全国示范性实训基地”,2015 年 9 月应用化工技术专业教学团队获省级教学团队。荣誉的取得,作为化工专业带头人的郭利教授功不可没。另外,郭利教授还主持并完成了“山东省五年制应用化工技术专业教学指导方案”,并顺利通过省级专家鉴定,为高职教育做出了贡献。他指导的学生实践论文在 2008 年至 2010 年滨州市大学生科技文化艺术节上获一等奖,同时轻纺化工学院连续三年获滨州市科技局颁发的“优秀组织奖”,切实提高了学生的实践能力。

二、科技创新,不断超越

近年来,郭利教授在省级以上刊物发表论文 80 余篇,其中在国家中文核心期刊发表论文 69 篇。他主持、参与课题 13 项,其中 6 项为省级课题、4 项为滨州市科技计划课题。他主持的利用回收废旧聚酯瓶片料生产再生 FDY 涤纶长丝项目,于 2014 年 11 月获山东省科学技术发明二等奖第二名,两项科技成果分别获滨州市科技进步一等奖第一名。他主持的省教育厅立项“印染节能降耗循环经济研究”课题在 2011 年 11 月获滨州市科技进步三等奖,参与的 2009 年度滨州市科技计划项目“纯棉及棉混纺毛巾织物冷轧堆染色集成技术研究”获滨州市科技进步二等奖第二名,“真蜡印花的废蜡处理”成果于 2010 年 12 月获滨州市自然科学优秀学术成果二等奖第一名,“改性蒙脱土在浆纱中应用”成果于 2010 年 12 月获滨州市自然科学优秀学术成果一等奖第二名。他先后获国家授权专利 8 项,其中发明专利 4 项,“一种将回收聚酯瓶片料熔体醇解后再聚合的方法”于 2014 年 3 月获得授权,“一种增加回收聚酯瓶片料熔体粘度的方法”于 2014 年 3 月获得授权,“纯棉布料活性染料湿短蒸染深色方法”于 2011 年 6 月获得授权,“活性染料冷轧堆一次对色成功染色方法”于 2011 年 1 月获得授权。这些专利成果被山东兰骏集团、滨州亚光毛巾有限公司、博兴县顺和泰纺织科技有限责任公司和龙福环能科技股份有限公司使用,解决了生产中的问题,取得显著的经济效益。

郭利教授还担任山东省科技进步奖纺织组的主审,山东省科技攻关项目评委,重庆市、福建省、河北省、广东省科技厅科技攻关项目评委。

郭利教授不善言谈,为人低调谦逊,把一腔热情全部倾注在自己所热爱的教育事业上,成就的取得源于他高超的学术水平和孜孜不倦的探索,更源于他内心对于职教事业的热爱和忠诚。

梅花香自苦寒来

——记省级教学团队带头人赵霞教授

赵霞,女,1975 年 12 月生,滨州职业学院建筑工程学院教授,工程造价教研室主任,中共党员。

一、学科砥柱,广育良才

赵霞教授一直工作在教学一线,在教学中注重与工程实践相结合,着重发挥其在工程一线 6 年的工作经验,不断创新,调整人才培养方案,改革课程,使培养的学生在实习岗位中更好融入工程,扩大学生的就业面。经过几年不断努力,于 2012 年将建筑工程技术专业 5 门核心课程建设成为省级精品课,一鼓作气在 2013 年将工程造价专业 5 门核心课程建设成为省级精品课,2016 年带领教研室老师完成 2 门省级精品资源库和 1 门院级精品资源库的建设。主持省级精品课《工程造价编制与审查实务》,主讲省级精品课《施工图识读与 CAD 技术》《施工成本控制与技术经济分析》《建筑工程识图与构造》《工程造价计价与控制》。在教学改革中先后主编主审了 5 部校本教材,与辽宁城建职业学院联合编写的教材《工程项目管理》,由机械工业出版社出版并入选国家“十二五”规划教材。

对接服务中职院校,与鲁中中等专业学院建筑系结成对子,指导专业调研和建设,并联合申报 2014 年山东省和国家级教学成果奖,《土建类专业中高职衔接“一体化教学平台”建设与课程开发》获得省级教学成果一等奖、国家教学成果二等奖。

成功举办 2014 年春季高考“工程算量”类目技能考试,先后 3 次举办山东省暑期高职工程造价专业教师师资培训,牵头完成山东省工程造价专业教学指导方案,2016 年工程造价专业教学团队被山东省教育厅评为优秀教学团队。

二、科研尖兵,展现风采

积极参与科研工作,主持山东省教育厅课题《低碳背景下外墙外保温技术研究》、山东省教育科学规划课题《农村城市化与小城镇建设对教育发展要求及改革对策研究》、滨州市科技局课题《基于"黄蓝"两区地域条件下的建筑节能关键技术研究》、滨州市科技局课题《鲁北地区新农居抗震设计研究》,参与国家自然科学基金项目《混凝土梁中 GFRP 筋抗拉强度演化机理研究》、山东省职业教育与成人教育科研规划课题《城建产业联合理事会校企合作模式研究》、山东省教育厅课题《黄河三角洲地区冲积平原建筑基础选型研究》。基于课程发表《基于钢混协作关系的体外预应力混凝土梁桥建模方法》等 5 篇论文被 SCI 或者 EI 收录。

三、师者仁心,成果丰硕

由于辛勤扎实的教学工作和出色的科研成果,赵霞老师多次荣获学院优秀教师、"三八"红旗手、师德标兵称号,2009 年 12 月荣获中共滨州市委组织部、滨州市人事局、滨州市科学技术协会颁发的第九届滨州市青年科技奖,入选《滨州市青年科技奖名录》,2012 年 6 月获得全国高职院校土建施工类专业学生首届"鲁班杯"建筑工程识图技能大赛优秀指导教师称号,2014 年获得滨州市优秀教师称号。

潜心教苑勤耕耘 砺能笃行育英才

——记山东省教学名师丁希宝教授

丁希宝,男,1968 年 5 月生,滨州职业学院会计电算化教研室主任、会计电算化专业带头人,中共党员,教授,注册会计师。曾获山东省教学名师、滨州市有突出贡献专业技术人员、滨州市先进教育工作者、滨州市直机关工委优秀党员、滨州职业学院十佳优秀教师、务实滨职 2012 年度人物、务实滨职 2016 年度人物、滨州职业学院优秀教师等荣誉称号。

组织建设山东省高等学校精品课程 6 门,山东省精品资源共享课 1 门。发表全国中文核心期刊论文 21 篇,其中被中国人民大学复印报刊资料全文转载 1 篇。获得山东省高等教育教学成果二等奖 1 项,山东高等学校优秀科研成果奖三等奖 1 项,山东省软科学优秀成果奖三等奖 2 项,滨州市社会科学优秀成果奖一等奖 1 项、二等奖 1 项,国家实用新型专利 2 项,主编教材 4 部。

一、安心教学工作,踏踏实实,任劳任怨

从教二十五年,丁希宝教授时刻以"学高为师,身正为范"严格要求自己,细心

备课,关爱学生。他除承担正常的高职学生授课任务之外,还承担着会计专业专升本、会计(本科)自考的辅导工作,主讲《基础会计》《财务会计》《会计(注会)》《高级财务会计》《管理会计》《财务管理》等课程,授课班级100多个,培养学生9000余人,总课时达12000余节,平均周课时20余节。在长期的教学实践中,他积累了丰富的教学经验,教学成绩名列前茅,先后获得了"滨州市先进教育工作者""滨州职业学院十佳优秀教师"等荣誉称号。

二、潜心科研工作,笔耕不辍,成绩斐然

丁希宝教授长期从事科学研究,在相关的领域取得了丰硕的成果。"'筑巢引凤'建设实训基地的探索与实践"获得山东省高等教育教学成果二等奖(第4位),"新企业会计准则下企业销售退回对所得税的影响分析研究"获得山东高等学校优秀科研成果奖三等奖(第1位),"滨州市沿海滩涂资源可持续发展研究"获得山东软科学优秀成果三等奖(第1位),"能力本位的高职课程评价体系研究与实践"(第1位)获得山东省职业教育教学改革研究重点项目立项。在《财会月刊》《会计之友》《财会通讯》等全国中文核心期刊上独立或第一位发表"合并财务报表中内部债券投资的抵销处理""合并财务报表中内部交易固定资产持有期间的抵销处理"等专业论文21篇,其中"合并财务报表中内部交易固定资产持有期间的抵销处理"被中国人民大学复印报刊资料《财务与会计》导刊全文转载。"一种会计组合用具""一种会计用便携文件夹"获得国家实用新型专利。主编教材《财务会计》《财务会计实训》《会计实务》《会计实务实训》。

三、专心内涵建设,呕心沥血,捷报频传

丁希宝教授长期站在教学改革的前沿,紧紧把握高职教育发展的脉搏,不断创新人才培养模式,重构教学内容,改革教学方法与手段。学院2006年启动国家示范性高职院校创建工作,丁希宝教授是会计电算化专业建设方案的主要起草人;2010年,学院成为国家示范性骨干高职院校建设单位,会计电算化专业成为七个重点建设专业之一,在3年建设期内,他和其他同志潜心研究专业建设,开展专业调研,对照建设方案和任务书丰富完善迎验材料,为我院骨干校验收优秀、评估顺利通过做出了突出贡献。

白天忙于教学实践,晚上伏案教学总结,由于长期的睡眠不足,丁希宝教授眼

睛经常红肿,妻子唠叨的最平常的一句话是“身体垮了,是你自己的”,学生们问的最平常的一句话是“老师,你的眼怎么还不消肿啊”,同事们见面问的最平常的一句话是“丁老师,你还很忙吗?注意身体啊”,邻居见面问的最常见的一句话是“怎么老不见你啊”。付出总有回报,他组织建设了山东省高等学校精品课程《纳税申报技术》《审计实训》《会计实务》《账务处理技术》《会计信息化》《财务管理》,山东省成人教育特色课程《统计学基础》,山东省精品资源共享课程《会计实务》。会计电算化专业被评为山东省高等学校特色专业,《审计实务》课程教学团队被评为山东省省级教学团队。

四、热心社会服务,献策克难,真诚奉献

丁希宝教授一直致力于社会实践,指导并参与了“滨州职苑学生公寓物业管理有限公司”“滨州正旗科贸发展有限公司”“滨州渤海花卉有限公司”的财务工作,参加了“滨州市东慧会计师事务所”的审计工作,帮助企业取得较好的经济效益。他还积极从事滨州市新企业会计准则的推广工作,参加了“滨州市建行杯第二届会计知识大赛”的命题、阅卷、现场裁判工作,参加了滨州市会计从业人员继续教育工作,为滨州市国税系统进行新企业会计准则培训,社会效益突出。

二十五年如一日,锐意进取,丁希宝教授 2014 年被评为“山东省教学名师”,2015 年被评为“滨州市有突出贡献的专业技术人员”。

真诚做人　踏实做事

——记山东省教学名师邱春民副教授

邱春民,男,1967 年 7 月生,滨州职业学院信息工程学院专任教师,副教授,山东省高等职业院校教学名师,计算机网络技术专业带头人,省级教学团队主要成员,省级特色专业建设主持人,滨州职业学院优秀教师、教学能手、优秀实践技能教师、师德建设标兵。

他基础扎实,善于学习,勇于实践,不断进取。1989 年毕业于浙江大学计算数学专业,先后在滨州市物资局、滨州医药集团公司从事网络管理和软件开发工作 14 年,为多家企事业单位完成网络规划、设计、设备安装调试、运行维护,设计、开发多款计算机软件,培养计算机应用、开发人员数十名,为日后成为合格的“双师型”教师打下了坚实基础;2003年进入滨州职业学院,从事计算机网络技术教学和科研工作,为适应高校教师岗位能力要求,他积极参加在职攻读硕士项目,2009年获得江南大学控制工程专业硕士学位,2012年作为访问学者在中国科学技术大学进修一年,极大地丰富了专业知识储备。同时,由于IT产业日新月异,技术要求不断更新,专业培养规格年年调整,欲教人者先教己,作为高职IT专任教师,只有不断获取和提高职业技能,才能培养出适应岗位需求的合格学生,他在平时自主学习的基础上,每年寒暑假都踊跃报名参加企业技能培训班,感受企业新文化,领略技术新要求,掌握实践新技能。2016年暑假,他又报名参加了北京传智播客有限公司举办的Java编程培训班,作为Java零基础、年龄最长的学员,虽然在参训前恶补了相关知识,但在开训第一天还是感受到了巨大的学习压力,当天就有几位年轻学员退出了Java班,他没有气馁,不言放弃,每天除了吃饭、睡觉时间,听课、复习、做项目,安排得满满当当,教室关门,宾馆客房就是自修室,室友惊呼亏得没进Java班,高强度的学习使他甲亢复发,半个月培训结束,体重骤减6斤,不得不住院治疗。

他有教无类,因材施教,因势利导,循循善诱。从某种意义上说,多数高职生是高考的失败者,但根据加德纳的多元智力理论,只能说明“语言与数理逻辑”方面的智力不是高职生的强项,他们有自己的优势智力领域,有自己的学习类型和方法,有符合自己智力类型的发展机会。公正与平等是教育的内核,他公平、公正地对待每一位学生,相信他们人人有才;同时,因材施教是高职教师不能回避的教学策略,首先,他针对高职学生智力特点“对症下药”,实行项目化教学;其次,针对不同学生“对症下药”,实行分层次教学,使具有不同智力特点的学生不断积累成就感,提升自信心,引导他们人人成才。2016至2017学年第二学期,他承担《JSP动态网页设计》课程教学任务,分页显示商品信息是教学过程中必做的项目,但其中知识、技能点多,逻辑关系复杂,如果一股脑抛给学生,势必使学生无从下手,危难退缩,放弃学习,他认真调研学生对数据库、静态网页、Java语言等基础课程的学习情况,根据掌握程度组建学生互助组,合理搭配,先进带后进;将项目按知识、技能点和先后逻辑关系分解为网页布局、数据库连接、查询商品目录、显示所有商品目录、显示前10条商品目录、添加“首页、上一页、下一页、尾页”超链接、实现“首页”功能、实现“上一页”功能、实现“下一页”功能、实现“尾页”功能10个微任务,分10小步完成,循序渐进,步步为营,难点被分解,步步有成就,信心逐步提升,学习轻松而有趣。

他勇于教学改革,勇挑科研重担。2008年以来,先后承担《基于工作过程的网络技术专业教学标准设计》《基于校企合作的工学结合课程开发实践》《基于第二课堂的高职人才培养模式创新研究》《专业核心课程项目化重构实践》《"2+1"项目导向"学训交替"教学模式研究与实践》《高等职业教育动态分层培养模式的实践与研究》《现代学徒制模式下专业课程体系构建与实施研究》七项教改课题的研究任务,其中一项获全国第二届实践教学设计一等奖,两项分获省级教学成果二、三等奖,一项获得山东省职业技术教育科学研究成果三等奖。他针对高职学生智力特点,打破学科体系,根据计算机网络典型工作任务重构了网络技术专业课程体系及课程内容,设计了"校园网"教学引领项目、"流通企业网"同步实训项目、"金融企业网"实习与测评项目,主持、主讲省级精品课程各1门,主编3部教材,副主编5部教材,对学生自发组建的"网站开发"专业社团进行悉心指导,利用"第二课堂"因材施教,实现分层分类教学。

邱春民老师始终践行真诚做人,踏实做事的人生格言,忠诚于祖国的教育事业,无愧于人民教师这个光荣称号。

不忘初心　创新求是

——记山东省教学名师王成艳博士

王成艳,女,1974年8月生,滨州职业学院会计学院专任教师,管理学博士,副教授,中共党员。先后被评为滨州职业学院青年骨干教师、优秀教师、内涵建设先进个人等荣誉称号,2012年被评为会计电算化专业带头人,2013年被选拔为滨州市青年学术技术带头人培养人,2015年被遴选为山东省基层财政培训省级师资成员,2016年被遴选为山东省社会科学基金委员会专家库专家,同年被认定为山东省高职院校教学名师。

一、乐教行师道

从教近20载,王成艳博士始终坚守着一个信念,那就是把工作作为事业经营，勤勤恳恳，一丝不苟；对学生善于理解，真心付出；对社会真诚奉献，不计名利，以无愧于教师的光荣使命。正是拥有这个信念，使她始终保持对工作的热爱和激情，尽职尽责，在不断学习中勇于创新。她长期从事《会计信息化》《基础会计》等会计专业课程教学工作，在课堂上，特别是会计实操课堂，学生的问题总是充满了各种各样的挑战，调动着老师所有的脑细胞，多年来的从教经验证明，充分的耐心、丰富的专业知识和技能以及不失时机的学习方法的引导，是有效激发学生探索学习兴趣的一剂良方。课下，学生经常对她说“老师，您的课总是充满了轻松愉快的气氛，我们不仅学到了知识，也学到了方法，希望您下个学期再继续给我们上课！”听到学生这样的评价，所有辛劳瞬间都化为内心满满的幸福感。

二、勤业促教改

时代在变化，教育也在不断发展。近年来，学校利用寒暑假通过送出去、请进来等方式，帮助老师不断学习掌握先进的教学理念和理论，以更好更快地适应信息化教育教学的要求。通过学习翻转课堂、对分课堂等信息化教学问题开展专家讲座，她开始在会计信息化教学中尝试使用这些教学方法，不仅调动了学生课堂学习积极性，提高了课堂教学效果，还训练了学生自主学习、合作探究学习等学习能力，得到了学生的普遍认可。

先后主持建设省级精品课 1 门，主讲省级精品课 3 门，参与建设多门；参与编写（第一副主编）“十二五”职业教育国家规划教材 1 部；微课作品获得省三等奖、市二等奖各 1 项；主持省职业教育教学改革研究项目 1 项；2016 年主持建设的省级精品资源共享课获得立项申请。

三、匠心传薪火

近年来，王成艳博士积极带头，团结协作，打造讲和谐、树正气的教科研团队。在与课程团队共同致力于教学改革问题研究与探索的同时，利用专业优势，组建科研团队，带领青年教师积极承担省、市级等多项科研项目。2011 年成功申请了山东省发改委黄蓝两区重大项目，获资 10 万元，这是当时唯一一个由职业院校承担的项目。项目要求 6 个月完成，时效性很强。研究的时间短，任务重，在学院各级领导的关心和大力支持下，尽管主要成员都承担着较大教学工作量，但都牺牲节假日休息时间，最终，利用短短 5 个月的时间完成了南方 7 个县市的实地调研和10万字的研究报告，获得了省发改委鉴定专家的高度评价——没想到职业院校也能做科研，而且还做得这么好，相关的政策建议也得到了省、市发改部门的重视并予以采纳，形成政策文件。在带领青年教师积极从事教科研工作的同时，她也十分重视向他们学习信息化教学方法和手段，并制作完成2部微课作品，分别获得省三等奖、市二等奖。

四、实干赢赞誉

王成艳博士深入一线，发挥优势，服务行业企业，密切校企交流互动。她充分利用课余时间及寒暑假，走进滨州东慧会计事务所、东营信誉楼百货有限公司等企业挂职锻炼，向实践学习，提高自身“双师”素质，并积极与企业合作建设。同时，主动参与企业技术攻关，为企业提供解决方案，培训社会人员会计操作技能，为乡镇基层财政人员培训农业政策，充分发挥了服务行业企业的作用。

积极开展学术研究，发表学术论文10余篇；主持省级科研课题3项，其中，山东省发改委蓝黄两区重大课题1项，研究成果获得省、市发改部门普遍认可；主持或重点参与完成的研究课题获得滨州市社科优秀成果一等奖3项、二等奖4项、三等奖2项，省社科成果三等奖1项、省软科学二等奖1项等奖项。

成绩不能满足，而应催人奋进。作为一名教师，王成艳博士坚守着三尺讲台，辛勤耕耘，开拓创新，默默奉献。今后，她仍将一如既往，不忘初心再前进。

春风化雨润桃李　天道酬勤硕果丰

——记山东省青年技能名师吴忆春

吴忆春，女，1976年2月生，滨州职业学院生物工程学院生物制药教研室主任，中共党员。

先后获得第十届滨州市青年科技奖、滨州市青年学术技术带头人培养人选、滨州市优秀教师、山东省职业教育青年技能名师培养人选、首届全国教学竞赛说课一等奖、全国高校微课教学比赛三等奖、省高校微课教学比赛一等奖、全国高职高专生物技术职业技能竞赛一等奖优秀指导教师、省职业技能大赛一等奖优秀指导教师、市大学生科技创新项目一等奖优秀指导教师；主持的《微生物技术》和主讲的《生物制品生产技术》课程被评为省级精品课程；主持省教改课题1项、省自然课题2项，获省高校优秀科研成果奖和市科技进步奖各2项、省软科学优秀成果奖1项、市第自然科学优秀学术成果奖8项，发表学术论文60余篇，SCI和EI收录各1篇，取得国家专利4项。

小讲台、大舞台，在12年的教育实践中，吴忆春老师把智慧和汗水融入这小小的三尺讲台，用责任与爱心书写着别样的人生精彩。“辛勤耕耘，播种爱心”，她用实际行动诠释着“师爱”。

一、对教学，有股“钻劲儿”

从教以来，吴忆春老师一直承担微生物课教学任务。微生物看不见摸不着，极具抽象性。但是她的每一节课都上得很成功，“冰冻三尺非一日之寒”，这与她长期以来潜心课堂教学、对工作精益求精是分不开的。她的成功秘诀在于四个“重”字，即：课前重学习、重备课；课上重启发、重互动。从备课到上课，从课堂组织教学到教学方法的选用，她都用心学习，请教老教师。一有空，就跟着老教师听课，她成了老教师身后的“小尾巴”。除了虚心请教、加强学习之外，吴忆春老师非常重视课前的准备工作，在她看来，一个完美的课堂，高度熟悉授课内容、认真制作多媒体课件、精心设计板书、灵活运用授课技巧、深入了解学生特点，一个都不能少。有了充分的准备，加上重启发、重互动的授课技巧以及深入浅出的表达和对课堂节奏的准确把握，吴忆春老师的课让学生们非常受用，学生们是这样评价的：“在她的课堂上，能让人如沐春风地体会到一种激情四射、师生互动的课堂氛围。”

一份耕耘、一份收获。凭着这种对课堂教学精益求精的“钻劲儿”，吴忆春老师不仅收获了学生的好评，也为学校赢得了荣誉，2010年荣获首届全国教学竞赛说课一等奖，申报的“混合式教学模式在高职教学中的研究与实践”项目获得了2015年省教改课题立项。

二、对挑战，有股“拼劲儿”

2013年山东省高校微课比赛是一场充满挑战的教学比赛。当时时间紧、准备材料繁多、参赛要求高、比赛奖项少，竞赛激烈。面对挑战，吴忆春老师有股十足的“拼劲儿”。既然参赛了，就要有拿大奖的目标和准备，再大的困难也要克服。

她一边承担正常教学工作,一边挤时间备赛。白天要上课,晚上回家要备课,还要照顾年幼的孩子……那段时间里,她天天忙到深夜,甚至通宵达旦。为了取得最好的参赛效果,从微课选题到教学设计,再到最后的视频录制,她多次修改,反复试讲。

凭着长期积累的课堂教学经验和这股子"拼劲儿",她最终荣获了山东省高校微课教学比赛一等奖的好成绩。

三、对学生,唯有满满的爱心

对于教育来说,师爱是一个永恒的主题。吴忆春老师热爱课堂,也热爱她所从事的教育事业,自从选择了这个职业,她就把对教育事业的热爱都融进了对每一名学生的关爱中。

每年教授新生,她都把自己的联系方式告知同学,以便于学生想家或者有困难时随时联系她。已经毕业的学生发短信说:"老师,我特别喜欢您,因为您给我的感觉像亲人、也像朋友,您特别关心我们。所以,有些不想对父母说的话,就跟老师您说,您会站在我们的角度,开导我们,帮助我们。"

"亲其师而信其道",在教学中,吴忆春老师用真情、用真心去关爱学生,赢得了学生的信任与尊重。课堂上善于发现学生的闪光点,肯定学生的每一点进步,让他们获得成功的体验。她认为,鼓励不需要物质上的,一个会心的微笑,一个关爱的眼神,一个赞许的点头,一个爱抚的手势,都会犹如一颗温暖的舒心丸,让学生受到感动,获取进步的力量。

回望走过的岁月,也许吴忆春老师所做的事情并非惊天动地,可是每件小事、每个小细节又都透着她对教学的潜心钻研、对教育的执着和对学生的爱心。相信,在未来的日子里,她一定会在三尺讲台上更加尽情体会教学乐趣、绽放师德魅力、演绎精彩人生!

科技创新路 青春正当时

——记省级科研项目主持人赵春海博士

赵春海,男,1979 年 2 月生,滨州职业学院生物工程学院食品与生物技术教研室主任，副教授，博士。曾先后获得山东省高等学校科学技术奖一项，山东省高等学校优秀自然科研成果奖一等奖一项、三等奖两项，滨州市自然科学优秀学术成果奖一等奖一项、二等奖三项、三等奖一项，滨州市科技进步奖一项。被评为滨州市第一届青年学术带头人培养人选，获得滨州市第十一届青年科技奖。主持山东省优秀中青年科学家科研奖励基金一项、山东省教育厅高校科技发展计划课题两项、山东省教学改革项目两项、山东省精品共享资源课程一项，主讲两门省级精品课程。获得发明专利四项，发表论文60余篇，其中SCI、EI收录论文十余篇。2012年，《中国教育报》刊登了该同志扎根教学、钻心科研、服务社会的事迹。

一、学研结合，双向提升

作为食品与生物技术教研室主任，赵春海博士将先进的教学方法应用到日常教学中，2017主持省级精品共享课程——《仪器分析》获得立项支持，成功主讲了省级精品课程《发酵技术》《微生物技术》。撰写了国家高职高专规划教材一部——《食品发酵技术》，多次被评为校级优秀教师，并在学院的观摩课中获得二等奖，在说课大赛中获得三等奖的好成绩。依托我院啤酒酿造设备，开展大学生社团、大学生创新创业项目研究。多次承担《生化与药品类生物技术项目——滨州职业学院》全国高职高专教育师资培训班、省内培训班的培训任务，为来自全国的优秀专业教师进行技术培训和专业指导。目前主持的两项教改课题正在进行实施，大大提高了学生学习效率和动手实践能力。

二、学无止境，勇攀高峰

2008年8月，经学院同意，赵春海老师进入中国海洋大学进行博士研究生的学习，2011年获得博士学位证和毕业证，博士论文获得中国海洋大学优秀博士论文一等奖。他成功发表多篇学术论文并被SCI收录，2012年获得山东省科技厅支持的山东省优秀中青年科学家科研奖励基金（博士基金），2014年获批山东省高校科技发展计划、滨州市科技发展计划项目，2015年获批立项山东省教育厅教改项目。上级政府和主管部门各类项目的支持，为科研工作的顺利开展打下了良好的基础。2015、2016年两次获得山东省高校优秀科研成果一等奖，在全省兄弟院校中也是难能可贵的。

三、潜心钻研，服务企业

赵春海博士利用我院专任教师进入企业研修锻炼的机会，在滨州正元畜牧有限公司锻炼研修，扑下身为企业办实事，解决问题，面对企业的需求，为企业搞科研，受到了企业的热烈欢迎。

在获悉饲料面临严重的原料短缺，常用的原料如玉米、豆粕价格不断攀升，造成了生产成本的不断上涨，企业利润下降的情况后，他积极上网查阅资料，请教有关专家，并与滨州正元畜牧有限公司沟通，联合申请了《综合处理发酵改善棉籽饼粕营养效价研究》课题，破解企业饲料原料短缺的尴尬状况。经过大量的研究发现，目前国内外采用棉粕脱毒主要应用物理、化学的方法，消耗大量的能源，化学试剂的使用，增加了对环境的污染。为改善这种情况，他探索了微生物发酵处理棉粕，对处理后的棉粕成分进行测定，总蛋白、氨基酸含量都有大幅提高，而植酸含量有大幅下降，多种酶活性也得到显著提高。经过肉鸡、家猪的饲养试验证明，研究成果是一种优质的饲料产品，为企业带来了相当可观的利润。此研究课题获得滨州科技进步三等奖。

四、忘我工作，无私奉献

作为一名普通教师，赵春海博士在承担本专业核心课程教学任务的同时，自2011年开始就主动承担国家中央财政重点支持和建设的《生物技术及应用专业》建设任务，2012年开始独自全面负责该专业建设档案汇总和建设任务中许多具体的工作任务。在巨大而繁重任务面前，他没有表现出任何的畏难情绪，按照学院的统一要求，认真学习、领会评估方案及指标体系，吃透每一个观测点的内涵。不仅出色地完成生物技术及应用专业建设档案汇总工作，还起草专业一级项目的建设总结和多项二级、三级建设任务计划总结，同时负责专业平台的数据录入与维护工作、参与修订本专业人才培养计划、课程标准等等。在国家骨干校建设期间，经常利用中午、夜晚进行了大量的材料编辑和整理工作，在顺利通过国家骨干高等职业学校验收工作后，又积极投入到人才水平评估工作当中，为顺利迎接和完成人才水平评估工作做出了巨大贡献。

对于赵春海博士来说，“潜心教学、勤学善思”已经成为镌刻在他心中的一份执着信念，必将伴随着他的职教生涯开花结果。

潜心科研　勇攀高峰

——记省级科研项目主持人张军博士后

张军,男,1967年4月生,滨州职业学院科技示范中心副主任,博士后,副教授。

他把对事业的追求落实到每天的工作和每一件小事上,潜心大豆育种研究,推动农业区域经济走向前沿,以不懈奋斗去抢占科学的制高点,为大豆育种科研做出了优异成绩。

一、矢志不移,兢兢业业,献身科研甘奉献

众所周知,农业科研工作是一项长期的、艰苦的工作。做这种工作既要有踏踏实实、不慕虚荣的献身精神,又要有耐心细致、沉心静气的好品格,张军同志就是这样一个人。自从立志献身农业科研工作以来,他20余年如一日,矢志不移,兢兢业业,把自己全部的才智和心血奉献给了自己热爱的农业科研工作。

农民还有农闲时候,而农业科研却是一年四季无闲暇,一年中春夏秋三季田间实验与实验室实验同时进行,只有在冬季才可以集中时间做室内实验。虽然身为教师,可以有寒暑两个假期,但是张军同志却从没有休过一个假期。

基层科研工作条件有限,科研经费不足,工作起来十分艰苦。2010年他为了节约开支,自己出资在离家20公里以外的地方租种了4亩试验地,在完成校内工作的同时,自己骑上电动车前往试验地自己亲自做田间管理;人手不够时,他就请妻子帮忙,两人一同利用业余时间,春种秋收,田间管理,调查取样。秋收时硬是一点一点地用电动车把收割下来的大豆植株驮回学校的小库房进行脱粒,因为没有脱粒机,完全是用手工操作,用簸箕在室外利用自然风一点一点地簸出豆粒,完成了300多个品种的繁殖工作,为2011年至2013年的实验奠定了坚实的基础。

自从与山东省农科院科研合作之后,张军同志不仅在滨州有科研工作,而且在济南也有重要的科研工作,为此他要经常出发。家人有时不理解,他就憨憨地说“咱就是干这工作的嘛,我还没见有不劳而获的工作呢!”

暑假和寒假是张军同志在省农科院做实验的集中时间。济南,是我国的四大火炉之一,济南的夏天即使不干活也少有人能抵御它的高温,可是张军同志仍然是天天出现在实验地，管理、观察、调查……耐着蚊虫的叮咬，晴天一身汗，雨天一身泥。室内实验做起来既要认真仔细又要有耐心和毅力，有时一个数据出不来，就得反反复复不知重复做多少次才能有结果。实验用的许多试剂都有毒，稍有不慎就会对身体造成伤害。白天忙完实验，晚上就得整理数据资料，晚上 11 点才回寝室对他来讲是再正常不过的事。为此农科院作物所的所长不止一次地称赞他“张军是个很踏实的人，他很能干，也肯干。”

在济南住的是三人合租的一小套居室，卧室只能放一张床和一张办公桌，没有空调，没有浴室，生活条件可想而知。而张军同志却一直是兢兢业业，无怨无悔，以享受的心态快乐地从事着自己的科研事业。

二、刻苦钻研，不畏艰辛，努力创新攀高峰

“宝剑锋从磨砺出，梅花香自苦寒来”。经过多年的刻苦钻研和勤奋工作，张军同志在农业科研上取得了一系列的佳绩。他主持《黄河三角洲野生大豆遗传多样性研究》课题 2015 年获滨州市科技进步一等奖。他的论文《多环境下大豆抗烟粉虱(Bemisia Tabaci Gennadius)基因定位》2014 年获滨州市自然科学优秀学术成果一等奖。他多次被授予滨州职业学院教育先进工作者荣誉称号。他在本职岗位上取得显著成绩，为我市、学院的发展做出了突出贡献，2012 年被授予第七届滨州市优秀科技工作者称号，并记三等功。

作为滨州职业学院引进的第一位硕士人才和第一位博士后，张军同志 2011 年获得了中国博士后科学基金和山东省博士后创新项目专项资金资助各一项。

2012 年张军成为首次以滨州职业学院为依托单位获得山东省自然科学基金资助的项目负责人，成功申请了山东省自然科学基金项目。2012 年 7 月 4 日学院网站以《张军博士获省自然科学基金项目立项资助》为题进行报道：“2012 年 3 月，科研处向省自然科学基金办公室汇报项目申报时了解到，在我省申报基金项目的高职院校寥寥可数，能通过评审立项的更是少之又少，是‘偶然事件’。省级科研基金项目立项……既体现了我院的整体科研实力，又为今后申报更高层次的重大项目奠定了良好的基础。”

张军常说“人是要生活，不是要活着。人活在世上总得要为社会做点事情，不为社会做事情就等于给社会添麻烦。”他是这样说的，也是这样做的。几十年来，他就这样默默地为社会做着事情，把自己的人生价值融入国家建设，融入社会发

展,实现着自己的农业科研梦。

潜心探索职教路　倾情奉献硕果丰

——记省级科研项目主持人孟学英教授

孟学英,女,1967 年 12 月生,滨州职业学院科研处科研管理科科长,兼职管理心理学教师。教授,中共党员,硕士,华东师范大学访问学者,滨州市有突出贡献的专业技术人员,滨州市科技咨询专家、滨州市科技系统先进个人、滨州市社会科学先进个人。

一、勤学不辍,前行不止

参加工作 29 年来,孟学英教授一路勤学不辍,始终坚持工作能力和业务学习共同提升。合院前先后在滨州农校担任语文教学、班主任、专职辅导员、学生科长,合院后又先后在生物工程系、社科部、科研处工作。学历层次也由最初的大专到本科到教育硕士再到华东师范大学的访问学者,求学的步伐从未停歇,持续的学习增加了她对职业教育使命的重新认识,坚定了研究职业教育的信心。

在生物工程系担任教学秘书时创新性地开办了系报;在社科部主管教学和科研管理工作期间,主办了全国高职高专"两课"师资高级培训班,在全国范围内引起较大反响;在 2006 年人才培养工作水平评估中,负责的大学生专题研讨得到所有与会专家的高度赞扬。由于管理到位,社科部被评为教学、科研双先进集体。2007 年至今,一直在科研处负责科研计划和成果管理,为学院争取省自然科学基金、博士基金、良种工程等上级项目立项 246 项,争取省市财政资金支持 350 万,争取各级各类成果奖励 304 项,培养从事科研工作年轻教师 200 多位。与市科技局、科协联合,连续三年组织举办滨州市大学生"五小"科技活动,极大调动了大学生的创新意识;2016 年负责学院大学生科技创新大赛,项目获得第三届山东省大学生科技创新大赛一等奖,学院获得优秀组织奖。

二、聚力献智,服务发展

自 2003 年始,孟学英教授先后主持参与教育部、省社科、省教育厅、省发改委课题等22项,获得教科研成果奖24项,在《中国高教研究》等核心期刊发表论文近20篇。

2004年是第一次主持省教育厅课题《我国高职高专院校教师科研现状与管理机制创新研究》,从课题申报、研究方案制定、调研问卷起草、信度效度论证、全国范围内问卷发放、问卷统计分析、撰写研究报告和课题论文,每个环节都倾注了大量的心血。功夫不负有心人,课题文章《高职院校科研问题及对策研究》在CSSCI期刊《中国高教研究》上发表;课题论文《我国部分高职院校教师科研状况调查报告》在全国中文核心期刊《中国职业技术教育》发表。研究成果于2006年5月获滨州市科技进步一等奖,11月获山东省高校优秀科研成果三等奖。

第一次主持科研课题的成功,极大地激发了科研积极性,2005年初通过参与网上公开招标,与中国高等教育学会、上海第二工业大学、同济大学、浙江金融职业学院、秦皇岛职业学院共同承担教育部2004年计划课题《高等职业教育院校管理模式研究与实践》,主笔子课题《高职院校产学研结合规范管理模式研究》。课题论文《高职院校产学研结合规范管理策略研究》发表在《中国高教研究》上。研究成果于2009年8月获山东省软科学一等奖,12月获山东省高校优秀科研学术成果三等奖。

2007年执笔滨州职业学院对接滨州十大产业链调研报告及工作总结,引起滨州市委主要领导重视,时任市委书记孙德汉在总结报告上批示在全市推广对接服务经验。依托承担课题和学院对接产业经验,提炼的课题论文《服务区域经济发展　拓展高职办学空间》在《中国职业技术教育》上发表。研究成果2008年11月获得滨州市社科优秀成果一等奖、山东省第23次社会科学优秀成果二等奖,在高职院校引起较大反响。

2009年主笔省社科重点课题《国内外地方高校科研服务实践研究》,撰写研究报告《国内外高等职业院校科研服务于实践的研究》,被省社科联评为优秀课题,2012年获山东省第26次社会科学优秀成果三等奖。

2013年主持山东省发改委蓝黄"两区"重大课题《蓝黄"两区"现代服务业高技能人才队伍建设思路与对策研究》,历经两年,得到了省教育厅、人社厅、发改委、统计局,滨州市人社局、发改委、统计局、市政研室及部分地市相关部门和青岛港湾职业技术学院及企业的大力支持,于2015年3月结题。研究成果于2016年

7月获得滨州市社会科学优秀成果二等奖。

科研课题是平台,通过课题研究,孟学英教授把时间和精力、感情和灵魂都融入到了高职教育,她始终把服务、研究、奉献职业教育作为毕生的理想和追求,用自己的实际行动和突出业绩证明了职业教育的价值和魅力所在。

第十四章

无言桃李自成蹊

——校友之窗

建校以来,学校为黄河三角洲乃至山东省培养培训了10万名农业、工业、医学、商业领域的业务骨干和基层干部。在毕业生中,涌现了一批优秀技术人员、基层干部和模范人物,有一大批毕业生成为各行各业的业务骨干,有相当一部分毕业生走上了领导岗位,涌现出了山东魏桥创业集团有限公司总经理张红霞,山东京博控股发展有限公司董事长、总裁马韵升等规模以上企业董事长、总经理百余人。诸多优秀毕业生在为社会做出贡献的同时,为学校赢得了良好声誉。

一、四校一所知名校友

孙守刚,男,汉族,1965年8月生,山东利津人,中共党员。1981年7月毕业于滨州职业学院(原北镇农业学校)。先后任共青团利津县团委干事、副书记,利津县盐窝镇党委副书记,共青团利津县团委书记,利津县明集乡党委书记,共青团东营市委副书记,共青团东营市委书记,共青团山东省委副书记,共青团山东省委副书记、党组副书记,共青团山东省委副书记、党组副书记、省青年联合会主席,共青团山东省委副书记、党组副书记、省青年联合会主席、省青年管理干部学院党委书记,山东省人民政府驻北京办事处主任,济宁市委书记、济宁市人大常委会主任、市委党校校长,山东省委宣传部长,现任中共山东省委常委、宣传部长。

张冠文,男,汉族,1952年6月生,山东省广饶县人,大学文化,中共党员,原滨州市人大常委会副主任,研究员。1975年8月至1979年7月山东北镇农业学校教师、级部党支部副书记、书记;1979年7月至1981年8月北镇农校实习农场副场长;1981年8月至1983年8月山东农业大学干部专修科学员;1983年8月至1984年7月北镇农校实习农场副场长;1984年7月至1991年12月滨州农校副校长、党委委员；1991年12月至1996年3月滨州农校党委副书记、校长；1996年3月至1998年6月滨州农业学校党委书记、校长；1998年6月至2001年7月滨州市(地区)农业局局长、党委书记；2001年7月至2001年12月任滨州市农业局局长、滨州职业学院筹建处党组书记；2001年12月至2006年2月任滨州职业学院党委书记；2006年2月任滨州市人大常委会副主任、党组成员。

王保民，男，汉族，1954年1月生，山东滨城人，中共党员。1975年7月毕业于滨州职业学院(原北镇农业学校)。先后任滨县农业局副局长，滨县县委农工部长，滨州市(县级)滨城镇党委书记，滨州市(县级)副市长，滨州市计生委主任、党组书记，滨州市市长助理、市政府党组成员兼滨州市计生委主任，市长助理兼滨州经济开发区党工委书记，滨州学院党委委员、纪委书记。

杨同柱，男，汉族，1958年9月生，山东寿光人，中共党员。1980年7月毕业于滨州职业学院(原北镇农业学校)。历任垦利县胜利乡农技站技术员，胜坨乡农技站副站长、党委副书记、乡长、党委书记，垦利县县长助理、党组成员、县水稻农场场长，垦利县县委常委、办公室主任、副县长、县委副书记，东营市林业局党组副书记、局长，东营市交通局局长、党委书记。中共利津县委书记、县人大主任、党组书记、县委党校校长，东营市人民政府党组成员、副市长，现任山东省黄河三角洲农业高新技术产业示范区管理委员会副主任。2006年2月被东营市委、市政府授予“市级劳动模范”称号。

赵建明，男，汉族，1960年11月生，山东沾化人，中共党员，大学学历。1980年7月毕业于滨州职业学院(原北镇农业学校)。历任沾化县政府办公室秘书，惠民地区行署办公室秘书、副科级秘书、综合科副科长、综合科科长，惠民地区行署办公室副县级秘书，滨州地区行署副县级秘书，滨州地区行署办公室副主任、党组成员，滨州地区行署副秘书长、办公室党组成员，滨州地区行署副秘书长、办公室党组成员、滨州市招商局局长、党组书记，滨州市政府副秘书长、办公室党组成员、滨州市招商局局长、党组书记，阳信县委副书记、县长，滨城区委副书记、区长，滨州市人民政府党组成员、秘书长，现任政协第十届滨州市委员会副主席。

刘美华，女，汉族，1966年4月生，山东广饶人，中共党员。1986年7月毕业于滨州职业学院(原北镇农业学校)。历任东营市农牧局办事员，东营市体改委科员、副科长、科长、副主任，河口区六合乡党委书记，东营区人民政府副区长，东营区区委常委、副区长，东营市人口和计划生育委员会党组书记、主任，现任东营市人民政府党组成员、副市长。

张承旺,汉族,1955年10月生,东营河口人,中共党员。1980年7月毕业于滨州职业学院(原北镇农业学校)。先后任惠民地区气象局气象员、桓台县气象局气象员、利津县气象局测报组长、利津县气象局副局长、利津县气象局局长、惠民地区气象局气象咨询服务中心主任、惠民地区气象局办公室主任、东营市气象局筹建处副主任(副处级)、山东省东营市气象局党组成员、副局长,东营市气象局党组副书记、副局长主持工作,山东省气象局人事处处长,济南市气象局副巡视员(副厅)。2006年1月被山东省人事厅、山东省气象局记二等功奖励。

吕德章,男,汉族,1962年9月生,山东阳信人,中共党员,研究生学历。1981年7月毕业于滨州职业学院(原北镇农业学校)。历任阳信县水落坡公社秘书,阳信县农林牧渔业局人秘股长,阳信县委组织部青干科科长,阳信团县委副书记、书记,阳信县水落坡乡乡长、书记,阳信县副县长,阳信县委常委、县委办主任,阳信县委常委、常务副县长,阳信县委副书记,滨州市委宣传部副部长、市文明办主任,滨州市委宣传部常务副部长、市文明办主任,滨州市发展和改革委员会党组书记、主任,现任滨州市人大副主任。

马韵升,男,1962年12月生,山东省博兴县人,中共党员,研究生学历,经济师、高级政工师。1982年7月毕业于滨州职业学院(原北镇农业学校)。山东省第十届人大代表、滨州市人大代表、滨州市党代会代表。历任博兴县闫坊乡副乡长;蔡寨乡党委副书记、乡长;博兴县润滑油脂厂厂长、党支部书记。现任中共博兴县委经济顾问、县委委员、县人大常委会常务、博兴县人民政府县长助理、山东京博控股发展有限公司党委书记、总裁。连年被滨州市委、市政府表彰命名为“明星企业家”“特级明星企业经营者”,1997年以来连年被评为“全国化工系统先进工作者”;2000年4月被授予“山东省富民兴鲁劳动奖章”;2000年12月被共青团山东省委、山东省经济贸易委员会授予“山东省第八届杰出青年厂长(经理)”;2002年9月获山东省科技进步奖;2003年4月获全国化工系统安全卫生工作优秀带头人;2003年12月被中国职业经理研究中心授予“职业经理管理创新奖”;2004年4月被山东省总工会授予“山东省富民兴鲁劳动奖章”;2004年6月被中共山东省委授予“山东省优秀共产党员”;2006年12月被滨州市委评为“瞩目滨州·2006年度人物”;2007年4月被授予“山东省有突出贡献的中青年专家”称号;2007年5月被市委市政府评为“滨州市优秀企业经营管理人才”;2008年5月被授予“山东省劳动模范”称号;2008 年 9 月,被授予“孝贤故里(鱼台)杯”第四届“山东省十大孝星”;2008 年 10 月,荣获滨州市科学技术最高奖;2009 年 5 月被授予“全国敬老爱亲模范”称号;2009 年 12 月被评为“滨州市十大经济人物”;2010 年 4 月被授予“全国劳动模范”称号。

杨同更,男,汉族,1965 年 12 月生,山东广饶人,中共党员,1985 年 7 月毕业于滨州职业学院(原北镇农业学校)农经专业,历任东营市农委秘书、办公室副主任、调研科科长、计财科科长、农委副主任,东营市农业局副局长、党组副书记,东营市海洋与渔业局局长,东营市国土资源管理局党组书记、局长,现任东营市政协副主席、党组成员。

李建文,男,汉族,1956 年 8 月生,山东高青人,中共党员。1976 年 8 月毕业于滨州职业学院(原滨州卫校)。现在山东省滨州军分区卫生科工作,师职大校军衔。

张红霞,女,汉族,1971 年 8 月出生,山东邹平人,中共党员。1992 年毕业于滨州职业学院(原滨州工业学校)。现任魏桥创业集团集团党委副书记、魏桥纺织股份有限公司董事长、总经理。先后荣获全国“巾帼建功”标兵、山东纺织优秀企业家、山东优秀女企业家、山东省劳动模范、全国“杰出创业女性”“全国劳动模范”、全国质量管理小组活动卓越领导者等荣誉称号。在她的领导下,企业由二十多年前一个名不见经传的小型油棉加工厂,发展成了一家集棉业、棉纺、织造、热电于一体的中国棉化纤纺织加工业最具竞争力企业和世界上最大的棉纺织企业特大型企业。公司各项经济指标连续 9 年位居全国棉纺织行业首位。公司年营业收入达到 250 亿,利润总额达 35 亿元。

郭春森,男,汉族,1964 年 11 月生,滨州市无棣县人,中共党员,研究生学历。1986 年 7 月毕业于滨州职业学院(原滨州农业学校)。后在山东农业大学、中国人民大学进修深造,历任无棣县贝壳资源开发总公司总经理,山东珍贝瓷业有限公司董事长,无棣县政协常委,河北工业大学能源与环保材料研究所特聘教授。2004 年度滨州市优秀专业技术人才;2006 年度滨州市高新技术突出贡献者;2006 年度滨州市有突出贡献专业技术人员;2006 年度山东省有突出贡献中青年专家;2007 年度中国陶瓷行业杰出企业家;2007 年度全国轻工行业劳动模范。2001 年 1 月,郭春森和参加全国科学技术大会的代表受到党和国家领导人接见。

二、合院后知名校友

(一)继续教育学院

白金海,男,汉族,1969 年 3 月出生,山东无棣人,中共党员,2007 年毕业于中西医结合专业。现任无棣县柳堡镇卫生院国医堂主任、兼职无棣县世德大药店经理。在中医临床针灸治疗中风后遗症、股骨头坏死、颈椎病、肩周炎、腰椎间盘突出症等方面有一定研究。2015 年以来,鲁北晚报、无棣电视台、滨州电视台等多家媒体对其进行了报道。

段记康,男,汉族,出生于 1990 年 6 月,2010 年毕业于热电专业,现任济南慧众盛业信息技术有限公司总裁。毕业后到青岛慧优众川信息技术有限公任销售,一年后晋升区域经理,三年后晋升为山东大区总监,是公司中高层领导最年经的一位。2016 年 8 月,在济南槐荫区经十西路实力大厦正式开始自己的创业之路。

郭山美,女,1985 年 10 月出生,山东沾化人,中共党员,2009 年毕业于热电专业,现任山东万达国际旅行社滨州分公司总经理、万达旅业滨州地区负责人。2012 年成为滨州市光大旅行 50% 股东,2013 年被滨州市旅游局评为大学生创业之星,2015 年创办山东万达国旅滨州分公司。

李娜,女,出生于 1991 年 2 月,山东沾化人,2010 年毕业于学前教育专业。现任滨城区华美幼儿园总园级部主任、班主任、舞蹈专业考级教师。获滨州市学前教育优质课二等奖,齐鲁情山东省校园学生才艺展示大赛优秀指导教师奖,两次获滨城区幼儿教师技能大赛舞蹈一等奖。自主创编的幼儿舞蹈多次参加滨州市电视台的幼儿春晚,并在 2015 年参加了山东省电视台幼儿春晚。多次评为华美幼儿园特殊贡献教师、一级优秀教师。负责组建了华美幼儿园教师舞蹈队。

宋萍,女,滨州市无棣县人,农工党员,2005 年毕业于护理专业,现任滨城万寿堂医院副院长,兼滨州市医德诺健康教育学校讲师。2006 – 2007 年先后两次被评为滨州市“优秀护士”,2008 年获得滨州市科学技术奖三等奖。工作十年来多次荣获“优秀员工”荣誉称号。

佟亚娟,女,1986 年 5 月生,内蒙古通辽人,中共党员,2010 年毕业于电算化专业。在滨州视讯创新电子科技有限公司工作期间,2012、2013、2014 连续三年被评为优秀员工。2016 年举办儿童绘本借阅馆和开卷有益绘本馆,馆内藏书 4000 多册,主要有经典绘本和小学课外读物,为 2 – 14 周岁的孩子提供图书借阅服务。

（二）生物工程学院

董志梅，女，汉族，1989 年 10 月生，山东临沂人，中共党员。2012 年毕业于生物制药专业。现于浙江农林大学研究生在读，任动物科技学院研究生党支部书记。2015 年获长三角“物联网与现代农业”优秀论文奖；学业成绩综合第一名。2015 年荣获“研究生国家学业奖学金一等奖”。分别在国际期刊 Frontiers in Microbiology（SCI，IF = 3.941）、Scientific Reports（SCI，IF = 5.589）、Environmental Microbiology（SCI，IF = 5.932）发表多篇学术论文。

李环，女，汉族，1989 年 11 月，山东沾化人，中共党员。2011 年毕业于资源环境与城市管理专业。现任滨城区教育实验幼儿园大四班班主任。2013 年参与《全语言观念引领下的幼儿园语言教育体系研究》的撰写与实施，荣获全国第五名的好成绩；2014 年参与《幼儿园数学集体教学的研究》的编写，荣获全市第二名的成绩；2014 年 7 月在滨城区教师舞蹈比赛中编排的《舞动青春》荣获第一名、特等奖的优异成绩；2015 年 7 月在全区“暑期读一本好书”的征文比赛中荣获二等奖；2016 年 7 月在滨城区第二届教师排舞比赛中编排的《乐动风情》荣获第一名、特等奖的优异成绩；2016 年 8 月在全区幼儿教师技能大赛中荣获二等奖；2012 - 2016 年连续多次获得“优秀班主任”“师德标兵”“优秀教师”等称号。

刘艳艳，女，汉族，1984 年 9 月生，山东济南人。2006 年毕业于生物技术及应用专业。现任山东省农业科学院高新技术研究中心测序中心技术主管。2010 年取得山东师范大学生命科学专业学士学位，2015 年考取山东大学在职研究生。2014 年参加农业部肉类源性成分鉴定实时荧光定性 PCR 法行业标准的制定，2015 年参加农业部动物毛纤维源性成分鉴定实时荧光定性 PCR 法、动物皮类源性成分鉴定实时荧光定性 PCR 法、饲料中貂狐貉源性成分的测定三项行业标准的制定工作。作为主要参与人，已经申报发明专利、软件著作权和实用新型专利等知识产权 30 项，发表科技论文 10 余篇。2015 年荣获山东省农业科学院科技进步奖一等奖。

刘勇，男，汉族，1987 年 6 月生，山东莱西人，中共党员。2006 年毕业于食品生物技术专业。现任青岛九联集团股份有限公司食品产业部三厂副厂长。2006 年参加工作后先后任公司宰杀厂、熟食厂班长、主任，多次主动对应用的设备、操作工序进行调整和研发创新，大大提高了工作效率。

吕绘倩，女，汉族，1989 年 12 月生，山东青岛人，中共党员。2012 年毕业于生物制药专业。现于大连海洋大学大学研究生在读。参与农业部北方海水增养殖重点实验室开放课题、太平洋鳕仔稚鱼免疫力的消长及其与 NNV 抗衡的分子机理、太平洋鳕抗冻相关基因的研究等多项课题，并在 fish and shellfish immunology、Archives of Virology、大连海洋大学学报等期刊发表多篇学术论文。

颜淼淼，女，汉族，1988 年 10 月生生，山东烟台人。2011 年毕业于生物技术及应用专业。2010 年到中国平安实习做电话销售员，2011 年 5 月毕业前夕就升客户经理，2012 年 5 月荣升团队主管，所带领的队伍每年团队保费规模在 5000 万以上，每年团队业绩都排在整个平安全国电销前十，多次荣获"月销售冠军""最佳团队领导者""年度十佳销售"等誉称号。

于纪政，男，汉族，1989 年 5 生，山东聊城人，中共党员。2011 年毕业于生物制药技术专业。现任山东阳谷润鑫生物制品有限公司总经理、阳谷县传统文化研究会理事会员。毕业实习期间就任山东华宏生物工程有限公司细菌车间工段长，工作两年期间均荣获"先进个人"荣誉称号。2012 年回家乡自主创业，成立山东阳谷润鑫蛋白厂；2013 年工厂提档升级为山东阳谷润鑫生物制品有限公司，之后业务不断壮大，并于次年即 2014 年分别成立山东阳谷润鑫生物驻临沂办事处和驻潍坊办事处等多市区域性办事处。

庄新明，男，汉族，1990 年 9 月生，山东沂南人。2012 年 7 月毕业于生物制药专业。现任鲁南制药集团有限公司云南大理 3.1 部销售经理。参加工作以来，2012 年 175%、2013 年 150%、2014 年 140%、2015 年 124% 超额完成公司制定的考核指标，其中 2015 年光荣的被集团授予"解放思想"金质奖章，2016 年 8 月份获公司奖励的 125 平方住房。

（三）轻纺化工学院

曹延娟，女，汉族，1987 年 11 月出生，山东高青人。现代纺织技术专业毕业，期间因学习成绩优异获得国家奖学金。2010 年 9 月考入德州学院进行本科阶段学习。2012 年 9 月考入上海工程技术大学研究生部学习，2015 年 6 月获工学硕士学位。读研期间在 H&M ENGLISH 公司、申达股份贸易进出口公司和上海市服装研究所兼职翻译、助理和测试员，主要负责对企业来样进行分析，出具国家质量监督检验中心的测试报告工作。现在 QVC 上海代表处工作，主要工作是与美国设计师英文沟通，负责开发样衣、管理供应商、询盘报价、辅助开发业务员收集市场面料信息等；根据美国 DDGS 部门和设计师要求执行销售样品开发，协调款式修改;协调和记录面料及开发样进程。

刘晓文,山东日照人,1992年10月出生,2015年毕业于石油化工生产技术专业,现任山东省华联石油化工有限公司反应操作工。工作期间在蜡油催化裂化装置时,及时发现气压机气缸塞蹦开,避免了重大事故。在重催装置中,在重催首次开车之后发现反应装置沉降器顶放空露出大量油气,多次参加装置的紧急停工及开工工作,亲自处理过多种应急事件。

盛博,男,汉族,1985年1月出生,山东邹城人。2008年毕业于供热通风与空调工程技术专业。2008年7月,考入惠民县镇刘家堡村担任书记助理一职后考入惠民县民政局工作。

王敏,山东省沾化县人,1990年3月出生。2009级应用化工技术专业毕业,现任职滨化集团。2012年荣获滨化东瑞公司演讲比赛四等奖。2015年荣获滨化东瑞公司第五节消防技能比赛三等奖。

魏苗,1989年7月出生,山东高青人。2008级应用化工技术专业毕业,任滨化集团助剂分公司团支部书记。先后被评为“优秀团员”“优秀员工”“先进党员”“三八红旗手”“优秀团干部”。

章媛媛,女,汉族,1985年1月出生,山东郓城人,轻纺化工学院毕业。2006年12月专升本考入德州学院。2009年考取西安工程大学纺织工程专业硕士研究生,2011年7月获得工学硕士学位。在新疆环境保护科学研究院工作期间,参与1项环境保护部立项的科研项目;作为主编,负责4项新疆科技厅立项的科研项目;参与3项新疆地方标准的制定;参与5项规划的编写工作;主编20余项技术咨询报告工作;工作期间,连续3年被评为院先进工作者。

(四)护理学院

曹燕燕,2012级护理学院毕业生。2017年泰安医学院临床医学专业本科毕业,并考取研究生录取通知书。同年3月,又以总成绩第一名考入市直三甲医院。

郝玉海,2002级全科医学专业毕业。2004年在滨州市邹平县人民医院实习。2016年9月份,创建济南荣海堂医药有限公司。后与北京百草堂合作创办北京百草堂药店。

刘方方,2010级护理学院涉外班学生。毕业后,以笔试、面试、操作第四名的成绩考入滨州市人民医院。多次被评为“优秀护士”,在“5·12”护士技能大赛中获得“技能大赛二等奖”,在院赛中获得“技能大赛一等奖”。

刘家超,2013 届高等护理专业毕业生。2014 年 8 月入职山东和发医疗科技有限公司。2015 年 1 月荣升为该公司创伤事业部产品经理。2017 年 1 月起至今,担任山东和发医疗科技有限公司创伤事业部产品经理兼全线产品技术支持。

栾晖,2010 级护理学院学生。专升本考入潍坊医学院结,后又继续考入该校研究生。

张崇平,男,汉族,1992 年 2 月出生,山东无棣人。2014 届护理学院毕业生。现任泰达国际心血管病医院 ICU 护士,天津市男护士专业委员会委员。后考取西安交通大学护理本科。2017 年 3 月赴加拿大多伦多病童医院学习,2017 年 5 月赴日本相泽病院进修学习。曾参加天津"8・12"天津港爆炸现场救援,2017 年 7 月参加中华人民共和国第十三届运动会群众比赛现场医疗保障等。

(五)医疗学院

张丙国,男,汉族,1980 年 7 月出生,山东阳信人,民革党员。2004 年全科医学专业毕业。2016 年考取首都经济贸易大学工商管理专业研究生。2012 年创办山东世纪通途教育咨询有限公司。2006 年 9 月至 2011 年 12 月,担任修正药业集团颈腰康事业部滨州分公司经理,期间创办"滨州市滨城区彭李街道办事处安民社区卫生服务站"和"仁济堂门诊"两家医疗机构,于 2010 年荣获修正药业集团评定的"优秀地办"荣誉称号,2012 年领导社区门诊荣获滨城区卫生局评定的"优秀集体"荣誉称号;2012 年 4 月在滨州市创办滨州国航教育学校,2013 年进行股份式改造,相继在青岛、淄博成立股份制学校,与中国石油大学(华东)、山东师范大学、滨州学院等院校联合办学,累计为 500 多名在职硕士、2 万多名本专科学历学员提供服务,为当地人才建设做出了贡献;2016 年创办滨州惠民文昌中学。

张玉鹏,男,汉族,1987 年 9 月生,山东无棣人。2007 于全科医学专业毕业,专升本进入滨州医学院。2009 年考入大连医科大学攻读硕士研究生学历。2012 年 8 月进入滨州市中心医院脊柱外科工作。

赵学凯,男,汉族,1985 年 3 月生,山东沾化人。2007 年全科医学专业毕业。2009 年考取广西医科大学外科学专业研究生。2012 年 8 月于淄博市中心医院心胸外科室工作。读研期间获得优秀毕业论文;发表学术论文十篇。

杨林峰,男,汉族,1986 年 9 月生,山东昌邑人,中共党员。2009 年医学影像技术专业毕业。2011 年考取泰山医学院影像医学与核医学专业研究生,获得硕士研究生学历。2014 年进入济南市妇幼保健院医学影像科工作。研究生期间担任

2011级泰山医学院研究生部学生党支部书记，多次被评为优秀学生干部并获得省级优秀毕业生荣誉称号。以第一作者发表SCI论文2篇，国家核心级期刊3篇。

张岩亮，男，汉族，1980年8月出生，山东滨州人，中共党员。2002年毕业于滨州职业学院。现任博兴兴福手足外科医院院长、滨州市民营医院协会副会长。2011年，创办博兴兴福手足外科医院，担任院长。2012年，入清华大学（EMBA）专业学习医院管理；2016年6月，于博兴县城创办第二家专科医院。

李梦琦，男，汉族，1998年5月出生，就读于2013级眼视光与配镜技术专业。先后荣获滨州市"见义勇为积极分子"荣誉称号、滨州职业学院"最美青年"称号、大智教育最美少年，2016年荣获滨州市高新区"见义勇为基金会"奖励。

张雪梅，女，汉族，1995年1月出生，2016届口腔医学技术专业毕业。2015年配型成功并为一名白血病患者成功捐献造血干细胞，被省红十字会授予"山东省优秀青年志愿者"称号，2016年入选滨州市委宣传部、滨州市文明办联合评选的"滨州好人榜"。

（六）会计学院

武政，男，山东平邑人，28岁，现任平邑奇伟电子商务有限公司总经理。滨州职业学院2008级国际经济与贸易专业。在校期间荣获院级先进工作个人、系级优秀班干部并多次荣获院奖学金。2010年毕业后就职上海浦发银行集中作业中心，任管理组长。在上海工作期间，利用工作之余就读上海复旦大学继续教育学院金融学专业，于2013年毕业。2013年后回乡创业成立平邑奇伟电子商务有限公司，结合当地优质农产品，发展本地农副产品电子商务，借助天猫、京东等网络平台的同时自建销售网络，带动当地100余名农村剩余劳动力创业致富，公司旗下产品年销售额破亿元。2014年本人荣获临沂市农村青年致富带头人荣誉称号，2015年奇伟电商中心团支部荣获平邑县先进团总支，2015年奇伟电商中心荣获平邑县电子商务示范点，2016年本人荣获平邑县电子商务工作先进个人荣誉称号，2017年本人荣获山东省农村青年电商带头人荣获称号。

李冉冉，女，汉族，1987年11月生，山东高青人，中共党员。2009年8月经济管理系毕业。2009年9月任滨州富强科贸工程有限公司财务主管，2011年成为无棣富强三联家电有限公司法人。现公司提供40多个就业岗位，员工30多余名。

林志强，男，汉族，1991年5月出生，山东滨州人。2014年7月毕业于滨州职业学院。先后创立滨州市国丰汽车配件有限公司、滨州融业泰商贸公司，注册资金达 1300 万元。公司主要生产铝活塞耐磨镶圈，年产镶圈三百余万只，市场网络遍布全球，国内主要销往各大主机厂，国外主要销往伊朗、西班牙、马来西亚等国家和地区。

刘璐，女，回族，1992 年 5 月生，河北秦皇岛人，中共党员，2013 年 6 月毕业于滨州职业学院会计学院。现任秦皇岛中畅嘉业商贸有限公司总经理。中畅嘉业商贸有限公司是集汽车维修、江淮汽车销售、二手车买卖于一体综合实体公司，实缴注册资金 1000 万元。

郑康，男，汉族，1986 年 10 月生，山东聊城人，2006 年 9 月毕业于滨州职业学院。从 2008 年至今任滨州东诺信息技术有限公司总经理。公司成立八年来一直致力于政府、企业的信息化系统建设，在办公自动化、财务管理、供应链、生产管理等领域具备完善和成熟的解决方案，成立至今已为千余家企业、事业单位提供信息化服务。

朱平，女，汉族，1992 年 2 月生，山东惠民人，2014 年 7 月毕业于滨州职业学院。毕业后创建了清洁有限公司，员工 20 多人。

（七）工商管理学院

王岳，2010 级工商企业管理专业毕业。2013 年 9 月考入滨州市审计局北海经济开发区分局。连续两年被评为先进个人。

魏苓，2009 级市场营销专业毕业。2012 年任西王集团工作营销，2014 年晋升为西王集团策划部主任。

黄亚男，2010 级市场营销专业学生。现担任滨州一家美容保健中心的总经理。

薛凯，2012 级物流管理专业毕业，中共党员。现就职于北京链家房地产经纪有限公司，A5 级别。被评为 2016 年度优秀员工。

岳盛远，2011 级工商企业管理专业毕业。现担任哎数聚科技（北京）有限公司运营总裁。2014 年成立山东鸿力网络科技有限公司并任总经理。2017 年成立哎数聚科技（北京）有限公司，任职运营总裁。

丁燕飞，男，2011 级市场营销专业毕业。2013 年 9 月在北京链家地产公司实习，获通州区销售冠军。2014 年 12 月就职滨州国城房产，任部门经理。2016 年，代理“饿了么”聊城东阿站，任职市场经理。

（八）机械工程学院

吕洪瑶，2011年数控技术专业毕业。先后任山东龙马重科有限公司担任过机械操作工、班长、生产计划员、经理助理、车间主任等。

程健，男，2008级机电一体化技术专业毕业。2012－2013年就职于统一企业中国控股有限公司，任济南区域饮料部销售员。2013－2016年就职于山东钢冶金属材料有限公司，创造营业额0.9亿余元，从基层业务员逐步晋升为公司经理。2016年6月，创办山东通钢金属材料有限公司，担任经理，注册资本一千万元整。兼任德州市台湾同胞投资企业协会会长助理。

贾君阔，男，2000年3月生，共青团员，2015级五年一贯制机电一体化1班学生，现担任电气工程学院学生会策划部部长，电气工程学院动漫航拍社社长。

孔涛，男，汉族，山东邹平人，1983年4月生，2007年机电一体化专业毕业。现任山东西王食品有限公司全国市场督察部经理。

李发智，男，汉族，1988年1月生，山东平度人。2010年机电一体化技术专业毕业。2013年毕业于潍坊学院，获得学士学位；2015年毕业于西华大学，获得硕士学位；2015至今在湖南大学攻读博士学位。读研期间，获得校奖学金一次，国家学业奖学金一次；发表论文两篇。研究方向为陶瓷增材制造和激光焊接。

牛凤丽，女，汉族，1990年1月出生，山东菏泽人，2011年机电一体化技术专业毕业。2013年至2016年在辽宁科技大学机械工程与自动化学院攻读硕士研究生，取得工学硕士学位。从事精密加工方向的研究，兼辽宁科技大学先进磨削技术研究所所长助理，参与国家重大专项项目1项，参与并完成多个横向项目课题，申报并授权使用新型专利3项，发明专利1项，尚未授权发明专利3项（已公示），发表学术论文4篇，其中SCI 1篇，EI 1篇，中文核心2篇。

田素坤，男，汉族，1989年1月生，山东省滕州市人，2011年6月机电一体化技术专业毕业，2016年6月在南华大学机械工程学院学习，并获得工学硕士。2014年10月，湖南省第七届研究生创新论坛优秀论文一、三等奖各一项；2014年，美国大学生数学建模竞赛（MCM/ICM）三等奖一项，2015年11月，南华大学第八届研究生楚岳节优秀论文三等奖一项；先后在国内发表论文6篇；国外发表论文2篇。

赵菲菲，女，汉族，1987年4月出生，山东滨州人，中共党员，2009年7月毕业于数控技术专业。2009年在中海化工精细有限公司工作；2012年7月就读中国石油大学（华东），担任班长；2013年考取昆明理工大学硕士研究生，担任院团支部书记,在校期间组织编排的舞蹈《快乐甲板》获得校研究生文艺比赛一等奖。2016 年 8 月考入天津大学机械工程学院先进陶瓷与加工技术教育部重点实验室,攻读博士研究生。

(九)信息工程学院

陈明珂,男,汉族,1986 年 8 月出生,山东青岛人。2008 年于网络信息技术专业毕业。获得思科 CCNACCNP 认证。2008 年 6 月进入奥商集团青岛总部,现任奥商集团总裁助理,兼任烟台、威海商务总监、项目总经理。

邓传伟,信息工程学院 2013 届优秀毕业生,2014 年创办山东佰昌信息科技有限公司,全职员工人数已达到 30 人以上,年营业额达到 500 万以上。先后投资了三家企业,包括济南德瑞广告传媒有限公司、深圳蓝天碧水有限公司、上海飞舸信息科技有限公司。经营的产品“汽配商城 APP”目前用户量已达到七万人,在汽配行业有一定的知名度。

李同锋,男,汉族,1987 年 10 月生,山东淄博人,硕士。2010 年计算机网络技术专业毕业。现任青海师范大学教师。参与青海省重点实验室的建设,手机导游 APP 软件开发等项目,现给本科生主讲《C + + 程序设计》课程。

田枭东,男,汉族,1990 年 9 月生,山东济南人,2010 级软件技术专业毕业,中共党员。现任中兴合智自动化技术有限公司总经理。2012 年,任山东师创软件实训学院“校友之家”协会的名誉主席。兼职山东电子商务促进会大讲堂讲师,山东创众电子商务有限公司运营顾问,济南东川信息技术有限公司执行董事,移动互联网项目“超级雇员”联合创始人等社会职务。创业经历受到山东广播电视台关注,被山东新闻综合广播频道主办的《青春创业秀》栏目邀请为做客嘉宾。

王思刚,男,汉族,1987 年 6 月出生,山东郓城人,2005 级网络技术毕业,毕业后在超人集团北京办事处济南办事处担任办事处经理。2013 年创办济南麦讯商贸有限公司,并任总经理。2014 年 4 月收购山东麦信电子商务有限公司。2015 年 10 月成立菏泽逸兴网络科技有限公司,任总经理。2016 年 9 月成立山东班卓家企业居有限公司和菏泽信久财物管理咨询有限公司,任总经理。现在旗下有班柯、班卓两个家具品牌,主要在电商平台经营小户型、拆装实木家具产品。

张忠山,男,汉族,1986 年 6 月 3 日生,中国科学院声学研究所博士后,2005 级微电子技术专业毕业。2008 年通过专升本考入聊城大学物理科学与信息工程学院电子信息科学与技术专业。2010 年考入苏州大学电子信息学院集成电路工程硕士研究生。2012 年考入苏州大学电子信息学院信号与信息处理博士研究生，2016 年 6 月获得博士学位。2016 年 7 月进入中国科学院声学研究所超声技术中心信号与信息处理专业博士后。

（十）建筑工程学院

李广乐，男，汉族，1990 年 12 月生，山东济宁人，2009 年装潢艺术设计专业毕业。现任职山东汉唐装饰有限公司总经理。先后获得济宁市“优秀建筑装饰工程设计大赛最佳方案设计”一等奖、“金宇杯”家装最佳样板房奖、第五届装饰设计作品展金奖、第六届装饰设计作品展银奖。

刘豪，男，中共党员，1988 年 8 月，山东菏泽人，2012 年建筑工程学院建筑工程技术专业毕业，现任山东东明石化集团北京终端销售有限公司聊城区域公司工程部项目负责人。先后在聊城市临清市观澜国际项目 F1 - F4#楼、冠县明德·清泉一品项目、临清市中央府邸、菏泽市法院家属院明轩嘉园及 16 座东明石化内部加油站等建筑施工中担任项目负责人。多次获得“优秀技术员”“优秀管理员”荣誉称号；公司先后获得山东省“省级安全文明工地”，聊城市“水城杯”质量奖等荣誉称号。

史雪亮，男，1986 年出生，山东阳信人，2002 级装潢与广告设计中专班毕业，2010 年考入清华大学美术学院雕塑系本科学习，2014 年以第一名的成绩保送至清华大学美术学院攻读硕士研究生。在校学习期间因综合表现优异先后获得国家励志奖学金、国家奖学金与韩美林奖学金。2013 年作品《垂死奴隶 2》入选“介入 ZERO 首届青年当代雕塑展”；2014 年作品《犀牛的眼泪》入选中国“第二届造型艺术新人展”；2015 年作品《鱼跃》落成于吉林白城鹤鸣湖生态公园；2016 年，作品《休闲椅》入选“旧爱焕新设计展”、作品《新曲》入选“丝路新语——东西部雕塑家联展”及“匠与意——同曦·中国青年雕塑艺术展”。

杨利利，女，汉族，1985 年 7 月生，山东曹县人，中共党员。2007 年毕业于房地产经营与管理专业。2009 年 7 月本科毕业于山东交通学院土木工程专业。2012 年 7 月硕士研究生毕业于中国海洋大学港口、海岸及近海工程专业。毕业后供职于山东港通工程管理咨询有限公司，担任工程师，从事水运工程设计及管理工作。工作期间作为主要人员参与《山东省海岸带海洋动力与工程设计参数研究及应用》课题研究，获 2015 年度山东省科技进步奖。

张俊元，男，1986 年出生，山东无棣人，2008 年房地产经营管理专业毕业，现任滨州金正建设项目管理有限公司造价咨询主任。先后考取注册造价工程师资格证书、注册招标师资格证书。个人先后获得滨州市“工程造价咨询行业优秀造价员”荣誉称号、“鑫城杯”建设工程造价行业技能大赛个人优秀奖。

赵霖,男,汉族,1987 年 10 月出生,山东济南人,中共党员。2010 年建筑工程技术专业毕业,现任珠海横琴康得医疗投资集团驻济南办事处人资行政综合部经理。先后开发了建筑面积约 6 万平方米,集酒店式公寓、五星级宾馆、殿堂级商务写字楼、游泳池、健身房等于一体的滨州“清怡国际”项目与总建筑面积约 89 万平米、总投资 27 个亿(其中 60 万平米致力于打造黄三角地区乃至整个北方最大最专业的商贸物流集散地)的“中博国际商贸城”项目开发。

(十一)海洋学院

李艳君,男,汉族,1987 年 12 月生,江苏沛县人,中共党员。2010 年毕业航海技术专业毕业。通过青岛远洋运输有限公司在滨州职业学院的直招进入青远船员部。多次被评为单位优秀职工和优秀共产党员,并在《汉缆报》上给予报道。

张成华,男,汉族,1988 年 9 月生,山东龙口人,中共党员。2011 年毕业于航海技术专业毕业。现任职胜利油田船舶中心船舶二副职位,中共预备党员。2011 年到中国石化胜利油田龙口船舶公司就职,现已升为生产小队队长。

李永兴,男,汉族,1991 年 5 月生,山东沂水人,中共党员。2014 年毕业于航海技术专业,曾任航海学院学生会主席。现就职于山东海运船舶管理有限公司。曾先后担任实习三副兼二水,服务公司环球航线 7.6 万吨散货船舶"山东海旺"轮;担任一水兼党支部宣传委员,服务公司中澳定线 18 万吨矿砂船舶"山东鼎盛"轮。2016 年被选为船员代表,参加中共山东海洋投资有限公司工会成立大会暨第一届代表大会。

杜德禄,男,汉族,1989 年 2 月生,山东平原人,中共党员。2011 年 7 月航海技术专业毕业,自 2013 年 9 月起就职于中国电力建设集团旗下中国水电建设集团港航建设有限公司,现任船长一职。2015 年 1 月在中国水电港航公司驻孟加拉国帕德玛大桥河道整治项目中升任中国水电 B05 船船长,达到了船上职务的最高级别,月收入也达到了 20000 元左右。在工作期间,先后获得“孟加拉国项目组工作先进个人”“优秀共产党员”和“模范员工”等荣誉称号。

邹沛霖,男,汉族,1990 年 11 月生,山东威海人。2012 年 7 月毕业于滨州职业学院航海学院航海技术高职 01 班,现攻读宁波大学硕士研究生。

第十五章

几多春近花消息

——媒体之眼

学生任院长助理　实行“膳监会制度”

滨州职院校园管理学生当“主角”

记者　张兴华　通讯员　吴树罡　李燕　高艳英

（2009 年 8 月 8 日《中国教育报》二版）

近日，滨州职业学院院长石忠主持召开了暑假前第三届学生院长助理的最后一次会议。会上，学生院长助理曾文超动情地说：“在担任学生院长助理期间，我们一起参与学院的学生教育、管理和服务工作，提高了我们的自我管理和独立工作能力，为我们今后的工作奠定了良好的基础。”

学生院长助理解难题

位于黄河三角洲的滨州职业学院，从 2004 年开始聘任学生任院长助理，如今已实施 5 年了。“可别小觑学生院长助理，他们可真解决不少学校管理中的大事呢！”学院党委宣传部的高艳英对记者说。

据了解，学生院长助理是通过竞争上岗产生的，其主要职责是负责向学院有关职能部门提出意见，汇总学院人才培养和管理、服务等工作中存在的问题并向学院反馈，根据院长授权解决有关问题。

大学生在自修室中占座一度成为学生关注的焦点，也是学校较为头疼的一个问题。2008 年 10 月 24 日，学生院长助理崔文娟，通过调查研究，征询不同层面的意见，提交了“关于解决大学生在自修室中占座的问题”的提案。提案颇有针对性，很快得到学院的重视。根据提案，学校开展了争做文明自修人、文明在我身边系列活动。通过系列活动的开展，自修室纪律面貌大为改观，不文明占座等现象逐渐消失。

政策发言人答疑解惑

每个星期五下午，在该院新实验楼 B 区 104 教室，都会有带着问题而来的学生和随时随地解答学生困惑或问题的学生政策发言人。

“最近食堂的饭菜涨价了，是什么原因？”“我们的外语课，能不能请外教给我们上？”……针对诸如此类的问题，该院的党委（院长）办公室、教务处、团委、后勤处、图书馆等部门负责人都会按时来到政策发布会现场，回答学生提问，解决各种问题。

每个学期，学院党委书记、院长都定期参加学生政策发布会，与各系各部门负责人一起参与会议，并在学生政策发布会之后，根据学生提出的问题，提出解决问题的方法和措施。

该院党委办公室吴主任对记者说，办公室及时对院长信箱、BBS、贴吧和学生督导信息员等渠道反映的问题进行汇总梳理，提前通知相关部门做好准备工作并进行公告，定期举办政策发布会，向学生代表解答有关的政策、疑问及办公流程等。政策发言人制度，搭建了学院与学生之间沟通交流的平台，为学生深入了解学院政策、制度及相关信息提供了有效渠道。

“膳监会”提升餐饮满意度

从 2007 年 9 月起，滨州职业学院成立了由 60 余名学生组成的膳食监督委员会，同学们亲切地称之为“我们的膳监会”。

该院学生处负责同志说，“膳监会”通过竞争产生，民主选举会长，制定工作制度，全程参与食堂管理。在食堂考核中，“膳监会”和后勤管理处对食堂的考核各占考核成绩的 30%。

“膳监会”的同学调查市场，了解农副产品价格，进行加工成本的核算，对食堂饭菜价格进行控制。根据“膳监会”的提议，每学期开学前，后勤管理处都组织餐厅经理和工作人员开展有针对性的培训。今年上学期，“膳监会”根据同学们的意见，提出了“和谐餐饮”的目标，先后推出了一元菜、明码标价、挂牌服务、排队打饭、自助收残等餐厅管理措施。

“学生院长助理制度、政策发言人制度、‘膳监会’制度的实施，让学院受益颇多。”该院党委书记王观庆深有感触地说，在管理当中突出学生地位，既有利于学生的自我锻炼，又有助于实现校园的和谐。

根据区域产业发展调整专业储备400多项技术供企业选择

滨州职业学院打造黄三角人才技术“超市”

记者　王友文　张兴华　通讯员　贾勇

（2011年11月26日《中国教育报》二版）

滨州职业学院地处黄河三角洲中心区域，如何实现在经济欠发达地区办好一所“发达”的职业学院？滨州职院结合自身50多年的发展历程，将学校的发展这样定位：抓住黄河三角洲开发上升为国家战略的机遇，为区域内的企业提供有力的技术支撑，打造黄河三角洲的人才和技术“超市”。

从今年开始，信息工程学院新增了一个专业方向——物联网。信息工程学院副院长王发鸿介绍，新增这个方向主要源于国家农业科技园区在黄三角的落地，而农业物联网正是今后黄三角重点发展的内容。目前，信息工程学院正在根据地方实际优化培养方案。

根据区域产业实际和发展新趋势而调整专业，目标只有一个，就是更好地满足地方发展对高职院校多样化高素质人才的需求。近年来，这样的加强专业建设的举措频频：学校针对滨州打造“中国家纺基地”进行产业升级的需要，调整优化现代纺织技术专业，着力培养纺织质量检测控制方向的高技能人才；借助生物技术在黄河三角洲高效生态经济区广泛应用的优势，调整优化生物技术及应用专业，着力培养发酵方向的高技能人才……

为地方培养合适的人才，积极满足需求，这是滨州职业学院做好人才“超市”的第一步。学校明确提出，要为社会经济发展培育优秀的高端技能型人才。这样的人才如何培养？如今，滨州的不少企业都在滨州职业学院设立了教师企业工作站。“教师企业工作站使教师真正实现了在企业的扎根、对一线的嵌入。要培养高端技能型人才苦练内功自不必说,关键还是要通过有效的校企合作来提升育人水平。”科研处处长张循浩说。

学校教师真正进了企业,而实践教师也真正走入了课堂。此前,学校请实践教师常常是通过各种关系,并不规范。由于课表不变,培养方案设置不合理,这样的教学“改革”学生并不认可。近年来,学校调整了课程方案,让实践课程去掉“学院味”,更符合企业的生产经营模式,然后再请来真正的专家。这样的课程学生自然喜欢,实训阶段进企业上手快,技能提高更快。具有良好知识基础,实践技能又强的毕业生也深受黄三角众多企业的欢迎。

“一所高职院校,要在地方站稳脚跟,让企业真正看重并倚重,必须要增加黏合度、互惠互赢。正是在这样的考虑之下,滨职在做好人才‘超市’的同时,向着做好技术‘超市’而努力。”滨州职院副院长李黎明说,目前该校已拥有400多项相关技术储备供企业选择。

位于阳信县的龙福环能科技股份有限公司,如今已发展成全国用聚酯瓶片料规模化生产涤纶工业丝规模最大的一家企业。对于企业今天的成功,董事长段建国说:“多亏滨州职院的专家帮我们破解了关键技术难题。”据了解,这家公司原本利用石油做原料生产涤纶长丝,后来为节约成本决定采用矿泉水瓶做原料。但要实现稳定生产、规模化生产,必须解决液相增黏这项关键技术。从2009年开始,轻纺化工学院的教师和该公司一起进行联合攻关,最终解决了这一难题。

如今,滨州职院以技术服务企业已在当地树起了口碑。“遇到什么技术难题,就会想起滨职”,这是黄三角地区不少企业老总的真心话。同时,为企业提供智力支撑也让学校受益颇多。“原来校企对接是硬拉人家,现在是吸引人家。就拿引进实践型教师来说,原来企业并不热情,但是通过技术合作,企业真正地把学院当成了‘自己人’。现在聘请企业实践教师成了单位行为,企业将派人进校安排进工作计划,这样的校企对接才能保证有实效。”教务处处长傅智端说,现在学校在拓展实训基地、教师入企实践方面都很顺畅,这深刻改变了学校的发展模式。

“做好两个超市是学校立足地方发展的根本”,学院党委书记崔其忠说,作为山东省首家进入国家级骨干型职业院校建设的学院,学校将进一步突出高技能人才培养和关键技术研发在学院发展中的核心地位,服务黄三角,为学院赢得持久生命力。

25 年如一日帮孤助残敬老扶弱

滨州有支“南丁格尔”大学生志愿服务队

记者　黄蔚　张兴华　通讯员　高风格　贾勇

（2012 年 3 月 8 日《中国教育报》头版）

记者近日在山东省滨州市采访，发现当地的敬老院、盲校、居民社区，到处可以看到滨州职业学院“南丁格尔”青年志愿者的忙碌身影。他们帮孤助残，免费为市民量血压、测血型，为农民工推拿按摩，在敬老院与孤寡老人温情交流……这样的服务可不是一两天，而是坚持了 25 年。

“我的好孙女们又来了！”滨州市张课家敬老院的张道海老人年近 80 岁，患老年痴呆症多年，生活不能自理。“南丁格尔”青年志愿服务队的 30 名志愿者针对他的特殊情况耐心为他服务。每到周末，由张浩然、殷雪梅等几位女生专门为他清理床铺、洗头洗脚、修指甲。老人特别听她们的话。

青年志愿服务队有一支小分队，自 2001 年开始与滨州市特殊教育学校结对子。每个周末，他们会准时到达特殊教育学校，为盲童们辅导补习功课，传授学习方法，给他们讲述一些新鲜知识，带他们一起玩耍，还相互交流推拿按摩技艺。11 年的时间，累计辅导盲童 700 多人，许多孩子的心理状况和人生态度都有了很大的转变。志愿者刘家超说：“盲校里的孩子们虽然双目失明，但他们对未来、对生活充满了希望，我愿一直做他们的眼睛。”

“在我们学院，雷锋精神是一面永不褪色、永放光芒的精神旗帜，我们滨州职业学院就是要让学雷锋的人感到无比光荣！”滨州职业学院党委书记崔其忠说，这支服务队始建于 1987 年，目前累计已有 1 万多名志愿者参加，受到帮助的社区居民达 3 万余人次。

深耕内涵　打造地方高职跨越发展新标杆

作者　石忠

（2017 年 3 月 21 日《中国教育报》十版）

滨州职业学院以服务黄河三角洲高效生态经济区和山东半岛蓝色经济区建设为己任，深化校企合作，提升对经济社会发展的贡献度和支撑力；深耕内涵，提升人才培养质量，打造山东高等职业教育新标杆。

重点突破，强化办学基础能力

完善多主体办学格局。探索股份制、混合所有制、集团化办学的体制机制和现代学徒制、订单培养等多种形式办学模式，建设中兴学院、中德合心国际交流学院等混合所有制二级学院，牵头成立国际护理教育集团。推动二级学院人权自主、财权自主和事权自主，实现二级学院从教学主体到办学主体的转变。

通过“校企互聘互兼”建设高水平师资队伍。完善“双师型”教师认定和考核管理办法，规定各重点建设专业有企业兼职经历的教师不少于 40%。实施教师全员培训，每年选派 20% 教师参加国家级和省级培训。加大人才引进力度，选拔院级教学名师、专业带头人和骨干教师，培养造就一批社会知名度高、行业影响力大的“教练型”教学名师和专业带头人。

完善“一中心两平台四支撑系统”智能校园建设。全面提升教学、实训、科研、管理、服务信息化应用水平。重点推进信息技术与教育教学深度融合，推行线上线下混合式教学，形成课堂教学新形态，目前采用混合式教学的课程达到 80%。

深耕内涵，强化人才培养能力

构建“面向市场、优胜劣汰”的专业调整机制。增加机电一体化技术等传统工科专业“智能”含量及管理服务类专业“新职业”形态，增设高档数控机床、老年护理等专业方向，开发云计算技术等新兴专业，促进专业向“中国智造”“互联网 +”“现代服务业”转型。对接滨州市重点发展的高端铝产业、汽车轮毂及轻量化材料等高端产业、港航交通及生活性服务业发展，重点建设护理、机电一体化、航海技术等专业群。

构建“厚基强技、全面发展”的人才培养体系。建立“平台＋模块”专业课程体系，由通识平台课程、专业群平台课程等组成平台课程，由专业核心课程、专业拓展课程、第二课堂等组成岗位能力模块。完善“能力进阶＋实习实训”实践教学体系，建立“职业通用能力实训、专业基础能力实训、专业综合能力实训”和“认识实习、跟岗实习、顶岗实习”校内外实践教学体系。完善“通识教育＋综合实践”素质教育体系，形成“课内课外相结合、校内校外相结合、养成与渗透教育相结合”的素质教育体系。

构建“纵横联动”的质量管理与保证体系。实现“五纵五横一平台”网络化覆盖、“8 字形”纵横联动、“机制与文化”双引擎助推的常态化自主诊改工作机制，履行教育质量保证主体责任。

构建“崇德尚能，责承天下”的大学育人文化。实施物质文化提升工程、精神文化培育工程、行为文化养成工程、品牌文化凝练工程，培养师生的责任意识和精益求精的工匠精神。开展“一院一品牌，一院一特色”文化特色创建活动，打造与专业建设契合度高、与历史文化接续性好、与地域文化融合性强的校园文化品牌。围绕黄河三角洲文化元素，融合孙子文化、忧乐文化、革命老区文化、黄河三角洲民俗文化和非遗文化，打造黄河三角洲文化研究传承中心。

服务区域，强化支撑发展能力

加强技术技能积累，引领区域科技创新。把开展应用类技术开发研究作为主要科研方向，把科技服务的重点放在为地方经济服务和解决行业、企业共性技术问题上。建设重点实验室、技能大师工作室等校企融合的科研平台，组建棉花育种、油莎豆综合开发等“师企生”一体的科研团队，打造具有鲜明区域性和行业性特征的科技创新中心、成果转化中心、公共实训中心。

拓展技术技能培训，助力经济转型升级。服务魏桥创业、华润纺织等龙头企业，送教进企、引训入校，与行业企业共同开发培训项目，开展企业员工技术技能教育培训。面向中小微企业和“三农”，开展低收入人群、转岗人员、失业人员技能培训，推进农村劳动力转移培训，发展公益性的继续教育，服务精准扶贫。

建设大学科技园，带动“大众创业，万众创新”。与滨州高新区“滨州众创园”和滨州经济开发区“众创空间”合作，创建省级大学生创业孵化示范基地，建设

4000平方米的大学生科技园。大学生科技园集学生创新创业孵化、教师科技研发、校企合作、成果转化于一体，建设知识产权学院、众创空间和孵化中心，组织师生开展科技创新、初始创业。同时面向社会公众开放服务，推进科研仪器设备、企业注册管理、知识产权服务、孵化与投资服务的资源共享，为小微创新企业成长和个人创业提供低成本、便利化、全要素的开放式综合服务平台。

深化国际合作交流，服务地方企业"走出去"。围绕装备制造、纺织等优势企业"走出去"战略，与区域重点企业开展合作，紧贴企业海外用人需求和人才规格，优化课程内容，引进、开展有关国际职业资格认证，培养具有国际视野、通晓国际规则的技术技能人才和适应中国企业海外生产经营需要的本土人才。积极参与中国—东盟自贸区升级版建设，合作共建柬埔寨海事学院，按照中国标准开发适应柬埔寨的教学标准与内容。

滨州职业学院：探索现代学徒制　打造育人新模式

记者　满德利　通讯员　贾勇　李明月

（2016年12月5日大众网）

要不是师傅的一声呵斥，滨州职业学院富海订单班学生王宏栋的手就已经摸上了300多度高温的烧瓶，后果不堪设想；而刚刚进入开泰集团开始现代学徒制实习的2015级学生高新智，还处在"蒙圈"状态，师傅杜学林让他记录问题的笔记本，一天下来还是空白。

刚从校园走到车间的高职学生或多或少都遇到了不适应，"学生刚进入工厂的时候，心态还没有转变过来，总有不适应的地方，有的学生不熟悉设备，难免发生操作失误，造成一些工件、设备的损伤或者产品降档，但合作企业都给予了包容，改正的机会。"滨州职业学院驻开泰集团的现代学徒制带队老师孙腾蛟说。

三个条件考察试点合作企业

自2015年起，山东省财政安排资金，支持启动职业院校现代学徒制试点，实施职业院校与合作企业联合招生、联合培养的现代学徒制，这当中，企业的作用不可忽视。

2015 年，滨州职业学院与魏桥铝电、富海集团、中国万达集团等企业联合成立滨州市现代学徒制试点合作联盟，在国家级试点机械制造与自动化、应用化工技术和省级试点机电一体化技术 3 个专业中开展现代学徒制试点。

为保障项目有力实施，滨州职业学院在合作企业的选择上定了三个条件，“首先，企业开展试点意愿要强，对现代学徒制试点感兴趣，如富海集团与学院进行了多年的合作，有着良好的合作基础和意愿。其次，企业负责人具有强烈的社会责任意识，积极参与职业教育办学。另外我们还要求合作企业是管理规范，技术能力较强，规模以上企业。”教务处处长傅智端说，目前与该院开展现代学徒制试点合作的企业均具有这样的特点，其中，富海集团、中国万达集团还是中国 500 强企业，经营管理科学规范。

企业对合作也提供了大量支持，“学生在我们开泰实习期间的食宿都是免费的，而且从学校来工厂的交通费用也由我们报销，”开泰集团副总经理尹建国说，开泰集团为项目合作配备了最优秀的工段长、车间主任和部门带头人，只有一个目的——让学生学到技能。

“双导师”制度带来校企双赢

校企双方在招生、专业建设、课程设置、人才培养方案制订以及学费资助、管理考核等方面均有话语权。“从 2015 年开始试点的时候，我们就与万达集团进行了多次沟通，请企业师傅与学院教师共同开发人才培养方案，在招生阶段，按照学生的高考成绩和个人意愿单独设班。”滨州职业学院电气工程学院副院长王发鸿说，企业也参与到试点班的学生选拔过程中，并与学院、学生签订三方协议。在教学过程中，也严格按照新的人才培养方案和教学标准实施教学。

滨州职业学院院长党委书记杨光军介绍，滨州职业学院与合作企业共同制定了《学院企业师傅选拔和培养标准》，完善教师和企业师傅相结合的“双导师”制，建立健全双导师的选拔、培养、考核、激励制度，形成校企互聘共用的管理机制。“在省级财政补贴的基础上，我们学院对每个专业再补贴经费 20 万元，并承担学生人身意外伤害险、学生实习责任险等保险费用。”

合作也给企业带来了实实在在的好处，富海集团东营华联石油公司副总经理张振华告诉记者，现代学徒制的一大好处就是把学生到企业的培育周期缩短了，“原来学生毕业以后到企业需要半年才能出徒，现在把学生培养由学校和企业提前进行到工厂进行一对一培训，缩短了企业培养员工的周期，给企业带来实实在在的培训成本的降低”。

滨州职业学院轻纺化工学院教学科科长桑海峰介绍，为实现现代学徒制试点班学生在校和企业学习期间内容的一致性，轻纺化工学院与富海集团共同编写教材，既用于学生在校期间授课，也用于企业进行员工培训。教材中的教学案例取材于富海集团各车间一线的生产案例。

“新编写的教材适应了企业的培训，也适应了学校教学，为学生职业生涯发展奠定了坚实基础，也提高了企业的内部技术培训水平”，张振华说。

企业一线反馈指导教学改革

在滨州职业学院，记者看到了一沓反馈评价表格，电气工程学院机电一体化技术现代学徒制试点班所有学生在企业的岗位、出勤情况、安全意识、有待提升之处、综合评价等各项指标，表格上都有相应的师傅手写评语并签名。“该生在厂期间，认真学习各项技能，态度积极向上，安全意识良好，但操作熟练度不太够，需要进一步加强提高。综合评分89。”这是万达集团的师傅毕景新对其中一名徒弟所作的评价。

电气工程学院副院长王发鸿告诉记者，试点班学生6月份开始在企业进行了为期三周的学徒训练。训练完成后由师傅对所带徒弟进行评价，评价成绩以30%权重记入本门课程总成绩。“我们会对所有的反馈表进行综合统计，了解企业工人师傅对学生在企业学习时哪方面的不足最多，我们就在教学上进行改进，这也为我们下一步的教学改革提出了新的方向。”

以2015级学生高新智为例，在学校学习一年基础课后，今年8月22日到开泰集团接受学徒制培养，首先接受企业的安全生产教育，了解了企业文化和生产规章。每周3天集中授课。学生在学徒期间，还配备了师傅教授企业生产工艺，其中安全生产规程、机械基本知识等课程都是由开泰的安全生产部部长以及相关车间主任讲授。

扎实“工学结合”提升师生技能

“现代学徒制把工学结合真正落到了实处！”教务处处长傅智端赞叹道。他表示，职业院校一直在苦苦探索工学结合的人才培养模式，但是“过去校企合作不够深入,很多流于形式,效果不够明显”。

开展现代学徒制的试点合作,无论是学生还是老师,都得到了极大锻炼。

在学生层面,“企业真实生产环境中的真实任务导向,提高了学生的兴趣,让他们乐于动手、能于动手。让学生融入企业,在企业的管理文化、制度文化中得到熏陶,使他的职业精神、素养得到一定程度提升,”傅智端说。

在教师层面,该院通过坚持让教师在企业授课,有效利用双导师制,校内专任教师与企业师傅“结对子”,专任教师进一步提升了联系企业的能力,企业师傅提升了职业教育教学能力。“虽然过去我们采用了各种办法把老师送到企业锻炼,终究效果甚微。现在通过与企业的师傅一起带徒弟,也使老师在岗位上得到历练,提高了技能,”傅智端说。

尝到了甜头也遇到了难题

尝到了现代学徒制甜头的滨州职业学院,正谋划将试点的专业范围进一步扩大,深化合作,“我们将在构建校企合作的长效机制上下功夫,不能一个试点班完成以后,又回到原来的样子”。傅智端表示。

滨州职业学院党委书记杨光军告诉记者,下一步学院将进一步拓展试点专业的范围,在适合开展现代学徒制的行业领域,增加试点专业。同时借鉴试点专业的经验,示范和带动相关专业深化现代学徒制改革,提高人才培养质量。

困难与机遇同在,虽然滨州职业学院对试点专业进行了一定的经费配套,但因试点过程中产生的实训耗材、师傅补贴、交通费用等培养成本较大,仍面临不小的经费缺口,“建议省级财政部门对国家级试点专业按照省级试点专业的经费补助标准,进行相应的经费补助。”杨光军表示。

同时,如何调动企业参与现代学徒制试点的积极性,也是困扰职业院校管理者的一个难题。

开泰集团副总经理尹建国表示,现代学徒制的确给企业的发展带来了诸多好处,满足了企业对人才的需求,但“光靠企业和学校联合,还有一定难度,国家的政策扶持力度需要进一步加大。”他建议,应该进一步加强地方政府对现代学徒制的支持和保障,为试点企业提供诸如成本抵扣、免税、经费补贴等更多、更有力的优惠政策。

山东省教育厅职教处处长梁斌言也表示,技术技能人才培养的经费支出,对企业实际上是一种生产性投入,对学生及家庭来说是未来幸福生活的投入,因此,应当逐步建立政、校、企、家人才培养成本的合理分担机制,构建联合育人的有效机制和多方评价体系,并将评价结果作为经费拨付和税费减免的重要参考,进一步调动企业参与的主动性和积极性。

除此之外,学徒制的法律保障制度仍不健全,学徒身份、资金来源缺乏指导性规定,人才培养标准、企业选择标准不统一,导致不同企业、学校培养的学徒在质量上差异很大,一定程度上影响了现代学徒制的进一步推广。

学生是最大的受益者

虽然还存在种种问题,但毫无疑问的是,学生成为了现代学徒制试点最大的受益者。

随着对企业环境的熟悉,职业院校学生的优势逐渐显现,“以前带的徒弟,技术水平、知识参差不齐,不像这些学生,有理论知识做基础,上手很快,经过短期培训就把自己学到的知识跟现场实践结合起来,很快能独立完成工作。”万达集团顺丁橡胶项目的师傅李晓峰这么评价自己的学生徒弟。

迷茫的高新智在经过短暂的适应期之后,已经进入状态,学习劲头十足,每天都有一堆的问题问师傅,“原来在学校里从没接触过的内径百分表,我用了半个上午的时间就学会了”。

王振超,在富海化工从事高辛烷值汽油生产重整工作,师傅白永刚对他的形容只有八个字——“吃苦耐劳,勤奋好学”。每年一次的钻塔检修是岗位上最热、最累、最脏的活儿,但他主动提出给师傅搭把手。当他干完活汗流浃背地从塔里出来,浑身除了牙齿洁白,其他地方都是黑的。“那个时候,我知道他能够独当一面了。”师傅白永刚说。

在富民兴鲁道路上续写新篇章

——滨州职业学院努力创建国家优质高职院校和全国文明单位侧记

记者　张德祥　通讯员　张强　孙汉水

（2017年5月19日《山东工人报》头版）

4月28日，滨州职业学院从山东省庆祝“五一”国际劳动节暨富民兴鲁劳动奖状（章）获得者表彰大会上捧回了“富民兴鲁劳动奖状”这一沉甸甸的奖牌。这是对学院60多年来为社会培养出15万多各类人才的肯定，也是为学院在建设国家优质高职院校和全国文明单位征途上的鞭策和鼓励。

滨州职业学院是在合并“四校一所”（原滨州农业学校、滨州卫生学校、滨州经济学校、滨州工业学校以及滨州市农业科学研究所）基础上组建而成，已有60多年的办学历史，是全省占地面积最大的职业学院，办学条件达到省内一流，是国家首批骨干高职院校。自2001年7月建院以来，实现了从分散办学到集中办学、从中职教育向高职教育的跨越，实现了从规模扩张向内涵建设的重大转变，实现了从科学追赶到创新引领的自我提升。

抓内涵　提升人才培养质量

多年来，学院以强化人才培养能力为核心，坚持“质量立校、特色兴校、文化强校”，坚持“人文素养、职业精神、职业技能”综合培养，建有70门省、国家级精品课程，形成国家、省级标志性成果181项，内涵建设水平处于全国前列。

师资队伍建设持续优化，教学质量工程落到实处。学院大力支持教师参加进修培训、国际访学、行业企业研修锻炼，学院现有国家和省有突出贡献的中青年专家各1人、国务院政府特殊津贴专家8人、山东省教学名师4人、滨州市有突出贡献的专业技术人员30人；获国家级教学成果奖二等奖3项，省高校教学成果奖17项。学院设计的全国职业教育活动周Logo被永久使用，连续三年与教育部信息中心合作共建全国职业教育活动周专题网站，为中国现代职业教育网策划了“大国名匠”系列宣传，“鲁彬之”在全国教育系统特别是全国职教圈内已经形成影响力。

专业建设结硕果,技能大赛上新高。学院口腔医学技术专业被省教育厅确定为2016年现代学徒制省级试点专业,同时被遴选为全国首批职业院校健康服务类示范专业点建设专业。在2016年全国职业院校技能大赛中获得7项一、二、三等奖,首夺国赛团体一等奖;在省级技能大赛中获得14项一、二、三等奖,双双实现历史性突破,学生在省级以上技能大赛获奖155项。学院连续第四年承办山东省护理大赛,连续两年承办全国护理大赛,办赛水平得到上级领导、主办单位和参赛院校的高度评价。

近年来学院不断构建"面向市场、优胜劣汰"的专业调整机制,促进专业向"中国智造""互联网+""现代服务业"转型。不断构建"厚基强技、全面发展"的人才培养体系,建立了"平台+模块"专业课程体系,完善了"能力进阶+实习实训"实践教学体系和"通识教育+综合实践"素质教育体系。不断构建"纵横联动"的质量管理与保证体系,实现了"五纵五横一平台"网络化覆盖、"8字形"纵横联动、"机制与文化"双引擎助推的常态化自主诊改工作机制。大力实施物质文化提升、精神文化培育、行为文化养成、品牌文化凝练工程,着力培养师生勇于担当的责任意识和精益求精的工匠精神。

促开放　形成多元办学格局

学院瞄准国际先进水平,积极应对"服务发展全面化、对象群体多元化、社会需求多样化、全民学习终身化、发展环境国际化"新形势,依托市校企合作指导委员会、黄河三角洲职教集团、市现代学徒制试点合作联盟等组织,形成了政府引导、行业指导、企业参与的开放型、多元化、集约化办学格局。

坚持"校政交互,多元共治",搭建市、院、系三级校企合作平台,学院理事会是全省唯一一个市长出任理事长的高职院校理事会。海军直招士官院校、省海洋与渔业厅"海洋学院"、华为信息与网络技术学院、魏桥纺织家纺服装设计研究所、中兴创新创业教育学院、中德合心国际交流学院、西门子学院、欧森学院、大墨智能学院等纷至沓来,办学主体增至10个,企业捐赠7050万元,形成了"开门开放、多元多样"的校企合作格局,实现了校企一体化办学。成立滨州应用科技研究院,承担省科技厅项目等省级科研课题34项,取得省技术发明二等奖等省级科技奖励29项,获批发明专利24项,为合作企业创造经济社会效益近10亿元。

在"走出去"办学、产教融合体制机制探索、健康服务类人才培养、党政军校合作、校企一体育人、社会服务、职教研究、智能校园、教学诊改等9个方面成为全国标杆。

谋创新　服务经济社会发展

多年来,学院按照“服务、融入、引领”的办学理念,增强“一中心两平台四支撑系统”智能校园建设,强化支撑发展能力,助力经济转型升级,带动“大众创业、万众创新”,积极服务区域经济社会发展。

坚持科研强校,把开展应用类技术开发研究作为主要科研方向,把科技服务的重点放在为地方经济服务和解决行业、企业共性技术问题上,打造具有鲜明区域性和行业性特征的科技创新中心、成果转化中心、公共实训中心。学院负责国家863项目子课题1项,主持国家自然科学基金项目1项、省级课题45项,实施成果转化200余项。近日,学院黄河三角洲生物工程技术研发中心获“十三五”山东省高等学校科研创新平台立项。

学院把社会培训作为服务区域社会的突破口,21家企业行业培训基地落户学院,先后在各县区及魏桥创业、西王集团、华润纺织等大型企业挂牌人才培养基地,每年面向“三农”和企业员工开展技能培训超6万余人次,为精准扶贫战略的实施提供技术支持。

建设集学生创新创业孵化、教师科技研发、校企合作、成果转化于一体的大学科技园,建设知识产权学院、众创空间和孵化中心,带动“大众创业、万众创新”。学院与“滨州众创园”“众创空间”合作,创建省级大学生创业孵化示范基地。同时面向社会公众开放服务,为小微创新企业成长和个人创业提供低成本、便利化、全要素的开放式综合服务平台。

深化国际合作交流,服务地方企业“走出去”,与区域重点企业开展合作,紧贴企业海外用人需求和人才规格,优化课程内容,引进、开展有关国际职业资格认证,培养具有国际视野、通晓国际规则的技术技能人才和适应中国企业海外生产经营需要的本土人才。

第一不是靠封的,是靠实力去争取的。在同类院校中,全省第一批获全国职业院校魅力校园、全国语言文字示范校和全国高校校园文化建设优秀成果二等奖。黄河三角洲高技能人才实训广场被确定为滨州市首家综合性公共实训中心、山东省首家职业教育公共实训基地,也是目前唯一一家职业教育公共实训基地。

首批获批全省山东高校“孔子学堂”。2010 年,学院以山东省第一名成绩进入国家骨干校建设行列;2013 年成为国家首批优秀骨干高职院校,正式步入全国第一方阵。2016 年跻身第二批“职业院校数字校园建设实验校。学院作为山东省唯一一所高职院校入选 2016－2020 年全国职业院校教学工作诊断与改进专家委员会委员单位,被教育部确定为职业院校教学诊改试点院校、现代学徒制试点单位、教育信息化试点单位,全国首家图解国务院《关于加快发展现代职业教育的决定》的高校。

共筑职教梦,喜迎十九大,劳模精神在路上。学院先后荣获国家技能型人才培育突出贡献奖、全国职业教育先进单位、全国教育系统先进集体、全国职业院校技能大赛突出贡献奖、全国高职高专校长联席会议主席团单位、国家绿化模范单位、第一批山东省教育信息化试点单位等省级以上荣誉称号 50 多项,连续 11 年保持山东省文明单位荣誉称号。

三年拼搏创建,三年洗礼淬炼,终以优秀等级首批通过国家骨干高职院校建设项目验收

滨州职业学院跻身全国高职院校第一方阵

通讯员　李朝晖　贾勇

(2013 年 12 月 24 日《滨州日报》头版头条)

10 月 23 日,教育部、财政部联合下发《关于公布“国家示范性高等职业院校建设计划”骨干高职院校建设项目 2013 年验收结果的通知》,滨州职业学院顺利通过验收并获优秀等次。这次全国首批 40 所国家骨干高职院校建设验收,最终 39 所项目学校通过验收,其中 18 所结论等级为“优秀”,12 所结论等级为“良好”,9 所结论等级为“通过”。“国家示范性高等职业院校建设计划”被誉为高职院校的“211 工程”和“985 工程”。经过三年的拼搏创建、洗礼淬炼,滨州职业学院实现了高职教育提质升位、内涵升级,整体办学水平和实力已跻身我国高职院校第一方阵。

九个重要时间刻度，记录“踏石有印”创建足迹

《滨州职业学院大事记》记录了 9 个重要的时间刻度。

2010 年 6 月 1 日，教育部、财政部《关于进一步推进“国家示范性高等职业院校建设计划”实施工作的通知》正式下发，滨州职业学院成立专门组织，开始准备《申报书》《建设方案》等申报文件。

2010 年 7 月 30 日，山东省启动省级示范性高等职业院校建设计划，并从中择优推荐申报国家骨干高职院校。学院进一步修改完善申报材料。

2010 年 8 月 4 日，滨州市委书记、时任市长张光峰，滨州职业学院院长石忠，西王集团总经理王建新，赴济参加山东省国家骨干高等职业院校建设项目陈述与答辩。

2010 年 8 月 5 日，山东省公示“山东省省级示范性高职院校建设计划”名单，滨州职业学院位列第一。并以第一名的位次推荐申报国家骨干高等职业院校。

2010 年 8 月 27 日，张光峰、石忠参加教育部、财政部组织的“国家示范性高等职业院校建设计划”骨干高职院校建设项目答辩并顺利通过。

2010 年 11 月 23 日，教育部、财政部正式公布全国 100 所骨干高职院校立项建设院校名单，其中首批建设单位 40 所，滨州职业学院以山东省第一名的成绩跻身其中。

2011 年 6 月 10 日，滨州职业学院作为第一批四所院校之一，《建设方案》和《建设任务书》正式通过教育部、财政部通过审核，获准在全国率先正式启动国家骨干高职院校建设。

2013 年 8 月 6 日至 7 日，学院顺利通过山东省教育厅、财政厅组织的“国家示范性高等职业院校建设计划”骨干高职院校建设项目省级验收。

2013 年 10 月 23 日，教育部、财政部公布全国首批 40 所国家骨干高职院校建设专家验收结果，滨州职业学院以“优秀”等级顺利通过国家两部验收。

三年洗礼淬炼　实现跨越发展的历史性担当

国家骨干高职院校建设承载着“创新办学体制机制，推进合作办学、合作育人、合作就业、合作发展，增强高职院校服务区域经济社会发展的能力，引领全国高职院校的改革与发展方向”的历史责任。为顺利推进滨州职业学院的国家骨干高职院校项目建设，市政府第一时间成立了专门的领导小组，现任市委书记、时任

市长张光峰任组长。领导小组于2011年5月5日召开第一次会议，逐项落实建设任务。之后的创建过程中，张光峰七次现场指导。崔洪刚市长、薛庆国副书记到任不久就到职业学院调研，分管副市长祁维华更是经常现场解决问题，其他市领导也先后到学院指导工作。领导小组成员单位特别是市财政局、教育局给予了全力支持。

在国家骨干高职院校项目建设的三年间，院党委带领全院两万名师生员工，以敢为人先、敢于担当的精神，抢抓机遇、开拓创新、励精图治、追求卓越，全力推进国家骨干校建设工作。全面完成了25万字《建设方案》规划的建设内容，包括一级项目11个、二级项目49个、三级项目232个、建设点3012个，校园育人环境和谐优美，内涵建设成果丰硕，项目建设取得显著成效。

以改革的精神，推进观念更新，创新发展。学院先后邀请陈解放、马树超、姜大源、陈宇等20余位职教专家辅导指教，邀请新时期产业工人杰出代表许振超等英模人物宣讲职业理想，承办全国职业核心能力研讨会，选派7批300多人次赴38所先进院校考察取经，组织3批60人次远赴韩国进行国外培训，启发思维，提升境界，开阔眼界。

以开放的姿态，设计内部改革，夯实基础。深化"教学、科研、管理服务、绩效考核"四项改革，注重培养名师名生、着力提高学生实践操作能力和可持续发展能力；科研上，全面深化服务，对接"黄""蓝"两大国家战略，着力提高教师社会服务能力；管理上，改革人事制度和分配制度，通过竞争上岗调整优化干部队伍，着力提高二级学院办学自主性和灵活性；考核上，实施工作业绩、群众评议全方位评价方法。

以关爱的情怀，服务学生发展，突出特色。提出"善待学生"理念，关心学生生活、关注学生成长，实施"四季关爱"活动，党员干部带头联系困难学生、少数民族学生，有计划有安排入住学生公寓，每年安排勤工助学岗位200多个，办理助学贷款1500多万元，为确保饭菜价格稳定补贴学生餐厅300万元，是"山东省学生资助工作先进单位"。

以超前的谋略，建设文化校园，提升品位。学院大规模改造水系和景点布局，校园环境全面提档升级，形成"一轴两山三区四湖五场九园"的校园景观格局。滨州市单体面积最大、6.63万平方米的黄河三角洲高技能人才培训中心仅用一年时间完成主体工程，二年正式启用。荣获"全国绿化模范单位""全国职业院校魅力校园”荣誉称号。

以创新的理念，加强党建工作，保障有力。学院党委紧紧围绕骨干校建设中心任务，通过创新活动方式、工作理念、组织设置和考核方法，组织开展了基层组织建设年、创先争优竞赛、师德教育月、学风建设推进月、管理服务满意工程、“办实事，求实效，促发展”、廉政文化进校园等一系列活动，强化了组织，锤炼了队伍，推进了工作。

引领高职院校改革与发展　风正扬帆正远航

学院充分发挥政府主导、行业指导、企业参与的作用，成立了滨州市校企合作指导委员会、黄河三角洲职业教育集团、滨州职业学院理事会。创新了“校政交互，多元共治”办学体制和“校企交互，纵横一体”的运行机制，校企合作制度保障有力，运行环境良好，形成了“人才共育、过程共管、成果共享、责任共担”的校企合作长效运行机制。

学院围绕区域经济发展转型和产业结构调整，凸显“黄蓝”产业特色，调整优化专业结构，推动人才培养模式改革，提高人才培养质量。“校企互通、双向流动”打造双师型教学团队，着力加强师资队伍建设、质量保障体系建设。

学院积极响应市委、市政府号召，先后实施服务滨州“十大产业链”行动、服务“两区”行动、服务滨州“转调创”行动，完成社会培训 14.33 万人次，有效推动了“三农”发展和中小微企业转型升级，实现了服务区域经济社会发展的“对接 - 融入 - 支撑”三步走，社会服务能力显著增强。

改革不停顿，发展不止步，骨干校建设项目的验收，不是终点，而是一个新起点。今后，滨州职业学院将在引领现代职业教育改革与发展方向的道路上，不断探索，阔步向前。

60年来,滨州职业学院牢牢把握服务发展、促进就业办学方向,坚守质量,注重特色,坚持开放,改革创新——

争当全国职业教育发展的引领者

记者 李淑霞 通讯员 贾勇

(2016年10月17日《滨州日报》头版)

60载栉风沐雨,一甲子艰苦创业。

1956年,新中国百废待兴的年代,惠民农业学校、惠民专区农科所应运而生。随之,卫生学校、工业学校、经济学校相继创建。

2001年,迎着高职教育发展的春天,"四校一所"合并组建全日制普通高等学校——滨州职业学院。2013年跻身首批国家骨干高职院校,综合实力跨入全国高职教育第一方阵。

滨州职业学院始终坚守质量、注重特色、坚持开放、改革创新,成为探索职业教育科学发展道路、服务区域经济社会发展的一支重要创新变革力量。

改革创新、开放办学,全国率先开展职业教育教学改革试点,与300余家知名企事业单位和国内外院校开展合作

"学院坚持改革创新、开放办学,深化校地、校企、校军合作,实现了各种社会资源深度融合、优势互补,内涵建设得到实质性拓展与提升。"院长石忠介绍。

深入推进教育教学改革,滨州职业学院在全国率先开展教学工作诊断与改进、现代学徒制、教育信息化等试点工作,积极探索常态化的院校自主保证人才培养质量机制,获省级以上教学成果奖20项,建成国家、省级精品课程67门,学生在省级以上职业院校技能大赛中获奖72项,其中一等奖5项。

依托滨州市校企合作指导委员会、黄河三角洲职教集团、滨州市现代学徒制试点合作联盟等组织,深度推进产教融合、校企合作,形成了政府引导、行业指导、企业参与的开放型办学体制。

目前,学院已与魏桥创业、301医院、韩国艺苑艺术大学等300余家知名企事业单位和国内外院校合作办学,与北海舰队、东海舰队联合培养定向直招士官生,与省海洋与渔业厅和市政府共建滨州职业学院"海洋学院"……

融入、服务、引领地方经济社会发展，对接区域产业体系形成八大专业群，培养各类人才15万人

坚持融入、服务、引领地方经济社会发展。建校至今，滨州职业学院以中专教育、高职教育、继续教育等不同形式，为社会培养各类人才15万人。

毕业生以基础知识扎实、专业技能过硬、职业素质优良而广受社会好评，用人单位满意率一直名列全省高校前茅。毕业生初次就业率、年底就业率、就业岗位专业对口率保持在90%以上。

全面对接区域产业体系，滨州职业学院以专业链（群）对接产业链（群），建立产业结构调整驱动专业设置与改革的良性机制，形成医药卫生、土建、制造、交通、电子信息等八大专业群。先后实施服务“十大产业链”“两区”“转调创”行动计划，与各县区、大型企业主动对接服务项目90多个。校企共建技术技能积累创新平台，畅通科技成果转化和技术转移渠道，服务企业技术研发和产品升级，获省级以上科技成果奖43项、发明专利29件，转让成果200余项。依托15家国家、省级培训机构和21家技能培训鉴定基地及一大批企业行业培训基地，累计完成社会培训43万余人次。

叫响“滨职范儿”，创建全国文明单位，建设国家优质高职院校，争创应用技术大学

全国职业教育先进单位、全国教育系统先进集体、国家技能型人才培育突出贡献奖、全国绿化模范单位、省级文明单位……迄今，滨州职业学院已获省级以上荣誉称号50余项。

学院社会声誉与日俱隆。2016年，作为惟一受邀津外院校代表，党委书记杨光军出席2016年职业教育活动周全国启动仪式。被教育部确定为职业院校教学诊断与改进工作试点院校，院长石忠作为山东省高职院校惟一代表，被推选为全国职业院校教学工作诊断与改进专家委员会委员。牵头成立中国职业技术教育学会职业院校培训工作委员会，并当选主任委员单位；承办全国职业院校技能大赛高职组护理赛项……在“国字号”活动中，学院频频展现“滨职范儿”。

站在新起点，滨职人再次将追赶超越的号角吹响。院党委提出创建全国文明单位，建设优质高职院校，积极争创应用技术大学的奋斗目标。

“学院将继往开来，弘扬‘求实求真、知行合一，以生为本、以人为本，兼容并包、多元共生，服务社会、引领发展’精神，坚持立德树人，突出改革创新、内涵发

展,争当全国职业教育发展的引领者和实践者。”杨光军表示。

滨州职业学院
位居全国高职高专院校竞争力排行第 28 位

通讯员　尚秋实

(2017 年 1 月 17 日《滨州日报》头版)

1 月 12 日,武汉大学中国科学评价研究中心(RCCSE)、中国教育质量评价中心联合中国科教评价网(www. nseac. com)隆重推出《2017 年中国大学及学科专业评价报告》,滨州职业学院在全国 1346 所高职高专院校中位居第 28 位,在山东省 75 所高职高专院校中位居第 4 位,进入 2017 年中国高职高专院校竞争力排行榜 40 强。这是对滨州职业学院 2016 年大力推进内涵建设、开门开放办学的充分肯定。

2016 年,滨州职业学院确定了“建设国家优质高职院校、积极争创应用技术大学”的奋斗目标;进一步突出教科研的主体地位,成功承办两期山东省精品资源共享课建设培训班,印刷出版《滨州职业学院 2011 – 2016 成果专利简介》;进一步加大产教融合的工作力度,与魏桥创业集团签订全面合作协议,共建“滨州向尚服装家纺设计研究所”;进一步叫响学生成才的办学主题,在全国技能大赛中获奖 7 项,在全省技能大赛中获奖 14 项,被授予“2016 年全国职业院校技能大赛突出贡献奖”;进一步改革创业创新的体制机制,牵头成立中国职业技术教育学会职业院校培训工作委员会。

据悉,RCCSE 自 2004 年开始发布中国大学及学科专业评价结果,2013 年将高职高专院校纳入评价范围,开始公布中国高职高专院校竞争力排行榜。

滨州职业学院全面创建优质高职院校

通讯员　贾勇

（2017 年 1 月 19 日《滨州日报》头版头条）

2016 年，滨州职业学院“好事喜事”连连：这一年，作为山东省惟一高职院校，入选全国职业院校教学工作诊断与改进专家委员会委员单位，同时被确定为全国高职诊改工作试点院校；这一年，连续 11 年保持“省级文明单位”称号，全国文明单位创建工作正式启动；这一年，成功承办全国职业院校技能大赛高职组护理技能赛项，国赛获奖 7 项、省赛获奖 14 项；这一年，获批全国定向培养士官试点院校，与北海舰队、东海舰队共同培养定向士官生……

2017 年中国高职高专院校竞争力排行榜第 28 位，比 2016 年上升 5 个位次；2016 年，滨州职业学院以创建优质高职院校、争创全国文明单位为引领，深化综合改革，强化内涵建设，打造品牌优势，实现了“十三五”良好开局。

顶层设计不断完善，基层实践积极进展

“建设国家优质高职院校，积极争创应用技术大学”，是滨州职业学院绘就的“十三五”发展蓝图，这既是落实国家《高等职业教育创新发展行动计划（2015－2018 年）》的积极回应，也是服务“黄蓝”产业转型升级的客观需要，更是全面提高学院人才培养能力和综合办学实力的必然选择。

一年来，推进学院“十三五”发展战略的顶层设计不断完善，基层实践取得积极进展。学院通过召开专题部署会、务虚会、专家论证会等形式，上下联动、左右沟通、多方调研、数易其稿，编制了汇聚全院师生智慧结晶、引领未来改革发展的“十三五”规划。坚持问题导向，组织开展“教学质量提升”大调研活动，紧紧围绕制约学院发展的突出问题，深入一线和合作单位，赴先进院校学习取经，找差距，定标杆，拟方案，出措施，在此基础上，全面启动了优质高职院校创建工作。

与此同时，作为实现“十三五”规划发展目标的重要抓手和推手，学院综合改革也取得了阶段性成效。《滨州职业学院章程》顺利通过省教育厅审核并发布，为深化综合改革、推进依法办学提供了基本遵循；学院理事会正式成立，搭建起“政

府主导、行业指导、企业参与”体制机制创新的新载体和政行企校全面合作的新平台，吸引魏桥创业集团、中国电科55所等多家单位合作办学，新建冠名班26个、院外实习实训基地42家。

为凝聚推进学院持续健康发展的强大动力，学院深入开展“两学一做”学习教育，极大调动了广大党员干部在急难险重任务面前敢于担当、积极作为的自觉性和主动性；提出了创建全国文明单位的奋斗目标，明确通过创建不仅使人才培养、内涵建设、社会服务、文化传承创新等方面站在全国同类高校前列，更要在文明建设方面跻身国内大学“第一方阵”；突出“学术校庆、文化校庆、校友校庆”主题，组织开展了26场次60周年校庆系列活动，弘扬了滨职精神，振奋了师生精神，扩大了社会影响，提升了办学理念。

深耕内涵建设带动招生就业持续火爆

一年来，滨州职业学院把深耕内涵建设作为增动力、激活力、挖潜力的关键举措，取得骄人成绩。口腔医学技术专业被确定为首批全国职业院校健康服务示范专业点、现代学徒制省级试点专业，计算机网络技术专业与山东科技大学网络工程专业对口贯通分段培养试点项目获批；医学检验技术专业和工程造价教学团队被评为省级教学团队，王成艳副教授被评为山东省高等职业院校教学名师。李黎明教授入选“山东社科名家”，徐红教授荣获第五届黄炎培职业教育奖“杰出教师奖”，3名教师被评选为“山东社会科学基金委员会专家委员”。

在全国全省技能大赛中获奖数量和等次再创历史新高，其中国赛获一等奖2项、二等奖2项、三等奖3项，省赛获奖14项；2名辅导员获全省高职院校辅导员技能大赛一等奖。成功协办全国职业院校技能大赛高职组护理技能赛项，连续四年承办山东省职业院校技能大赛护理技能赛项，承办首届全省职业院校技能大赛护理技能教师组赛项。

内涵建设的丰硕成果带动了学院人才培养能力和质量的持续提高，不仅吸引了众多用人单位的青睐，更带动了招生的持续火爆。2016级新生报到6138人，录取分数在全省同类院校中位居前列，且均为第一志愿专业录取；2016届高职毕业生初次总体就业率达98%，正式就业率、签约率81%以上，北京301医院、平安保险上海总部、魏桥铝电、新华制药、链家房产、万达集团、天源建设等知名企事业单位纷纷来院揽才。

站位职教放眼全国，行业话语权引人瞩目

一年来，学院充分发挥优质职业教育资源优势，辐射带动全省乃至全国职业教育整体发展。学院入选全国职业院校教学工作诊断与改进专家委员会委员单位，成为山东省惟一入选的高职院校，同时被确定为全国高职诊改工作试点院校；增选为全国高职高专校长联席会议主席团成员；牵头成立中国职业技术教育学会职业院校培训工作委员会，并当选为主任委员单位；作为全国惟一高职高专院校，当选全国高等院校第三年龄大学联盟副理事长单位，并被确定为职业院校工作委员会牵头单位；被推荐为光华国际护理教育联盟副主任单位和国内外教学双向培养基地，被推举为国际化护理师资培训项目工作组牵头单位；成功承办两期山东省精品资源共享课建设培训班，获山东省高职高专思想政治理论课建设联盟 2017 年年会承办权。

作为唯一受邀的津外院校代表，党委书记杨光军参加职业教育活动周全国启动仪式；杨光军当选为教育部高校毕业生就业协会核心能力分会副会长，在全国高职高专校长联席会议 2016 年年会上作典型发言；院长石忠当选全国职业院校教学工作诊断与改进专家委员会委员、省高职院校教学诊断与改进专家委员会副主任、全国云计算大数据职教集团副理事长，被聘为全国卫生职业教育教指委专家指导委员会委员；党委副书记李黎明在全国高职高专“双创”教育协作会作大会发言；副院长刘祥当选为全国云计算大数据职教集团常务理事；教务处处长傅智端入选省教育科学规划领导小组，当选省职教学会学术委员会委员、省高职院校教学诊断与改进专家委员会秘书长；现代职业教育研究工作室部分成果《精彩职教出彩教师—职教百事通》和其设计并参与编著的学生职业素质训练读本《将作大匠》《大匠之门》结集出版，进一步提升了学院的行业影响力和社会知名度。

开展山东高等职教与产业发展适应性调研

省委常委、常务副省长孙伟对滨州职业学院调研报告给予批示肯定

通讯员 贾勇

（2017年2月9日《滨州日报》头版）

近日，滨州职业学院党委书记杨光军作为项目负责人，带领调研组撰写的《山东省高等职业教育与产业发展适应性调查研究报告》，得到山东省委常委、常务副省长孙伟的批示，批示对调研报告反映的情况及提出的建议给予了充分肯定。孙伟在批示中指出："此调研报告分析有深度，有很大参考价值。请教育厅牵头会同发改委、编办、人社厅、财政厅等部门，指定专人负责，听取调研情况汇报，深入研究我省职教深化改革、更好发展的相关问题与对策建议，尤其要想法加大省级统筹力度，促进省级高校加快分类改革、尽快转型发展，完善我省现代职教体系建设的政策措施，使职教发展与经济文化强省建设相适应。"

2012年以来，我省突出问题导向，加强顶层设计，先后出台了《加快建设现代职业教育体系的意见》等3个重要文件，配套实施了45个文件、28项制度，涵盖招生考试、人才培养、校企合作、师资队伍建设、办学机制、管理体制等方面，在省级层面基本形成了全方位支持职业教育改革发展的政策体系，推动了我省职业教育的快速健康发展。为进一步摸清我省高职教育的规模结构、专业布局、发展条件、服务能力，深入分析高职教育与产业发展的匹配度、紧密度、支持度，明确高职教育发展策略和路径，作为省社科联组织开展的"调研山东（2016）"社会调查10个资助项目之一——《山东省高等职业教育与产业发展适应性调查研究》的负责人，自2016年6月以来，滨州职业学院党委书记杨光军带领学院内10人组成的调研组对全国9个省市、省内17个地市的高职教育基本情况及对应的产业结构、布局及发展态势进行了系统研究，先后到省市教育、发改、经信等12个职能部门走访调研，赴省内外49家高职院校、合作企业开展实地考察，问卷调研高职院校31所、企业136家，查阅2008年至2015年全国、山东省及其17地市的《国民经济和社会发展统计公报》《教育事业发展统计公报》《国民经济和社会发展第十三个五年规划纲要》《2016年政府工作报告》，山东省及东部省市《高等职业教育年度质量报

告(2016)》等文献资料,山东省及其74所高等职业院校人才培养工作状态数据采集与管理平台数据以及《高等职业教育质量年度报告》,并运用多种研究工具对有关数据进行了科学分析,在此基础上形成了调研报告。

研究认为,加快发展我省高等职业教育,需要围绕层次结构、院校布局、专业设置、培养质量、办学条件、服务能力、校企合作、政策支持等八个方面,进一步优化高职教育层次结构,增加高职院校数量,加快区域布局,扩大高职教育办学规模,科学调整高职院校专业结构,提升办学内涵和质量,改善办学条件,增强服务社会发展的能力,全面落实省政府对于高职教育的支持政策,推动加快高职教育改革和发展。

随着孙伟副省长重要批示精神的落实,该调研报告提出的对策建议将进入省级政府决策,推动全省现代职业教育的健康发展。

滨州职业学院
连续三年担纲全国职教活动周宣传重任

记者　王锋　通讯员　李朝晖

(2017年5月10日《滨州日报》二版)

5月7日,由教育部、中宣部、人力资源和社会保障部等六部门组织的第三届职业教育活动周在天津举行盛大全国启动仪式,滨州职业学院作为天津市以外的惟一院校被特邀出席活动。

"bzpt"与全国职业教育活动周

这份"荣耀"之外,滨州职业学院还主持设计了本届职业教育活动周的主题宣传海报,这些宣传海报,在5月7日—13日整个活动周期间,将在全国各地、各职业院校的活动现场舞动飞扬!

此外,滨州职业学院更是承接了教育部职成司交给的第三届职业教育活动周的多项宣传任务:专题网站改版与管理、信息报送系统设计管理、新闻信息汇总编审、职教活动周三年回顾专题画册制作等。这是关乎活动周活动成效和社会影响的大事,接受任务后,2月底,滨州职业学院党委书记杨光军、院长石忠亲自部署,学院党委委员吴树罡带领20多名相关人员开始“冲刺”。4月20日，教育部“职业教育活动周资源报送系统”正式上线运行，来自全国各地成千上万条的活动新闻信息将通过“bzpt”这一“滨州职业学院”的网络域名传送到滨州，在这里进行汇总、分类和编审，然后发布在教育部的专题网站上。

一份从不缺席的“殊荣”

其实，从三年前的“首届”开始，滨州职业学院就在全国职业教育活动周这一大型活动中享有特殊荣誉、担纲宣传重任。2015年滨州职业学院作为两所外地院校之一参加了在北京举行的第一届活动周全国启动仪式;2016年作为惟一的外地院校参加了在天津举行的第二届活动周全国启动仪式，这是一份从不缺席的“殊荣”。

2015年5月5日，滨州职业学院作为惟一的设计单位主持设计的职业教育活动周标识图案及首届活动周宣传海报、教育部门户网站正式对外发布。由王萍老师主持设计的标识图案是职业教育活动周的固定标志性图标，在每年的职教活动周中长期使用。2016年5月3日，教育部委托由滨州职业学院制作“职业教育活动周专题网站”顺利上线，专题网站首页下方标注的“教育部职成司策划　滨州职业学院制作”体现了对滨州职业学院的褒许。

本届职业教育活动周结束后，《中国教育报》即专门为滨州职业学院开辟专栏，取名“之言职语”，每两周刊出一篇职教评论文章。

一群职教“大咖”热心传播“职教声音”

之所以能够拥有这样一份沉甸甸的“荣誉”，是因为滨州职业学院的办学实力和影响力使然，是因为该院有一支热爱职教、善于研究、勇于担当的队伍。

2012年，滨州职业学院党委委员吴树罡组织20多名“志愿者”，成立了“现代职业教育工作室”，集中了傅智端、李朝晖、刘健、李明月、祁英华、王同军、王萍、邹玉兰、孙娜娜、刘燕、尚秋实、秦虹、孙睛、夏峰华等一批教学科研方面的职教专家和艺术设计专业的设计人才。他们利用晚上或周末等业余时间，提炼政策文件中的“精华”，用最简洁、最明了的示意图去诠释复杂的逻辑关系。从“漫画鲁昕副部长的现代职教梦”开始，先后推出图解作品120余部，特别是在2015年全国职业教育会议召开后，及时设计推出了图解习近平总书记和李克强总理关于职业教育的重要批示、国务院《关于加快发展现代职业教育的决定》,在第一时间向社会各届传播“职教声音”。图解《职业学校学生实习管理规定》《高等职业教育创新发展行动计划(2015－2018 年)》等 4 部作品,先后在教育部网站和《中国教育报》发布。

在日常工作之余,这群职教“大咖”研究职教问题、撰写理论文章、开展学术研讨,针对职业教育新常态、职业教育供给侧改革、职业启蒙教育、三大职业教育国际协议等问题,提出了诸多前瞻性观点。为中国现代职业教育网策划了“大国名匠”系列宣传,由刘婷、顾雪飞等老师整理 450 余名职教名家和技能能手的事迹。李明月、王同军、李朝晖、刘健、尚秋实、苟雪等一批“写手”迅速成长起来,以“鲁彬之”的集体笔名承担了全国人大职业教育法实施检查各省(市)职业教育述评工作,在《中国教育报》陆续发表了 8 篇理论文章,在全国职教战线叫响了“鲁彬之”这一职教品牌。

滨州职业学院荣膺全国高职院校服务贡献 50 强

通讯员　贾勇　李明月

(2017 年 9 月 19 日《滨州日报》头版)

2017 年 7 月 15 日,《2017 中国高等职业教育质量年度报告》在北京发布,全国共有 1298 所高职院校纳入评价。滨州职业学院荣登“高等职业院校服务贡献 50 强”榜单。

《2017 中国高等职业教育质量年度报告》由全国高职高专校长联席会议委托上海市教育科学研究院和麦可思研究院编写,自 2012 年以来已经连续六年发布,是“国家版”高职人才质量报告,得到了社会广泛认可。2017 年报告是第二次发布高职院校服务贡献 50 强榜单。

“高等职业院校服务贡献 50 强”是按照“服务发展、促进就业”的办学方针,依据各高职院校毕业生人数和就业去向、横向技术服务到款额、纵向科研经费到款额、技术交易到款额、非学历培训到款额、公益性培训服务等七项指标,量化院校的社会服务贡献度,排序产生。滨州职业学院在上述各项指标中排列居前,成功入围。

近年来,滨州职业学院高度重视科技创新与社会服务工作,坚持“服务、融入、引领”的理念,主动对接“黄蓝”两大国家战略和滨州市新旧动能转换、经济转型升级的需要,适应岗位能力需求,为企业量身打造高素质技术技能人才,努力提高对本地的人才贡献率,服务中小微企业技术研发,开展各类社会培训,全面助推产业升级、新型城镇化和农业现代化,创造了较大的经济和社会效益,有力支撑了区域经济社会文化发展。

仅2016年,学院获批市级以上科研课题20项,获市级以上各类科研奖励17项、发明专利3项,被SCI、EI等国际重要学术检索工具收录论文32篇。纵向科研经费到款额144万元、技术交易到款额10万元;服务魏桥创业集团等企业,开展技术服务,横向技术服务到款额389万元,学院作为技术提供方,与北京浦俪投资有限公司共同实施芒草/油莎豆产业化暨三农一体综合开发项目,实现芒草和油莎豆的产业化及对山东地区荒漠滩涂等废弃土地的综合治理,签约合同金额达亿元。承担企业员工素质提升等各类培训160余项,培训5万余人次,创收近1100万元。

社会贡献度的日益增强,赢得了行业影响力的不断扩大、社会地位的不断提升。学院连续两年承办全国职业院校技能大赛护理技能赛项并获一等奖,连续三年作为京外高职院校特邀代表参加职业教育活动周全国启动仪式,连续十一年保持“省级文明单位”称号。2016年,学院牵头成立中国职业技术教育学会职业院校培训工作委员会并当选为主任委员单位;当选全国高校第三年龄教育联盟、副理事长单位;在全国高职高专校长联席会议2016年年会、中国职业技术教育学会职教质量保障与评估研究委员会2016年年会等会议上做典型发言;承担职业教育精品资源共享课程建设与教学资源开发等省级培训项目5个;吸引魏桥创业集团、中国电科五十五所等多家单位合作办学,新建冠名班26个、院外实习实训基地42家;现代职业教育研究工作室部分成果《精彩职教出彩教师—职教百事通》和其设计并参与编著的学生职业素质训练读本《将作大匠》《大匠之门》结集出版。

2017年,甘肃省委副书记,时任山东省委常委、常务副省长孙伟对学院调研报告《山东省高等职业教育与产业发展适应性调查研究》作出专门批示,牵头成立中国护理职业教育联盟并当选为理事长单位,与中兴通讯共同成立中兴创新创业教育学院，与德国黑森州德中经济文化促进会共建“德语语言文化中心”，荣获山东省“富民兴鲁”劳动奖状，山东首家市级政协文史馆—滨州政协文史馆落户学院，成为全国首家在《中国教育报》开设专栏“之言职语”的高职院校……滨职品牌再次迈向新高度。

如今，滨职已成为山东省乃至全国高职教育的一个响当当的品牌，带动了招生就业的持续火爆。从中职到应用型本科的上下贯通渠道均已畅通，单独招生连续5年稳定增长，五年一贯制生源质量大幅提升，与9所中职学校联合举办14个三二连读专业，与青岛科技大学、山东科技大学联合开展3+2高职本科分段贯通培养，与北海舰队、东海舰队等联合培养海军、空军定向直招士官生，每年招录6000余人，录取分数在全省同类院校中位居前列，且均为第一志愿专业录取。毕业生职业素养好、综合素质高，就业率均保持在99%以上，北京301医院、武警总医院、平安保险上海总部、魏桥铝电、新华制药、链家房产、万达集团、天源建设等知名企事业单位纷纷来院揽才。